古代歷史文化研究輯刊

八編

王明蓀 主編

第22冊

南越王墓玉器特色研究

尤家瑋 著

國家圖書館出版品預行編目資料

南越王墓玉器特色研究／尤家瑋 著 — 初版 — 新北市：花木
蘭文化出版社，2012〔民 101〕
目 6+190 面；19×26 公分
（古代歷史文化研究輯刊 八編；第 22 冊）
ISBN：978-986-254-982-7（精裝）
1. 玉器　2. 廣州南越王墓　3. 漢代
618　　　　　　　　　　　　　　　　　　101014979

ISBN-978-986-254-982-7

9 789862 549827

古代歷史文化研究輯刊
八　編　第二二冊　　　　　　　　ISBN：978-986-254-982-7

南越王墓玉器特色研究

作　　者　尤家瑋
主　　編　王明蓀
總 編 輯　杜潔祥
出　　版　花木蘭文化出版社
發 行 所　花木蘭文化出版社
發 行 人　高小娟
聯絡地址　新北市永和區中正路五九五號七樓
　　　　　電話：02-2923-1455／傳真：02-2923-1452
網　　址　http://www.huamulan.tw 信箱 sut81518@gmail.com
印　　刷　普羅文化出版廣告事業
初　　版　2012 年 9 月
定　　價　八編 22 冊（精裝）新台幣 35,000 元

南越王墓玉器特色研究

尤家瑋　著

作者簡介

尤家瑋，淡江大學歷史系畢業，淡江大學歷史學系碩士，目前就讀於中國文化大學博士班。研究興趣為神仙思想、戰漢玉器、中國歷史文物。

提　　要

　　1983 年於廣州象崗發現的南越二代文王墓，係以鑿山為藏的石室墓，為迄今所知嶺南地區僅有的一座特殊墓葬。墓中出土各類文物千餘件，其中玉器數量約有兩百餘件，可謂大宗，且其品類繁多，工藝精美，並保留原始組合關係，為研究西漢玉器的珍貴資料。南越文王卒於西元前 122 年，處於漢代玉器典型之轉捩點，其玉件形制與用玉思想，引人入勝，為其特色之一。然而，南越國所處之特殊地理位置及其文化背景，亦為墓中玉器特色之二。

　　墓中隨葬玉器，依功能區別有二，一為死後葬玉，二為生前用玉。藉由墓中出土葬玉的分類與比對，不僅發現南越王受斯時盛行的神仙思想所牽引，更從中體現死後昇仙的具體進程與強烈意圖。另外，生前用玉因著重裝飾功能，多較精巧華美，其所透露的時代工藝、文化特色與人文意義，則為本文研究的另一重點。比對玉件的過程中，發現其不僅具楚、越、域外文化等特色外，更逐漸形成獨有的南越特色玉器，同時藉由生前用玉結合文獻，理解南越王墓玉器也具有財富、僭越與升仙三種特殊人文意義。

　　本文透過文獻與考古資料的彙整，發現南越國具有特殊的政治地位、經貿與民族關係，以及喪葬觀念等特點。這些特點亦反映於墓中大量隨葬玉器，呈現出與西漢中原諸侯王墓諸多截然不同的風貌，即為本文研究之旨趣所在。

附　表

第一章 緒 論

第一節 研究動機

中國玉器文化淵遠流長，除因玉料蘊藏豐富，質地優良外，最主要的還是華夏先民崇玉、愛玉的特殊情感。從舊石器時代打磨石器以爲工具的過程中，逐步體認「石之美者」的玉，並因其質精形美，受到統治階層的喜愛，並從中比附延伸，賦予德行，使玉器成爲一種具有層次的文化載體，它對中國古代政治、禮儀、經濟、文化、思想、宗教、信仰乃至生活習俗和審美情趣產生深刻的影響，使之成爲精神的財富及物質財富的象徵。且因玉器製造的難度遠比青銅、漆器等歷史文物高，使其成爲眾多歷史文物爲人矚目的研究對象。

中國玉器文化發展分期，約有二說，一爲郭寶鈞分作四期，〔註1〕二則係由楊伯達細分之六個階段，即新石器時代的孕育期、三代的成長期、春秋戰國時期的嬗變期、秦漢魏晉南北朝的發展期、隋唐五代宋遼金的繁榮期，以及元明清的鼎盛期。〔註2〕而後玉器發展多以後者爲標的。其中本文以爲漢代

〔註1〕郭寶鈞將玉器發展分爲四期，初期以圭、璧爲主，石多於玉，多爲實用，玉工及統於石工；二期象生漸多，紋多勁直，玉漸偏重，玉工分化；三期璧、環演爲佩玉，爲玩好，圭、璋禮儀化，紋趨蜷曲，玉人爲專業；四期趨劍飾、剛卯、帶鈎之屬，裝飾與兵器、日用品合流。郭寶鈞，〈古玉新詮〉，收錄於中國科學院，《歷史語言研究所集刊》二十冊下（北京：中華書局出版，1987年5月），頁1。

〔註2〕楊伯達，〈中國古代玉器發展歷程〉，收錄於氏作，《古玉考》（香港：徐氏藝術基金出版，1992年），頁22～36。

可謂玉器發展史最重要的階段，其上承襲先秦原始蒙昧巫術信仰，並向下開啓人文精神覺醒以致日後玉器多元化、世俗化，如此由巫到儒，融入典章的過程，〔註3〕提供玉器研究一片無限開發探索之地。

西漢社會瀰漫神仙方術之風尚，延續並使先秦玉器巫術信仰更加強化，且因漢人重儒尚孝，厚葬之風盛行，因此漢墓多可見爲數眾多的玉器出土，但也因此成爲盜墓者覬覦的目標，迄今發掘漢墓，多經侵擾，或有殘缺。唯廣州象崗南越文王墓鑿山爲藏，保存完整，吸引筆者注意。再者，其出土位置爲所謂「南蠻之地」，先秦兩漢時期嶺南地區玉器文化發展可謂不甚發達，〔註4〕何以出土大量深具歷史價值之文物，以及種類、數量、質量皆可媲美西漢諸侯王墓之隨葬玉器，其中不乏有其異同之處，並充分反應在玉器的工法、形制與紋飾上，益發引起筆者的好奇心與研究動機。另外，墓葬保存之完整性，亦爲西漢出土玉器提供良好的研究條件，有助於完整解析斯時玉器文化之特色。

南越文王卒於西元前 122 年，以鄧淑蘋提出中國古代玉器分期方式，以西漢而言，依其特色約可分早（西元前 206～141 年）、中（西元前 140～87年）、晚（西元前 86～西元 8 年）三期，〔註5〕以及古方所提出的三期，即西漢前期（西漢初年至文景時期）、西漢中期（武帝前後）、西漢後期（武帝以後至王莽），兩者說法一致，唯古方更具體證實自西漢中期（武帝）開始，漢代玉器經歷的一個較大的變化，戰國風格的玉器減少，而具有漢代典型的玉器也開始嶄露頭角。〔註6〕而南越王文墓所處的時間，即是漢代玉器典型之轉捩點，其形制與用玉思想，更加引人入勝，爲其特色表徵之一。

此外，南越國其所處的特殊地理位置與其文化背景，亦可能是另一特色表徵。細察南越國之背景，於先秦時期與楚國因征戰產生文化之交流，而後因秦平嶺南，透過徙民等政策，將部分中原文化傳入嶺南地區，另秦末武王趙佗絕道自守，成爲地方割據政權，並積極發展民族與地利之便的海上貿易

〔註3〕 姚士奇，《中國玉文化》（南京：鳳凰出版社，2004 年 4 月），頁 153～160。
〔註4〕 蔣廷瑜、彭書琳，〈廣西先秦兩漢玉器略說〉，收錄於鄧聰編，《東亞玉器（II）》（香港：香港考古藝術研究中心，1998 年），頁 117～118。
〔註5〕 鄧淑蘋，《藍田山房藏玉百選》（臺北：年喜文教基金會，1996 年 10 月），頁66。
〔註6〕 古方，〈漢代玉器的分期及有關問題的探討〉，收錄於古方、徐良富、唐際根編，《一劍集——北京大學考古專業八六畢業十周年紀念文集》（北京：中國婦女出版社，1996 年 10 月），頁 133、142。

政策，可能成爲南越國具有多元文化之主因。其後又與漢廷產生反覆的政治
關係，產生慕漢與拒漢的矛盾心態。如此特殊的歷史文化背景，可能使玉器
具有數種文化交融之現象，大致可區分爲：中原漢文化、江南楚文化、嶺南
越文化、域外文化。

　　由於南越文王墓墓葬保存良好，爲研究漢代玉器提供完整的資料，且南
越國本身具有鮮明的時代與文化背景，深入探析其隨葬玉器更有助於理解時
代特色與文化特點，更可從中發現斯時之用玉思想及其象徵之人文意義與精
神，故以南越王墓玉器作爲研究之對象。

第二節　研究回顧

一、漢代玉器通論研究

　　夏鼐認爲漢代玉器在中國玉器史上可謂承先啓後的一環，在玉材使用
上，一方面延續前代傳統，使用黃褐色與綠色玉料，另一方面則開始大量使
用和闐玉；在治玉工具與技法上，除沿用戰國使用的鐵製工具，更開始使用
砂輪等新的治玉工具，使漢代玉器在器形與紋飾開始產生變化，許多先秦玉
器已不復見，獨留玉璧成爲漢玉大宗。另外，則是新的器形不斷出現，以功
能大致可分爲禮儀用玉、葬玉、裝飾品（隨身裝飾物與實用器）其中又以葬
玉與隨身裝飾居多，玉器紋飾則跳脫殷商以來抽象圖案化的動物紋飾，轉而
走向寫實主義，這些層面的變化象徵漢代玉器結束殷周以來的傳統，成爲玉
器史上一個嶄新的時代，而這些轉變自與斯時社會風氣與思想變化密不可
分。〔註7〕

　　楊伯達對漢代玉器的分類，亦延續夏鼐的說法，但卻依社會功能另細分
爲禮儀、佩飾、器皿、陳設、厭勝、葬具等類別，〔註8〕而楊伯達側重藝術風
格的觀察，指出漢代玉器繼承先秦的傳統，適應社會、禮儀、思潮、葬俗的
變遷，風格揉合圓曲、直方、像生三型於一器的同時，還意於表現表現人
物、動物與異獸，突破春秋戰國玉器以細緻著稱的藝術格調，成爲中國玉

〔註7〕 夏鼐，〈漢代玉器——漢代玉器中傳統的延續與變化〉，收錄於國家文物鑑定
　　　　委員會主編，《文物鑑賞叢錄・玉器（二）》（北京：文物出版社，1998 年 4
　　　　月），頁 65～101。（原載於《考古學報》1983 年第二期）
〔註8〕 楊伯達，〈漢代玉器藝術〉，《香港中文大學中國文化研究所學報》（香港，1984
　　　　年），頁 217～239。

史上一個承先啓後的關鍵。

郭寶鈞更進一步指出晚周（春秋戰國）秦漢之交，戰事頻仍，社會制度起一劇變，上古中古文化於此轉捩。〔註9〕由此可知戰漢之際爲玉器風格轉變的重要歷程，並從中延伸出問題意識所在，即所謂的轉捩點爲何？以及如何區分？古方指出所謂典型的漢代玉器形成於西漢中期，〔註10〕其區別要點主要在於裝飾用玉種類與數量的消長。從前人研究中，得知戰漢之際爲一變點，而後於西漢中期形成典型漢代玉器風格，與戰國玉器風格截然不同。

另外，蔡慶良在〈古器物學研究——漢代玉器概論〉一文中，則以器物學的風格理論與藝術心裡學的觀點，解析漢代玉器的主要風格特徵，爲典型漢代玉器提供較客觀、科學的驗證標準。〔註11〕其所提出的風格理論，亦是啓發玉器時代工藝特徵的重點。

上述前人對於漢代玉器之類型，多著重物質上的器形、紋樣、數量爲分野，但亦有研究著重於內在時代思想與信仰層面，如錢伊平於〈漢代玉器〉一文，除提及漢玉分類、漢玉紋飾等，並約略概述漢代玉器所處的文化背景，〔註12〕爲漢代玉器精神文化研究發一先端。

而後，尤仁德更爲具體提出漢代玉器蘊含的精神文化性質。指出漢代玉器具有「吉祥文化」的特質，其中又可分爲四種面向：即宗教性，可謂避兇祈祥；道教性，爲人類對於生命及其能力超越性的慾望，追求天人合一之境界；楚文化爲源，保留楚文化優美的浪漫情懷；民俗性，係統治者以民俗信仰作爲統治手段，亦可稱爲「風俗政治」，將現實物質無法滿足投射於精神靈魂欲求的滿足。〔註13〕此說提供漢代玉器發展的具體內在因素之根據。

〔註 9〕 郭寶鈞，〈古玉新詮〉，收錄於中國科學院，《歷史語言研究所集刊》二十冊下（北京：中華書局出版，1987 年 5 月），頁 1～61。

〔註10〕 古方，〈論西漢中期玉器風格的變化及其社會背景〉，《中原文物》2003 年第五期（鄭州市：中原文物編輯部，2003 年），頁 55～61。

〔註11〕 蔡慶良，〈古器物學研究——漢代玉器概論〉，收錄於震旦文教基金會編輯委員會主編，《漢代玉器》（臺北：震旦文教基金會，2005 年 12 月），頁 11～35。

〔註12〕 錢伊平，〈漢代玉器〉，收錄於吳哲夫等編，《中華五千年文物集刊·玉器篇（漢代）》（臺北：中華五千年文物集刊編輯委員會，1991 年 7 月），頁 80～119。

〔註13〕 尤仁德，《中國古代玉器通論》（北京：紫禁城出版社，2002 年 2 月），頁 223～226。

綜前所述，由器類、形制、紋飾的變化等，可知漢代玉器爲中國玉器發展的嶄新階段。學者研究的面向亦由外在因素，逐漸轉向探討時代背景所蘊含的精神文化，係成爲日後探討中國玉器不可缺漏之部分。

二、南越王墓玉器研究

（一）南越王墓玉器專論研究

南越文王墓自 1983 年 6 月，於廣州市區越秀山西邊的象崗發現，挖掘工作歷時四個月，並於同年 11 月發佈。於隔年彙整的考古報告指陳，墓中玉器種類繁多，除了罕見的絲縷玉衣與大量的隨葬玉璧之外，用於玩賞的玉石器亦佔有極大之比例，其中尤以玉劍飾最爲突出，不僅是在質量或數量，皆可爲漢代玉具劍之冠，另包含玉器的墓中隨葬物不僅具有中原內地之特色，係屬中原地區輸入之產物，亦有非中原的域外特色，推測可能係與此時發展的海外貿易有關，〔註 14〕提供南越王墓玉器之時代與文化背景初步觀點。

而後在余天熾等人編著的《南越國史》一書中，除對南越國之整體背景有詳細之論述，另提及南越國手工業包含玉器製造，從墓中玉器形制、花紋雖多與中原玉件相似，但部分玉器卻是中原地區罕見而具有地方特點，可推斷墓中玉器並非全數由中原傳入。〔註 15〕1990 年呂烈丹，以墓中出土部分玉器，如角杯、帶鉤等物精美的形制，說明墓主於日常用玉已具有森嚴的等級制度。〔註 16〕至此可知，南越王墓玉器之研究係側重文化屬性，但僅止於中原與非中原之二元觀念。另外，亦開始對南越文王特殊身分與其用玉制度產生初步的聯想。

於是在 1991 年所出版的考古報告集，《西漢南越王墓》對於墓主所處時代背景進行詳盡的整理與論證，並以科學方式驗證南越國內可能具有專屬的玉作坊。〔註 17〕此說亦出現於《南越國史》中。〔註 18〕另可知南越國因特殊

〔註 14〕廣州象崗漢墓發掘隊，〈西漢南越王墓發掘初步報告〉，《考古》1984 年第三期（北京：科學出版社，1984 年 3 月），頁 227～230。

〔註 15〕余天熾等，《古南越國史》（廣西：廣西人民出版社，1988 年 1 月），頁 153～153。

〔註 16〕呂烈丹，《南越王墓與南越王國》（廣州：廣州文化出版社，1990 年 1 月），頁 31～44。

〔註 17〕聞廣，〈西漢南越王墓玉器的考古地質學研究〉，收錄於《西漢南越王墓》（北京：文物出版社，1991 年 10 月），頁 372～379。

時空地理背景，及施行民族融合政策，使玉器可能雜揉漢、楚、越之特點。且因政治立場與特殊立國背景，可能導致文物或玉器之形制、象徵意義仍保留戰國之特點，與西漢典型玉器有所差異。

綜上所述，南越王墓玉器研究重心係由文化與時代意義為發端。有關南越王墓玉器研究，麥英豪曾對墓中出土玉器器形與紋飾作一概括的整理，並提出墓中玉器不僅具有戰國遺風，另有西漢前期之特色，以及多元的文化色彩的可能性，〔註19〕提供南越王墓玉器研究初步之概念。而後楊建芳依細部紋飾區別，概略性的指出南越王墓玉器具有中原、楚、越等風格，更提出因漢越雜處的政策下，可能形成所謂南越風格的玉器的想法，〔註20〕不僅提供南越王墓玉器多元文化風格之憑據，更肯定南越自身發展的玉器文化。

另外，在論述南越王墓所具有的多元文化之餘，亦有其與中原文化融合現象之探討，張榮芳以先秦時期嶺南地區玉器文化不甚發達的，但卻可見南越王墓出土大量玉器的現象，以及隨葬玉器的種類與數量變化與中原地區相似的情況，說明嶺南文化對於中原漢文化已具有良好的融合現象。〔註21〕此研究相較於前述，以地方特色為討論重心的研究，可謂獨樹一格，唯其論述較為精簡，但卻提供南越王墓玉器研究的一個新方向。

而後盧兆蔭又將南越王墓與同屬西漢中期的滿城漢墓作一比較，並將兩墓中玉器分為三種面向討論，即裝飾、喪葬、日常用玉，藉由出土數量、位置、形制差異，以及工藝特徵等面向的比較，指出南越王墓玉器多數具有先秦玉器之遺風，為戰國風格過渡至漢代風格之表徵，但滿城漢墓雖亦承繼戰國風格，但卻已形成屬於典型漢玉的新興藝術風格，兩者的差異點，係因南越與漢廷具有隔閡之情況，因此產生有「文化滯後」之現象，使玉器風格多

〔註18〕 張榮芳、黃淼章，《南越國史》（廣東：廣東人民出版社，1995年12月），頁262。

〔註19〕 麥英豪，〈漢玉大觀——象崗南越王墓出土玉器概述〉，收錄於《南越王墓玉器》（香港：兩木出版社，1991年12月），頁39～60。

〔註20〕 楊建芳，〈南越王墓玉器研究——南越式玉器的識別及相關問題〉，收錄於《中國古玉研究論文集（下）》（臺北：眾志美術出版社，2001年9月），頁113～127。（原載於《故宮文物月刊》1992年第九期）

〔註21〕 張榮芳，〈從西漢南越王墓出土的玉器看秦漢時期嶺南文化與中原文化的融合〉，收錄於《華學》（廣州：中山大學出版社，1996年12月），頁135～140。

數停留於戰國風格。〔註22〕

　　承襲前一比較異同之論述，盧兆蔭再將南越王墓與時代更早徐州獅子山楚王墓作比較，從禮儀、喪葬、裝飾，以及兩墓出土數量較多的玉酒器，以功能、形制、數量，以工藝特徵等之異同，除強調前者所論述保留戰國遺風之說法，另提出其製作工藝與玉器結構，兩者差異顯著，透露南越王墓亦非完全沿襲戰國風格，在部分玉器上亦透露漢代玉作之嶄新風格。〔註23〕盧氏此二篇研究，著重比對時代相近的玉器，從中探析南越王墓玉器同與不同之處，為玉器時代特徵研究提供良好的示範。

　　在近年來國內亦有與南越王墓玉器相關之研究論文，首先，洪世偉〈西漢中山國與南越國玉器造型紋飾之比較〉一文中，以性質與時間相近的中山王墓與南越王墓所出土的玉器做造型與紋飾的比對，具體的提出南越王墓玉器形制的不同，〔註24〕提供研究西漢前期玉器具體的憑證，但未闡述玉器顯露的歷史文化背景與其象徵精神意義。另龍瑞如〈南越王墓玉器之研究〉中，對於墓中數量眾多的玉器整理詳實，〔註25〕由於為美術史研究取向，因此，較為缺少歷史文化與時間性的分析，未能凸顯南越王墓玉器之特色。

　　而劉素珠〈僭越與臣服──由西漢南越王墓與中山王墓出土文物及考古情境看南越國的文化認同〉，內容以隨葬器物之數量與種類多寡，看待南越國特殊的政治背景與文化，其論點包含墓中所有文物之分析，〔註26〕但著重探討「僭越」與「臣服」之政治性論點，較少著墨於玉器文化之研究。

（二）旁及南越王墓玉器之研究

　　另部分有關南越王墓玉器之研究，雖非以專論方式呈現，但亦有相關之

〔註22〕 盧兆蔭，〈南越王墓玉器與滿城漢墓玉器比較研究〉，收錄於氏著，《玉振金聲──玉器金銀器考古學研究》（北京：科學出版社，2007年7月），頁80～87。（原載於《考古與文物》1998年第一期）

〔註23〕 盧兆蔭，〈徐州獅子山楚王墓玉器與廣州南越王墓玉器比較研究〉，收錄於氏著，《玉振金聲──玉器金銀器考古學研究》，頁182～187。

〔註24〕 洪世偉，〈西漢中山國與南越國玉器造型紋飾之比較〉（臺北：中國文化大學美術研究所碩士論文，1993年6月）。

〔註25〕 龍瑞如，〈南越王墓玉器之研究〉（臺北：國立臺灣師範大學美術研究所碩士論文，2003年）。

〔註26〕 劉素珠，〈僭越與臣服──由西漢南越王墓與中山王墓出土文物及考古情境看南越國的文化認同〉（臺南：臺南藝術學院藝術史與藝術評論研究所碩士論文，2004年）。

論述，散見於其他相關漢玉器型及器類研究。如黃展岳曾以斯時身份地位之表徵的玉衣，以及玉組珮作概述性的介紹與分析。〔註 27〕並認定南越文王的玉衣與組珮爲斯時用玉思想提供完整而珍貴的研究目標。

由於墓中出土隨葬玉璧數量眾多，因此，古方曾以墓中出土的所有玉璧之紋飾、玉色對漢代玉璧形制做一整理，〔註 28〕指出墓中深色玉璧所蘊含的靈冥思想，爲其時代思想下的特殊產物。而殷志強亦將南越王墓之玉璧視爲古代玉璧發展的研究案例之一，說明玉璧具有多元之功能與時代意義。〔註 29〕

墓中其他器類研究，則可見盧兆蔭曾發表兩篇兩漢玉衣之研究，即〈試論兩漢玉衣〉與〈再論兩漢玉衣〉，其中後者增加對於南越文王玉衣之相關見解，如以玉衣軀幹與四肢工法差異，推測玉衣的製成可能受限於時間或工藝水平之情況。〔註 30〕其他研究中另有論述玉舞人、〔註 31〕透雕玉璧、〔註 32〕玉劍飾、〔註 33〕玉觿及韘形珮等裝飾用玉。這些於漢代廣爲盛行的裝飾用玉，從工藝特徵與其象徵意義，皆係受到時人的喜好的影響，而有大規模的發展，可視爲人文精神進步之象徵，而南越王墓玉器同樣具有如此特質。

另外，黃師建淳曾對漢代部分器類進行研究，如在〈略論漢代葬玉觀念葬玉〉一文中，特將漢代常見的葬玉種類進行形制上之比對，所見如整套玉

〔註 27〕 黃展岳，〈絲縷玉衣與組玉佩〉，收錄於《南越王墓玉器》，頁 61～67。

〔註 28〕 古方，〈從南越王墓出土玉璧談漢代玄璧〉，收錄於中國秦漢史研究會等編，《南越國史蹟研討會論文選集》（北京：文物出版社，2005 年 4 月），頁 117～124。

〔註 29〕 殷志強，〈關於古代玉璧若干問題的認識〉，收錄於《如玉人生——慶祝楊伯達先生八十華誕文集》（北京：科學出版社，2006 年 12 月），頁 317～326。

〔註 30〕 盧兆蔭，〈再論兩漢的玉衣〉，《玉振金聲——玉器金銀器考古學研究》，頁 14～23。（原載於《文物》1989 年第十期）

〔註 31〕 所見爲盧兆蔭，〈翹袖折腰玉舞人——漢玉漫談〉，《玉振金聲——玉器金銀器考古學研究》，頁 24～28。（原載於《文物天地》1992 年第五期）。〈漢代貴族婦女喜愛的佩玉——玉舞人〉，頁 73～79。（原載於《收藏家》1996 年三期）

〔註 32〕 所見爲盧兆蔭，〈剔透玲瓏玉寶璧——漢玉漫談〉，《玉振金聲——玉器金銀器考古學研究》，頁 29～33。（原載於《文物天地》1993 年第二期）。〈略論漢代的玉璧〉，頁 39～50。（原載於《中國考古論叢》1993 年）

〔註 33〕 盧兆蔭，〈玉觿與韘形玉佩〉，《玉振金聲——玉器金銀器考古學研究》，頁 51～56。（原載於《文物天地》1995 年第一期）。〈漢代流行的韘形佩〉，頁 57～62。（原載於《收藏家》1995 年四期）

衣發展完全之概念，並從南越文王玉衣頭頂小璧留有璧孔的現象，與是時盛行的升仙思想緊密結合。〔註34〕另以南越王墓出土玉韘全為裝飾所用，而未見實用的玉韘的奇特現象，說明玉韘因其功能變化為裝飾用途，故型態趨於扁平、中孔漸小，紋飾考究華麗，〔註35〕而南越王墓的玉韘恰為此一特點之證據。且文王墓中組珮、劍飾，〔註36〕顯露的華麗與神異動物之造型，說明南越文王亦受到漢室宮廷所瀰漫的奉仙道、崇鬼迎神之思想。此一研究雖為漢代玉器精神之綜述，但卻從中發掘南越王墓玉器蘊含之人文精神，可謂提供南越王墓玉器文化一個嶄新的面向。

　　由上述研究回顧的整理，可發現南越王墓玉器之特色，源自時代與文化背景，但目前所見之研究，多僅止於篇幅較小的探析，未能將其文化與時代特性作完整之呈現，再加上旁及文王墓玉器之研究，其論點雖非以南越王墓玉器為討論重心，但卻將相同器類集合整理，有助於理解南越王墓所出玉器形制、種類之差異，但所見直接相關與旁及墓中玉器之研究研究，僅形成諸多發人省思之「點」，但未能形成整體的「面」。故本文欲以玉器時代與文化之特色，由「點」構築成「面」，並探析其背後所具有的特殊意義。

第三節　研究範圍、方法與研究限制

　　本文所論及的地理範圍，係以南越王墓為中心，也就是今日所指的兩廣地帶，而本文主旨在於論述玉器特色，其中包含時間與空間的比對，因此，時間範圍將鎖定先秦以至西漢中晚期間。另外，由於迄今所知發掘的戰國、西漢墓葬數量繁多，故本文將選定具有時代特徵與文化特徵的墓葬進行比對與論述。

　　有關玉器的研究方法的重心，究竟為何？諸多學者皆提出不同的看法。〔註37〕眾關於玉器研究的方法，眾家說法不一，但略可回歸至玉器本身具

〔註34〕黃建淳，〈略論漢代葬玉觀念〉，刊《淡江史學》第十九期（臺北；淡江大學歷史學系，2008 年 9 月），頁 1～18。

〔註35〕黃建淳，〈玉韘的演變〉，刊《淡江史學》第十八期（臺北：淡江大學歷史學系，2007 年 9 月），頁 1～19。

〔註36〕黃建淳，〈中華玉器與傳統文化〉，收錄於氏作，《中華玉器文化特展圖典》（臺北：淡江大學歷史學系，2009 年 6 月），頁 13～26。

〔註37〕楊伯達對於玉器研究提出五個重要的課題：玉材的種類、傳統觀念、碾玉工藝、相互影響（指與玉器相關藝術品之關係）、內外交流（從古玉觀中外交

有的特質來討論，即玉料、工法、形制、紋飾，藉由此四項特質來討論玉器本身所蘊含的時代意義與文化特色。而其具體的研究方法，或可以科學的研究方法來作爲依歸。符合科學的研究方式可分爲兩個步驟，第一個步驟是考古，係忠實發掘資料與年代的紀錄，爲研究工作的主要依據之一；而第二步驟，就是研判，從考古發掘的時間與空間找出可靠的依據點，如果不能找出這些點，亦無法完成連結的線，〔註38〕甚至是本文意欲討論整體性的面。

　　臺灣古玉專家吳棠海曾提出具體的古玉研究方法，爲研究中國歷朝玉器提供極大的幫助，僅將其繪製爲簡表如下：

流）。而鄧淑蘋提出三項課題，即質地分析與產地的調查、受沁現象的研究與科學斷代的構想、古玉反映的遠古的宗教之研究。喻燕姣則以爲玉文化的研究範疇，應是包含研究玉器的起源、品種與裝飾藝術（包括造型與圖案），以及琢玉技術（製作工藝）。另杜金鵬則提出綜合性的研究方法，一是根據中國古代典籍的記載，將玉器與古代禮制、禮器進行比附，此與傳統金石學有不可分割之關係；二是把古玉器最做美術品加以研究，將工藝美術家的匠思、畫家的想像、音樂家的激情，還有歷史家的深邃加以揉合，對古玉進行評論、分析與鑑賞；三是運用考古學方法進行整理研究，從地層學和標型學上辨別時代早晚，找出演變規律，推本求源。劉雲輝認爲判斷一個時代的玉器風格特徵，除了要認識研究已發現的玉器之外，還必須旁及同一時代其他質地的工藝品和建築材料上的裝飾圖案，尤其要注意金器、青銅器，甚至包括具有裝飾圖案的磚瓦等，因同一時代的作品係具有相同之歷史背景，而人們的審美理念和情趣是相同的，所以由此產生的藝術品的基本風格是一致的。參閱楊伯達，〈中國古玉研究雞議五題〉，《文物》1986 年第九期（北京：文物出版社，1986 年 9 月），頁 64～68。鄧淑蘋，〈百年來的古玉研究的回顧與展望〉，收錄於宋文薰主編，《考古與歷史文化：慶祝高去尋先生八十大壽論文集（上）》（臺北：正中書局，1981 年 6 月），頁 254～261。杜金鵬，〈紅山文化「勾雲形」類玉器探討〉，《考古》1998 年第五期（北京：科學出版社，1998 年 5 月），頁 62～64。劉雲輝，〈紅山古玉中「傳世品」的鑑定〉，收錄於楊伯達編，《傳世古玉辨僞與鑒考》（北京：紫禁城出版社，1998 年 4 月），頁 206。

〔註38〕 漢寶德，〈揭開古玉的神秘面紗〉，收錄於吳棠海，《認識古玉》（臺北：中華民國自然文化學會，1994 年 10 月），頁 15。

表 1.1：古玉研究方法表

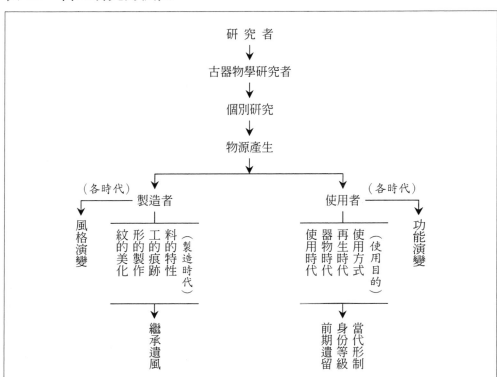

參閱吳棠海，《認識古玉》（臺北：中華民國自然文化學會，1994 年 10 月）。

依據本表可看出，玉器研究可從兩面向來著手，一為玉器製造者，二為玉器使用者。首先是玉器製造的工藝特徵，同前所述，係回歸玉器具有的特質來討論，即玉料、工法、形制、紋飾，但尚無法提供整體性的研究結果。因此，需要從玉器使用者的角度來探析玉件對使用者的意義為何。

　　本文所論述的重心為墓中出土玉器之特色，因此，具體的研究方法是藉由比對玉器製造所蘊含的形制、風格、紋飾與其功能來發現問題，並從中探討所謂玉器使用所蘊藏的時間空間、區域文化、思想信仰等問題。在比對的範疇裡，除引用直接相關的考古報告，如《西漢南越王墓》、〔註 39〕《廣州漢墓》、〔註 40〕《曾侯乙墓》，〔註 41〕以及《長沙楚墓》等，〔註 42〕以及同前所

〔註 39〕廣州市文物管理委員會等編輯，《西漢南越王墓》（北京：文物出版社，1991 年 10 月）。

〔註 40〕廣州市文物管理委員會等編輯，《廣州漢墓》（北京：文物出版社，1981 年 12 月）。

述，引用單篇的考古挖掘報告，提供初步且眞實的證據。另外，有關南越王墓各類玉器之形制比對部分，將使用林業強編輯的《南越王墓玉器》一書之圖片，〔註43〕此書整合所有南越王墓出土玉器，圖片清晰完整，說明詳盡，方能進一步分析與比對。

此外，也因本文論述之需，將引用部分的玉器圖片作爲比對的證據，因此，玉器圖錄亦是本文研究的重要資料，其中以博物院館所藏及大陸考古挖掘玉器，數量最豐，較無後人僞作之虞，有助於比對樣本之選取。但唯其繁雜，難以確切掌握，所幸後人已爲迄今所知的玉器作一統整，其中以古方所編《中國古玉器圖典》一書，〔註44〕內容集結中國歷代玉器之精華，並以朝代區分，便於快速搜尋所需玉器。

且出版時間較早的《中國玉器全集》，〔註45〕全套共分六冊，收錄從原始社會到清代之玉器，其內容共分成專論、彩色圖版和圖版說明三個部份，此書係以朝代區分，有助於玉器時代特色之分析，唯出版時間較早，晚近出土玉器爲包含於其中。但其後所編輯的《中國出土玉器全集》全書分十五卷，〔註46〕收集中國全土五十多年以來於古代遺址和墓葬考古發掘中出土玉器約4000餘件（組），時代從新石器時代至民國，編輯特色在於區域劃分，並有系統地全面展示了出土玉器的面貌。由於內容包含的玉器材料皆經科學方法發掘出土，亦標明確切的出土地點、年代和收藏單位，文字全數由專家學者鑑析，是玉文化發展演變脈絡的重要實物資料，亦爲玉器地方文化研究提供較爲全面的標準。

如前所述，本文欲以時代特徵、文化特色，以及人文精神作爲南越王墓玉器探討的重心，而研究方法之重心，在於選擇對象並予以比較與分析。但由於中國玉器發展淵遠流長，多有承襲前代遺風之特質，難以清楚切割，故僅能以有限之能力，選擇具有時代與文化特色玉器進行研究，並從中解析其象徵意義與精神。另礙於多種限制，未能遠赴廣州南越王墓博物館一探究竟，實爲不足之處。

〔註41〕湖北省博物館編，《曾侯乙墓》（北京：文物出版社，1989年7月）。
〔註42〕湖南省博物館等編，《長沙楚墓》（北京：文物出版社，2000年1月）。
〔註43〕林業強編，《南越王墓玉器》（香港：兩木出版社，1991年12月）。
〔註44〕古方主編，《中國古玉器圖典》（北京：文物出版社，2007年3月）。
〔註45〕楊伯達主編，《中國玉器全集》（石家莊：河北美術出版社，1993年8月）。
〔註46〕古方主編，《中國出土玉器全集》（北京：科學出版社，2005年10月）。

　　本文除序論與結論外，可分爲四章。首先，是關於南越國之歷史背景的論述。由於南越國之歷史背景雖於史、漢所載，但其文字記載十分有限。若僅由文獻記載，較難全面性的理解南越國所存之歷史背景，及其背後象徵的特殊意義，更遑論南越文王墓中出土玉器之時代與文化特色。因此，本文於此欲整述南越國之地理歷史背景，希冀從中獲取探析玉器之歷史因素。

　　第二，係爲本文所論第三章，即爲本文所論南越王墓葬之部分，如前所述，南越國之地理歷史背景於史籍記載有限，如欲解析南越國之歷史文化背景，必須結合文獻與考古資料，方能完整呈現。此外，本文欲探討墓中出土的隨葬玉器，而所見墓葬之空間安排與隨葬物的擺放位置，亦是透露時人思想的重要資料。出土於墓葬之中的玉器，是否如同其他隨葬物具有特殊意義，值得深思。故本章欲從探討南越葬俗爲開端，並與南越王墓墓室分佈及結構作一比對分析，並找出墓葬之特點，藉以說明是時社會所盛行之觀念爲何。而這些思想是否也同樣的反映於玉器特點之上？

　　第三，則爲第四章，係與墓葬直接關連的葬玉，本章論述的重心在於南越王墓葬玉類型之分析，並與其他西漢諸侯王墓出土相同葬玉比對，由形制的變化、功能，探析其象徵意義的流變。具體而言，喪葬玉之功能，可謂斯時盛行的神仙思想的眾多表徵之一，何以具有多樣化的種類？可能與階段性功能密切相關，並於此章節析論之。

　　第四，爲本文第五章，所探討的對象爲墓中隨葬的生前用玉，由於生前用玉係屬實際應用物，與無須時時改良葬玉不同，[註 47]生前用玉之形制的演變也較爲明顯，適合探討其時代與文化特徵。本章先將隨葬玉器做一分類，並略述其工藝特徵，從中探討墓中玉器所具有的時代特色。而後由迄今所知，具有區域文化特徵的出土玉器，與墓中用玉加以比對，從形制、紋飾之異同，發掘南越王墓玉器所具備的文化特色。而從數量眾多，且具時代工藝特徵，以及文化特色的玉件中，探析其人文意義之象徵。

〔註47〕參閱那志良，〈古代的葬玉〉，《大陸雜誌》（臺北：大陸雜誌編輯委員會，1952年 11 月），頁 14。

第二章　南越國史略

　　南越國爲秦末趙佗於嶺南地區所建立的一個地方政權，共傳五世，國祚長達九十三年，至元鼎六年（西元前 111 年）時才爲漢武帝所滅，此時期可謂嶺南古代史的重要發展階段。有關南越國的歷史，雖可從《史記》、《漢書》中窺知一二，但因正史記載較側重政治層面，對於斯時的社會、經濟與文化甚少涉及。

　　然而，隨 1950 年代中國考古工作的開展，數百座南越墓葬的挖掘，爲此段歷史研究提供大量珍貴的實物資料。但有關南越諸王陵寢，卻始終未能發現。直至 1983 年於廣州市北部象崗發掘西漢時期南越國二代文王陵，大量考古文物出土，得以彌補文獻記載不足，也帶動了南越歷史全面性的研究，相關研究亦不在少數，其中又以余天熾等所合著的《古南越國史》，與張榮芳、黃淼章撰寫的《南越國史》內容充實，考證詳盡。

　　南越二代文王墓中出土各類文物千餘套件，其中又以玉器數量爲大宗，其品類繁多、工藝精美，爲兩漢承襲戰國玉器風格最佳例證，且因其特殊的歷史背景，使玉器呈現多元的文化特色。因此，探討墓中玉器所蘊含的特色之前，應先理解南越國的歷史背景。

　　如前所述，《古南越國史》、《南越國史》之內容充實，本章節欲從中做概略整理論述。以先秦、秦漢時期的嶺南社會概況爲開端，而後延伸至南越國的建立、政治經濟、疆域與民族文化，理解南越國於嶺南地區所產生的影響，以及歷史意義。

第一節　史載的南越國

一、先秦嶺南社會

　　趙佗所建立的南越國，北以五嶺爲界，〔註1〕位居中國南方。五嶺以南的廣東、廣西、越南地區，史載：「廣州，春秋時百粵（越）之地」〔註2〕自古以來即爲越人的居地，秦平嶺南以前，聚居於此的越人，尚處於原始部落社會。春秋之世，越族所建立的越國與吳國互爭雄長，反映出越族日益強大，已初步形成國家社會之雛形。戰國時期，越、楚關係密切，楚國與越國互動之時，另外對越國以外的越族發動戰爭，如楚悼王時，拜吳起爲相，於西元前387年「南平百越」。〔註3〕

　　西元前333年，越國國君無疆（彊）伐楚，楚威王舉兵相接，「大敗越，殺王無彊，盡取故吳地至浙江，北破齊於徐州。」而後越國滅亡，其後裔分散逃亡嶺南各地，「諸族子爭立，或爲王，或爲君，濱於江南海上，服朝於楚。」〔註4〕同時也因越王後裔自立爲君，所以「無彊以上霸稱王，之侯以下微弱稱君長」，〔註5〕反映斯時由於越國勢力的衰微，至之侯不稱王而稱君長，顯見越族的社會型態的衰退。

　　楚越雙方產生重大的影響，對楚而言，其勢力擴展至越，成爲南方霸主，並形成南方民族的融合中心，楚文化成爲南方文明的代表；對越而言，嶺南

〔註1〕　關於「五嶺」一詞，史籍眾說紛紜：(1)《史記·陳餘列傳》司馬貞《索引》引裴淵《廣州記》以及《史記·秦始皇本紀》於始皇三十二年下，張守節《正義》引《廣州記》記載五嶺爲：大庾、始安、臨賀、桂陽、揭陽。(2)《輿地志》所稱爲：大庾、騎田、都龐、萌諸、越嶺。(3)《漢書·陳餘列傳》顏師古注引鄧德明《南康記》云：大庾嶺、桂陽騎田嶺、九眞都龐嶺、臨賀萌諸嶺、始安越城嶺。(4)另於《水經注》，卷38，亦載大庾、騎田、都龐、萌諸、越城。張榮芳認爲近人考證說法莫衷一是，但其中以法人鄂盧梭考證「大庾嶺、騎田嶺、都龐嶺、萌諸嶺、越城嶺」較爲詳實正確，故採此說。參閱張榮芳，〈論漢初的「南越國」〉，《秦漢史論叢》第一輯（陝西：人民出版社，1981年9月），頁152。

〔註2〕　〔唐〕李吉甫撰，《元和郡縣圖志（下）》，（北京：中華書局，1983年6月），卷34，頁885。

〔註3〕　〔漢〕司馬遷撰，《史記》（北京：中華書局，1959年9月），卷65，〈孫子吳起列傳〉，頁2168。

〔註4〕　《史記》，卷41，〈越王句踐世家〉，頁1751。

〔註5〕　《越絕書》（濟南：齊魯書社，2000年5月），卷8，〈越絕外傳記地傳第十〉，頁43。

越族在政治上的「服朝於楚」，〔註6〕兩者文化相互融合，楚越區隔減少，但也因越國的滅亡，使得越族群益加分散，部族間也時常發生衝突，此時嶺南越族的社會經濟發展更加不平衡。

二、秦對嶺南的開拓

（一）秦平嶺南

秦始皇一統天下後的第二年（西元前 220 年），便頻繁出巡四方，而其中兩次的出巡與征討嶺南密切相關。〔註7〕秦始皇在完成安頓北方等相關準備工作之後，西元前 218 年，〔註8〕「使尉佗屠雎將樓船之士南攻百越」，〔註9〕率領五十萬大軍，分五軍「一軍塞鐔城之嶺，一軍守九疑之塞，一軍處番禺之都，一軍守南野之界，一軍結餘干之水」，〔註10〕向嶺南駐守以利進發。

由於秦軍進駐之地以閩越爲主，而其地「僻處海隅，褊淺迫隘」，無險要之勢可資據守，「用以爭雄天下，則甲兵糇糧，不足供也；用以固守一隅，則山川間阻，不足恃也」〔註11〕於是秦軍迅速佔領閩越之地，並設置閩中郡。〔註12〕但因以屠雎爲首的將領，使「越人皆入叢薄中與禽獸處」，採取錯誤的差別政策，越人「莫肯爲秦虜」，開始一連串的反抗行動，先是夜襲秦軍，而後破壞其糧道，斷絕物資。越人得以大破秦軍，秦軍「伏屍流血數十萬」，傷亡慘重，秦帥屠雎也因此喪命。〔註13〕

〔註6〕　《史記》，卷41，〈越王勾踐世家〉，頁 1751。

〔註7〕　第一次的出巡爲西元前 220 年「巡隴西、北地，出雞頭山，過回中焉」，此次目的爲部署抵禦匈奴之工作，以便集中軍事力量征討南方越人；第二次則爲東北向東南爲序而巡「郡縣祠騶嶧山，頌秦功業」而後經渤海以東，「過黃、腄，窮成山，登之罘」，而後過彭城，再「自南郡由武關歸」，此次出巡最爲接近嶺南地區，其目的顯然與出兵嶺南地區相關。參閱張榮芳、黃淼章，《南越國史》（廣東：廣東人民出版社，1995 年 12 月），頁 15～17。

〔註8〕　《史記》、《漢書》記載，秦平嶺南戰爭結束於西元前 214 年，但戰爭始於何年卻未言明，其後學者對此爭議各抒己見，說法不一。但在近人學者考證之下，以爲越南學者陶維英所提出西元前 218 年較爲符合史實。參閱余天熾等，《古南越國史》，頁 3～9。張榮芳、黃淼章，《南越國史》，頁 18～24。

〔註9〕　《史記》，卷 112，〈平津侯主父列傳〉，頁 2958。

〔註10〕　〔漢〕劉安編，何寧撰，《淮南子集釋》（北京：中華書局，1998 年 10 月），卷 18，〈人間訓〉，頁 1289。

〔註11〕　〔清〕顧祖禹撰，賀次君、施和金點校，《讀史方輿紀要》（北京：中華書局，2005 年 3 月），卷 95，〈福建讀史方輿紀要敘〉，頁 4362。

〔註12〕　《史記》，卷 114，〈東越列傳〉，頁 2979。

〔註13〕　《淮南子集釋》，卷 18，〈人間訓〉，頁 1289～1290。

　　屠雎的喪命與糧道的破壞，使秦軍陷入孤立無援、糧草缺乏的困境，於是改由趙佗所率領的秦軍採取守勢，史載秦軍「三年不解甲弛弩」，因此，嶺南戰爭進入秦越對峙的階段。秦始皇三十年（西元前 217 年），爲改變嶺南秦軍所面臨的困境，於是命史祿「以卒鑿渠，而通糧道」，〔註14〕另於三十三年（西元前 214 年）「發諸嘗逋亡人、贅婿、賈人」，〔註15〕隨軍南征。

　　秦始皇三十三年，任囂與趙佗一改相持之勢，最終統一嶺南地區，成功因素可歸納爲二，靈渠的開鑿，使秦軍物資不虞匱乏；另在佔領一地後，謫發身份低下的庶民移居其地，使軍隊有穩定的據點，也使秦軍得以補充人力。同時，南遷商賈，任商賈經營，可爲兵略之助。〔註16〕

（二）秦營嶺南

　　秦平定嶺南後，隨即開始對嶺南的經營，直至秦亡爲止（西元前 207 年），雖僅維持八年的時間，但卻對嶺南地區的社會經濟發展產生重大的影響。秦對嶺南開發的主要內容爲：設置郡縣、置關防、闢新道以及徙民雜處，其中置郡縣與設關闢道內容如下表所示：

表2.1：秦代嶺南郡縣、關防、新道略表

一、郡縣	南海郡：番禺縣（今廣東廣州）、龍川縣、博羅縣、揭陽縣。 桂林郡：布山縣、四會縣。 象　郡：臨塵縣、象林縣。
二、關防	橫浦關、洭浦關、陽山關、湟溪（谿）關。
三、新道	1.江西南安到番禺。 2.湖南郴州到番禺。 3.湖南湘江南下達布山與象郡。 4.福建入廣東揭陽。

資料來源：張榮芳、黃淼章，《南越國史》，頁31～40。

　　另外，秦亦發動四次較具規模的移民活動，第一次爲秦始皇三十三年，「發諸嘗逋亡人、贅婿、賈人」的隨軍移民，即佔領一地則移民其地；第二次爲翌年（西元前 213 年），「治獄吏不直者，築長城及南越地」，〔註17〕第三

〔註14〕　《淮南子集釋》，卷 18，〈人間訓〉，頁 1289。

〔註15〕　《史記》，卷 6，〈秦始皇本紀〉，頁 253。

〔註16〕　張榮芳、黃淼章，《南越國史》（廣東：廣東人民出版社，1995 年 12 月），頁 30～31。

〔註17〕　《史記》，卷 6，〈秦始皇本紀〉，頁 253。

次，則爲三十五年（西元前 212 年），秦始皇「益發謫徙邊」，〔註18〕此次雖未言明，但以當時情況而言，亦有可能是指嶺南地區。〔註19〕第四次遷徙具體年代不詳於史，僅稱趙佗「使人上書，求女無夫家者三萬人，以爲士卒衣補，秦皇帝可其萬五千人」。〔註20〕

秦平嶺南並設立郡縣制度，使嶺南地區政局趨於一統。此外，其重要影響體現有三：第一，置關闢道，奠定秦漢時期海外交通的基礎；第二，在大規模的移民活動之下，其中不乏少數具有知識才能的犯罪官吏、農民、手工業者與商賈，這些人直接或間接促進嶺南社會經濟的發展；第三，秦軍戍卒於當地與越族通婚，促進漢越民族的融合。此三者成爲日後趙佗建立南越國不可或缺的歷史條件。

三、南越國的創立與滅亡

（一）南越立國始末

秦朝統一嶺南後五年，中原爆發陳勝、吳廣叛亂，諸君紛起，天下動盪不安。時南海尉任囂病危，即召龍川令趙佗言嶺南雖地處偏遠，但唯恐亂事所波及，應採取行動以自備，且云：「番禺負山險，阻南海，東西數千里，頗有中國人相輔，此亦一州之主也，可以立國。」〔註21〕說明嶺南之北有五嶺爲天然屏障，地勢易守難攻；而內部族群融合，政局穩定，可自成一割據政權。於是任囂死後，趙佗便實施劃地據守的計畫。

首先，趙佗「移檄告橫浦、陽山、湟谿關」，並曰：「盜兵且至，急絕道聚兵自守」〔註22〕以重兵鎮壓控管關隘與新道，使嶺南斷絕與外之聯繫，而後「因稍以法誅秦所置長吏，以其黨爲假守」〔註23〕誅殺秦吏，代之以心腹，如此，趙佗等同控制郡中軍事力量並得以杜絕自北方而來的外力干擾，確實地實施武裝割據。此外，由於秦末中原紛擾，導致桂林、象郡越人作

〔註18〕 《史記》，卷6，〈秦始皇本紀〉，頁258。
〔註19〕 張榮芳、黃淼章，《南越國史》，頁41。
〔註20〕 《史記》，卷118，〈淮南衡山列傳〉，頁3086。
〔註21〕 《史記》，卷113，〈南越列傳〉，頁2967。
〔註22〕 趙佗所言「盜兵」，表面上是指「諸侯兵」及「諸侯之客」，實際上亦有可能是指中原所派遣的秦軍，因橫浦、陽山、湟谿關皆位於秦所開闢以通嶺南的兩條新道，此舉等同斷絕秦軍南下嶺南的通道。
〔註23〕 《史記》，卷113，〈南越列傳〉，頁2967。

亂，於是趙佗「佗即擊桂林、象郡，自立爲南越武王」〔註24〕至此，嶺南政局歸一。

漢十一年（西元前196年），漢高祖劉邦認爲中原歷經戰亂，亟需休養生息，因此未對趙佗與嶺南做進一步的處分，僅「遣陸賈因立佗爲南越王，與剖符通使」，承認嶺南政權的合法性，然其目的在於使趙佗「和集百越，毋爲南邊患害」的消極政策，〔註25〕直到元鼎六年（西元前111年）爲漢武帝所滅。南越國共傳五主，國祚長達九十三年（西元前203年～前111年），其世系見下列簡表：

表2.2：南越世系略表

一、武王趙佗	（西元前203年～前137年），在位約67年。
趙始	未嗣而亡
二、文王趙眜	佗孫，（西元前137年～前122年），在位約16年。
三、明王趙嬰齊	眜子，（西元前122年～前113年），在位約10年。
四、趙興	嬰齊子，（西元前113年），在位約1年。
五、趙建德	嬰齊長子，（西元前113～前111年），在位約2年。

資料來源：余天熾等所合著，《古南越國史》，頁235～245。
張榮芳、黃淼章，《南越國史》，頁31～40。

（二）南越國疆域

趙佗所建立的南越國，東南瀕臨南海，陸地主體爲秦時嶺南三郡（南海郡、桂林郡、象郡），而後因高祖平定天下，雖遣使南越冊封趙佗爲王，但卻未劃定南越的北界。至於鄰近的閩越、夜郎等國，則與南越同爲漢所冊封的諸侯國，雖曾一度役屬於南越，但僅透過財物交相賄賂而已，並未佔領土地，以下分別以北、西、南三面分別簡述。

1. 南越國北界

（1）與長沙國之邊界

南越國北以五嶺爲界，秦平嶺南以前，秦軍即「南有五嶺之戍」〔註26〕

〔註24〕 《史記》，卷113，〈南越列傳〉，頁2967。
〔註25〕 《史記》，卷113，〈南越列傳〉，頁2967～2968。
〔註26〕 《史記》，卷88，〈張耳陳餘列傳〉，頁2573。

而後「尉陀逾五嶺攻百越」〔註27〕可知秦嶺南三郡之北境應未超過五嶺，而趙佗亦是據嶺南三郡而稱王，故南越國北界應以五嶺爲限。而西元前218年，秦始皇遣屠睢率五軍攻打南越，軍隊分處塞鐔城嶺、九疑、番禺，南野，餘干，〔註28〕其中鐔城、九疑、南野皆可與五嶺相互對應，〔註29〕唯番禺與餘干之地略有出入。

　　關於此二地的說法，據近人考證，據守番禺的秦軍，是處於騎田嶺上；〔註30〕而集結於餘干的秦軍，則是位於今江西餘干水之上游、武夷山的北端，所向爲閩中。〔註31〕因此可斷定南越國立國前後的北界應以五嶺爲限。史載南越「與長沙接境」〔註32〕而1972年湖南長沙馬王堆漢墓出土三張西漢地圖，據研究指陳，其中一張地形圖顯示西漢初期屬於長沙國的「桃陽」（今廣西全州）、「觀陽」（廣西灌縣）、「桂陽」（廣東連縣）。可知南越國的北界與此三地毗鄰，故南越國北界以廣東連縣、南雄縣爲宜。〔註33〕

（2）與閩越國之邊界

　　南越國北界東段，又可分南北兩部分，其北，南越國與閩越國以餘干爲界，如南越國後期時淮南王曾言：「越人欲爲變，必先田餘干界中，積食糧乃入伐材治船。」〔註34〕顧祖禹亦認爲餘幹爲閩越之襟領，〔註35〕並稱「璩嶺」，在（江西貴溪）縣南八十裡，亦曰「據嶺」，以閩越偏據時，以此爲界。〔註36〕因此，閩越擁有部分餘干土地，而餘干亦爲南越與閩越的分界線之一。

〔註27〕　《史記》，卷118，〈淮南衡山列傳〉，頁3086。

〔註28〕　《淮南子集釋》，卷18，〈人間訓〉，頁1289。

〔註29〕　鐔城嶺係爲越城嶺，九疑之塞係指都龐嶺，而南野之界則爲大庾嶺。參閱余天熾等所合著，《古南越國史》，頁38。張榮芳、黃淼章，《南越國史》，頁70。

〔註30〕　岑仲勉，〈評「秦代初平南越考」〉，《中外史地考證（上）》（北京：中華書局，2004年4月），頁49～50。

〔註31〕　蒙文通，《越史叢考》（北京：人民出版社，1983年3月），頁49、83。

〔註32〕　《史記》，卷113，〈南越列傳〉，頁2968。

〔註33〕　譚其驤，〈馬王堆漢墓出土地圖所說明的幾個問題〉，《文物》1975年第六期（北京：文物出版社，1986年9月），頁22～23。

〔註34〕　〔漢〕班固撰，《漢書》（北京：中華書局，1962年6月），卷64上，〈嚴朱吾丘主父徐嚴終王賈傳〉，頁2781。

〔註35〕　《讀史方輿紀要》，卷85，〈江西三‧饒州府〉，頁3944。

〔註36〕　《讀史方輿紀要》，卷85，〈江西三‧百丈嶺〉，頁3968。

其南，據清史學家梁廷枬稱：「綏安廢縣，在（南海）郡之東，東接泉州，北連山，數千里日月蔽藏，昔越王（趙）建德伐木為舟之處也」綏定縣即為今日福建南部漳浦縣，越王趙建德既能在此伐木為舟，顯見斯時綏定之地亦屬於南越，可知南越與閩越邊界應係餘干、漳浦地區。可知南越與閩越邊界為餘干、漳浦，亦能得知南越北界東段已達福建南部地區。〔註37〕

綜前所述，南越國的北界，應西起今廣州三江、龍勝縣南境，經興安嚴關、恭城、賀縣，歷廣東連山陽山、樂昌、南雄等地，而部分疆域則與長沙國重疊呈「犬牙相入」之勢，再向南經連平，沿和平、蕉嶺等縣南境，經福建永定、平和、漳浦等地東達南海。

2. 南越國西界

（1）與夜郎國之邊界

南越國西部係以夜郎國為首的西南夷。有關夜郎國疆域主要是依據文獻所載「夜郎者，臨牂牁江」〔註38〕而經多年研究結果，多數學者認定牂牁江即為盤江。〔註39〕盤江源於雲南境內，流經貴州、廣西，而其源頭又分南北，北盤江古稱豚江，發源於雲南宣威；南盤江古稱溫水，發源於雲南曲靖，南北盤江合流為紅水河（今越南境內），據此可推斷，夜郎應包含南北盤江流域與紅水河上游，其中心為貴州南部的關嶺、鎮寧、安順一帶。

另外，《雲南通志》中的〈夜郎考〉，詳盡考證夜郎國具體疆域，大體相當於西漢的犍為、牂牁、益州三郡所屬的南廣、漢陽、朱提、堂琅、平夷、夜郎、談指、同並、漏江等十四縣，大體包括現在貴州的部分以及四川的南部、雲南的東北部以及廣西西部部分地區。具體而言，「約當四川珙縣，貴州赫章、威寧、水城、遵義、大方、黔西、納雍、織金、普定、普安、黔西、安順、鎮寧、貞豐、冊亨、望謨，雲南的宣威、昭通、魯甸、永善、會澤、巧家、瀘西、師宗、華寧、路南、陸良、沾益等縣」。〔註40〕

因此，夜郎國的東南界以抵今廣西西北部的南北盤江（紅水河上段），東方邊界已抵今湖南新晃一帶，而南越國與夜郎國的交界於此，亦為南越國西

〔註37〕 張榮芳、黃淼章，《南越國史》，頁71。

〔註38〕 《史記》，卷116，〈西南夷列傳〉，頁2994。

〔註39〕 侯紹莊，〈夜郎方位考略〉，載貴州省社會科學院歷史研究所編，《夜郎考討論文集之一》（貴陽：貴州人民出版社，1979年2月），頁108～114。

〔註40〕 何光岳，《南蠻源流史》（南昌：江西教育出版社，1988年11月），頁380。

部邊界之一。

（2）與毋斂國的邊界

毋斂國依附於夜郎國，但非屬夜郎國直接管轄。毋斂國處於南越國的西邊，其疆域大致與西漢牂牁郡毋斂縣相當。〔註41〕《獨山江即漢毋斂剛水考》之考證，「都勻府之八寨廳、獨山廳、荔波縣、都江通判、廢平縣、夭壩、丹行、卅平、平浪諸司，黎平府之古州廳及廣西之慶遠府南丹州」〔註42〕說明這些地方皆是漢代的毋斂縣。

另據《牂牁十六縣問答》所云：「今貴州都勻一府清平、麻哈不在外，兼黎平之古州及廣西接古州荔波地」〔註43〕皆是毋斂國的疆域，以及後人以《牂牁客談》記載：「毋斂治今荔波縣而奄有獨山州西境，併廣西河地、東蘭及南丹那地州」〔註44〕綜合兩人之說，則毋斂國東境約抵廣西環江、南丹、河池、東蘭一帶。

由上述可知，漢毋斂國大致位於今貴州都勻、獨山、荔波一帶，其東境抵達今廣西環江、南丹、河池、東蘭等地，此為南越西部邊界之二。

（3）與句町國的邊界

句町國在西漢時期一度勢力龐大，稱強於一隅，「勢力所及者廣，然其本土則一縣之地也」〔註45〕顯示句町國的邊界與西漢時期牂牁郡句町縣大致相同。而「句町縣當在保寧、百色、泗城、鎮安之間」〔註46〕另「句町縣當今鎮安（昌）府，開化府之間」〔註47〕總而言之，「今雲南之廣南、富寧，廣西之西隆、西林、凌雲、百色諸縣，即句町國故地也」。〔註48〕

〔註41〕　余天熾等合著，《古南越國史》，頁 45。
〔註42〕　〔清〕莫友芝，《貞定先生遺集》（臺北：中央研究院歷史語言研究所傅斯年圖書館藏清同治十二年〔1873〕獨山莫氏刊本），卷 1，頁 17a。
〔註43〕　〔清〕鄭珍，《巢經巢文集》（臺北：中央研究院歷史語言研究所傅斯年圖書館藏民國三年〔1914〕花近樓刊本），卷 2，頁 15a～15b。
〔註44〕　余天熾等合著，《古南越國史》，頁 45。
〔註45〕　方國瑜，〈漢牂牁郡地理考釋〉，載貴州省社會科學院歷史研究所編，《夜郎考討論文集之三》（貴陽：貴州人民出版社，1983 年 2 月），頁 73。
〔註46〕　〔清〕王先謙，《漢書補注》（北京：中華書局，1983 年 9 月，據清光緒二十六年虛受堂刊本影印），卷 28，〈地理志上三〉，「牂牁郡・句町」，頁 94b～95a。
〔註47〕　廣西壯族自治文物工作隊，〈廣西西林縣普馱銅鼓墓葬〉，《文物》1978 年第九期（北京：文物出版社，1978 年 9 月），頁 46。
〔註48〕　方國瑜，〈漢牂牁郡地理考釋〉，頁 72～73。

另外，考古挖掘指陳，在屬句町國故地的廣西西林縣，曾發現鎏金銅棺葬和銅鼓葬，由此推斷與句町有密切關係，因此可見句町國的地理位置與近人所考證之成果相符，即句町國係以今日廣西西林爲中心。

綜前所述，夜郎、毋斂、句町三國與南越相接，顯示南越國西界大致以今日廣西環江、河池、東蘭、巴馬、百色、德保等地爲限。

3. 南越國南界

秦於嶺南設置三郡，其中一郡爲象郡；而趙佗所建立的南越國亦包含象郡；漢武帝元鼎六年平定南越後設置七郡，〔註49〕其中在現今越南設立交趾、九眞、日南三郡。由此可知，南越國後期疆域包含此三郡之地，另南越國的南界在後期可能已抵現今越南地區。

由於史籍並未言明南越國疆域的時間變化，因此，南越國前後期的疆域是否也包含越南北部及中部。自西元 1916 年以來，學者便針對秦代象郡至漢初的變化做諸多論證，一爲「三郡說」，認爲象郡隨秦的滅亡而消失，但其地包含漢的交趾、九眞、日南，而漢初的南越國亦佔有此三地；另一種則爲爲「兩郡說」，認爲象郡自秦設開始，一直延續，直到西漢中期昭帝元鳳五年（西元前 76 年）才消失，秦象郡的位置大致相當於漢代的鬱林、牂牁。〔註50〕

關於此二者說法，經後人結合文獻記載與考古資料的分析，認爲三郡說具有相當程度的可信度，南越國之南界，包含現今越南北部大部分地區，以及現今越南中部。具體言之，南越國的南界已抵達現今越南中部的長山山脈及大嶺一線以北之地。〔註51〕

綜前所述，南越國的疆域，向北以五嶺爲界，與長沙國接壤；向東與閩越相接，抵今福建西部的安定、平和、漳浦；向西達今廣西百色、德保、巴馬、東蘭、河池、環江一帶，與古夜郎國、句町國毗鄰；其南方則抵越南北部，南瀕南海。

〔註49〕《漢書》，卷6，〈武帝紀第六〉，頁188。

〔註50〕關於三郡與兩郡此二說法的考證過程，可參閱《南越國史》，頁74～86。

〔註51〕〔越南〕陶維英著，劉統文、子鉞譯，《越南古代史（上）》（北京：商務印書館，1976年11月），頁452。

圖 2.1：南越國疆域圖

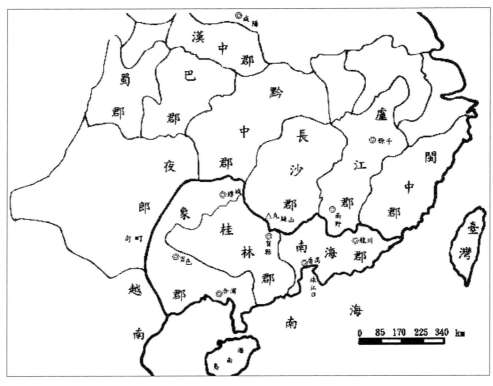

據譚其驤，《中國歷史地圖集》(北京：中國地圖出版社，1982 年 10 月)，第二冊「秦、西漢、東漢時期」，〈秦‧淮漢以南諸郡〉，頁 11～12 繪製。

（三）南越與鄰國之關係

1. 與長沙國之關係

漢高祖劉邦初定天下，分封八位功臣為異姓諸侯王，其中長沙王吳芮以忠著稱，立有戰功。〔註 52〕而劉邦分封南越三郡予以長沙王，其原因有二：第一，吳芮在秦為番陽令「甚得江湖間民心，號曰番君」，對於越人風俗較為瞭解，第二，秦末，吳芮曾「率越人舉兵以應諸侯」且「率百越佐諸侯從入關」〔註 53〕因此長沙王吳芮成為劉邦防堵趙佗北上的最佳屏障。

由於吳芮遙領嶺南三郡，因此南越國與長沙國處於猜忌敵對的狀態，這樣的狀態即便在長沙王逝世後亦未消除，因此當呂后下令封閉與南越邊關鐵

〔註 52〕　《史記》，卷 19，〈惠景閒侯者年表〉，頁 977。
〔註 53〕　《漢書》，卷 34，〈韓彭英盧吳傳〉，頁 1894。

器交易時，趙佗便懷疑爲長沙國所爲，並發兵攻打長沙國邊邑。〔註 54〕由此可見，長沙實爲漢廷監視南越之地，而其與南越關係的好壞，即係取決漢廷與南越關係的好壞與否。

2. 與閩越國之關係

閩越王無諸爲句踐後裔，秦末，曾率閩越人跟隨吳芮滅秦，其後因佐漢滅楚有功，爲漢高祖封爲閩越王，領有秦時閩中（約今日福建省）。〔註55〕呂后時，南越與漢廷關係破裂，趙佗發兵長沙邊邑，敗數縣而回，其聲威大振之際，趙佗另以財物賂遺閩越等地，並使閩越役屬於南越。〔註56〕

武帝建元四年（西元前 137 年），趙佗逝世，其孫趙眛（胡）繼位，此時閩越勢力增強，閩越王郢舉兵攻擊南越邊邑，趙胡遣使上書請求漢廷援助。而漢廷的出兵使閩越內部產生矛盾，迫使閩越王之弟余善殺閩越王郢而降漢。〔註 57〕而後武帝欲平南越，東粵（越）王餘善爲討好漢廷，主動出兵八千攻打南越，但又擔心南越的打擊，於是「持兩端，陰使南越」〔註 58〕洩漏漢軍軍機。

綜觀南越與閩越之關係，在趙佗執政時期，僅以財物役屬閩越，未將其納入版圖之下，兩者尚處平和的關係。趙眛繼位後，雙方關係趨於緊張係出於閩越本身，因此可看出，南越在外交處置上處於較爲平和之關係。

3. 與夜郎等西南夷之關係

西南諸夷散佈於雲貴高原之上，地勢崎嶇，民族複雜，雖在秦時「諸此國頗置吏焉十餘歲」，但自秦亡漢興，「皆棄此國而開蜀故徼」漢廷並無積極控管此地，使趙佗有機會拉攏西南夷以便擴大勢力。〔註 59〕其中夜郎國勢力較爲龐大，於是南越「以財物役屬夜郎，西至同師（雲南省西部保山縣一帶）」顯見，南越以夜郎國作爲拉攏的重心，而向西深入發展。

南越所採取的手段，雖不能達到使西南夷臣服的政治目的，但是卻開啓南越與西南夷經濟上的聯繫，如四川所產的枸醬便是經由夜郎轉運，取道牂

〔註 54〕 《史記》，卷 113，〈南越列傳〉，頁 2969。
〔註 55〕 《史記》，卷 114，〈東越列傳〉，頁 2979。
〔註 56〕 《史記》，卷 113，〈南越列傳〉，頁 2969。
〔註 57〕 《史記》，卷 113，〈南越列傳〉，頁 2970～2971。
〔註 58〕 《史記》，卷 114，〈東越列傳〉，頁 2982。
〔註 59〕 《史記》，卷 116，〈西南夷列傳〉，頁 2993。

牁河（今紅水河）運到南越都城番禺，〔註 60〕如此商業貿易自然也包含其他物產的交流，因此可達成互利的作用。

元鼎五年（西元前 112 年），漢武帝出兵南越，「使馳義侯因犍爲發南夷兵」但西南夷卻不願出兵，因「恐遠行旁國虜其老弱」，於是「與其眾反殺使者及犍爲太守」公開叛漢。〔註 61〕西南諸夷如此的行動，一方面擔心出兵助漢，將導致國力空虛，另一方面可能亦與西南諸夷「始倚南越」的互利關係有關。

南越與鄰國關係，除與地位特殊的長沙國始終維持相互牽制的關係以外，對於其他鄰國並未付諸武力來佔領，而是以財物拉攏，其主要的原因可能在於政治的的考量，對於周遭民族進行武力爭討，可能導致自身風險，因此南越統治者選擇以互通有無的經濟貿易來達成互存互利的關係。

第二節　秦漢之際的南越國政

一、政　治

秦末，時任龍川令的趙佗，聽取南海尉任囂之言，置關絕道、誅殺秦吏並代之黨羽，而後擊併桂林、象郡，自號南越武王，至漢十一年受漢高祖劉邦冊封，才去掉「武」之號，而爲「南越王」〔註 62〕成爲西漢諸侯國之一。南越立國時間橫跨秦漢，其政治體系自與兩朝密切相關，但也因其特殊的立國背景與地理條件，使南越得以自主一方，以下便以略述南越中央與地方政治制度概況。

（一）中央制度

秦末，趙佗自號南越武王，而《史記集解》引韋昭云：趙佗「生以武爲號，不稽於古也」，說明趙佗自號武王，與過去死後臣下所上諡號的慣例不合，顯然可能係自以爲制。〔註 63〕至呂后時期，漢越關係一度惡化，趙佗自尊爲「南越武帝」並「乘屋左纛，稱制，與中國侔」。〔註 64〕清人屈大均言趙佗先

〔註 60〕　《漢書》，卷 95，〈西南夷兩粵朝鮮傳〉，頁 3839。
〔註 61〕　《漢書》，卷 95，〈西南夷兩粵朝鮮傳〉，頁 3841～3842。
〔註 62〕　《史記》，卷 113，〈南越列傳〉，頁 2967。
〔註 63〕　〔日〕瀧川龜太郎，《史記會注考證》（臺北：藝文印書館，1972 年 2 月），卷 113，〈南越列傳〉，頁 1192。
〔註 64〕　《史記》，卷 113，〈南越列傳〉，頁 2969。

自稱武王而後自號武帝的行為，乃「蠻夷大長之陋，蓋始於秦政」〔註65〕另繼立的文王趙眛亦對內自稱「文帝」並有自己的紀年，可見南越實有仿效秦漢預立太子與世襲繼位的情況。〔註66〕

據史籍所載：「漢興，因秦之稱號，帝母稱皇太后，祖母稱太皇太后，適稱皇后，妾皆稱夫人」〔註67〕依漢制，漢帝之母應稱「太后」，而南越國亦是如此，如明王嬰齊薨，「太子興代立，其母為太后」〔註68〕以太后稱諸侯王之母；漢帝之妻稱「皇后」，妾稱「夫人」，而明王嬰齊即位後，「上書請立樛氏女（嬰齊妻）為后」〔註69〕亦不符於禮制。另南越文王墓中四位殉葬女性，皆有「右夫人璽」、「左夫人印」、「泰夫人印」等物，證實南越王確以僭用帝號稱妾為「夫人」。

連相三王的丞相呂嘉，亦非中央所委派，而是直接由南越王所任命。〔註70〕據近人考證，南越國丞相之下又率御史大夫、中尉、內史、太傅，王后有私官，少府有居室令、景巷、樂府、泰官、常饗，詹事有私府、廚令、廚丞和食官等，由此可見，南越國的中央官制應是與仿效秦漢之制而來。〔註71〕

（二）地方制度

嶺南行郡縣制，始於秦始皇。秦在嶺南置三郡，即南海、桂林、象郡。趙佗割據之初，誅殺秦吏，並代之以心腹黨羽。至南越國末期，仍有桂林郡郡監，因此，南越時期，境內仍因秦制，施行郡縣制。秦時嶺南三郡為南海、桂林、象郡，而趙佗在建立南越國後，對於秦所置三郡縣，略做變動，據近人考證如下：

〔註65〕〔清〕屈大均撰，《廣東新語》（北京：中華書局，1985年4月），卷2，〈地語〉，頁32。

〔註66〕廣州南越文王墓中出土一方「文帝行璽」龍鈕金印，以及兩枚「泰子」金印與玉印，另有當地所自鑄的八件銅鏡，其上均刻有「文帝九年（西元前129年）樂府工造」。參閱廣州象崗漢墓發掘隊，〈西漢南越王墓發掘初步報告〉，《考古》1984年第三期（北京：科學出版社，1984年3月），頁224、229。

〔註67〕《漢書》，卷67，〈外戚傳〉，頁3935。

〔註68〕《史記》，卷113，〈南越列傳〉，頁2972。

〔註69〕《史記》，卷113，〈南越列傳〉，頁2971。

〔註70〕《史記》，卷113，〈南越列傳〉，頁2972～2973。

〔註71〕余天熾等所合著，《古南越國史》，頁67～77。

表 2.3：南越國郡縣表

1.南海郡	番禺縣（今廣東廣州）、龍川縣、博羅縣、揭陽縣、湞陽縣（趙佗立國後所置新縣，今廣東英德縣一帶）、含洭縣。
2.桂林郡	布山縣、四會縣。
3.交趾郡	趙佗立國後將秦時象郡一分爲二，其下所轄除象林縣外，其餘皆未見記載。
4.九眞郡	

資料來源：張榮芳、黃淼章，《南越國史》，頁 93～96。

由上述表格可知，南越立國後，沿用秦時所置三郡，而後因考慮其地情況特殊，因此，趙佗攻破安陽王，遣二使者唯將秦象郡廢除，並分爲交趾與九眞二郡，因此，南越國對嶺南地方治理仍是沿用秦代的郡縣制。

　　南越國在承襲秦以來的郡縣制之餘，另在嶺南地區儼然以中央王朝的姿態，仿效漢制，分封王與侯。據史漢文獻記載，南越所分封王侯有三位：一爲蒼梧王，係趙佗之孫趙光，亦作「蒼梧秦王」，〔註72〕二爲西于王，〔註73〕三爲南越四主（趙興）之兄，高昌侯趙建德。〔註74〕此外，考古挖掘亦顯示出南越國內可能還有兩位王侯，如廣西貴縣羅泊灣 2 號漢墓出土一方「夫人」玉印，證明墓主可能係南越國分封桂林地區王侯的配偶，〔註75〕而廣西賀縣金鐘 1 號西漢墓出土一顆「左夫人印」的龜鈕玉印，由墓葬規模推斷墓主極有可能是南越國駐守當地，相當於侯王的官員。〔註76〕由此可知，南越國內部並行郡縣制與分封制，一方面可能是沿襲秦制，另一方面則是仿效西漢，其爲穩定漢初形勢所制定「郡國並行」制。

　　綜上所述，南越國因特殊的歷史背景與地理位置，其政治制度具有三種特點，一爲因循性，秦略嶺南時，趙佗爲秦軍統帥之一，而秦置三郡後，趙佗旋即受命爲南海郡龍川令，這些經歷，爲其熟悉秦代政治制度提供相當的機會與條件，因此，南越立國後對於地方的治理，便是延續秦代的郡縣制；二是仿效性，即是在地方推行郡縣制，但卻同時分裂疆土，廣封諸侯，效法

〔註72〕《漢書》，卷 95，〈西南夷兩粵朝鮮傳〉，頁 3855。
〔註73〕《漢書》，卷 95，〈西南夷兩粵朝鮮傳〉，頁 3863。
〔註74〕《史記》，卷 20，〈建元以來侯者年表〉，頁 1047。
〔註75〕廣西壯族自治區文物工作隊，〈廣西貴縣羅泊灣 2 號漢墓〉，《考古》1982 年第四期（北京：科學出版社，1982 年 7 月），頁 364。
〔註76〕廣西壯族自治區文物工作隊等，〈廣西賀縣金鐘 1 號漢墓〉，《考古》1986 年第三期（北京：科學出版社，1986 年 3 月），頁 227、229。

漢初郡國並行的地方制度；三是特異性，南越國雖爲漢初諸侯國之一，但確有僭用帝號、使用紀年、預立太子與自置丞相之舉，可謂南越國與其他漢初諸侯國不同之處。

二、經　貿

　　嶺南地區瀕臨南海，受海洋氣團影響，濕度大、雨水多、氣候溫熱，加上土地肥沃，相當適合農業發展。有關秦漢以前的嶺南產業概況，如司馬遷所言：「楚越之地，地廣人稀，飯稻羹魚；或火耕而水耨，果隋蠃蛤，不待賈而足。地勢饒食，無饑饉之患。以故呰窳偷生，無積聚而多貧。」〔註77〕說明嶺南先民雖已種植稻穀爲食，卻仍屬於粗放的原始生產方式，另輔以捕獵魚貝，屬於一種自給自足的生活形態。

　　但原始的生產方式雖可自足，但難以積聚財富。因此，嶺南地區經濟發展在秦漢以前，如史所載，無凍餓之人，亦無千金之家。直至秦軍的進駐與趙氏政權所建立的南越國的統治下，將漢人經濟型態輸入當地，改善當地經濟生活文化，使地處邊陲的南越王國得以延續發展，以下區分爲內、外兩部分論述。

（一）內部產業的經營

1.農業

　　秦統一嶺南地區，改變嶺南地區固有的原始部族型態。而後趙佗據嶺南自守後，亦仿效中原的重農政策，將農業視爲立國興邦之本，並積極從中原地區輸入「金鐵田器馬牛羊」等工具，〔註78〕另外，在水利灌溉方面，則有秦時所開鑿的靈渠，溝通南珠江水系和嶺北長江水系，使水源不於匱乏，有助於農業發展，據考古挖掘指陳，除主食稻穀外，另有黍、粟、芋、大麻籽等作物，〔註79〕顯見斯時農業的多元與進步。

　　除糧食作物外，嶺南地區亦發展園圃業，如史籍所載，趙佗曾以荔枝作爲珍品進奉給劉邦，〔註80〕另漢武帝元鼎六年擊破南越後，建造「扶荔宮」

〔註77〕　《史記》，卷129，〈貨殖列傳〉，頁3270。
〔註78〕　《漢書》，卷95，〈西南夷兩粤朝鮮傳〉，頁3851。
〔註79〕　廣西壯族自治區博物館編，《廣西貴縣羅泊灣漢墓》（北京：文物出版社，1988年8月），頁87。
〔註80〕　〔晉〕葛洪編，《西京雜記》（《四部叢刊初編》（臺北市：臺灣商務印書館，1979年，據上海涵芬樓借印江安傅氏雙鑑樓藏明嘉靖孔天胤刊本影印），卷3，頁4a。

內部種植自南越所得之奇草異木，如菖蒲、山薑、甘蔗、留求子、桂、密香、指甲花、龍眼、荔枝、檳榔、橄欖、千歲子、甘橘等，〔註81〕可推測在南越國時期便已栽植種類繁多的瓜果，而考古挖掘發現，廣州、貴縣、梧州、合浦等地的南越國時期墓葬與稍晚的西漢墓葬中屢有發現梅、楊梅、酸棗、橄欖、桃、李、甜瓜、木瓜等作物，〔註82〕證實南越國時期內部已具有相當規模的園圃業。

2. 畜牧與捕獵

南越國內部經營除農業種植外，亦輔以畜牧與捕獵。南越國的畜牧業，可從文獻與出土文物窺知，史載粵地「亡馬與虎，民有五畜，山多麈麖」，〔註83〕五畜即為牛、羊、豕、雞、犬，說明嶺南地區先民已懂得畜養日常生活所需的牲口。南越文王墓後藏室中亦發現大量家畜及野生動物局部的骸骨，這些部位都肉厚可食，〔註84〕因此可推斷此時嶺南地區已有圈養家畜以為食用之事實。

南越文王墓中除了出土家畜的骸骨外，其中亦不乏野生動物的骸骨，如禾花雀、竹鼠等等山中珍饈，另外，由於嶺南瀕臨南海，其水產捕撈亦不容忽視，南越國時期墓葬屢有魚骨、龜足、楔形斧蛤等水產出土，而南越文王墓隨葬物中更發現鱉、螺、大黃魚、廣東魴等，顯見漁業亦具有相當比重。〔註85〕

3. 手工業

南越文王墓以及兩廣地區各地的南越時期墓葬，出土了大量的青銅器、鐵器、陶器、漆器、絲織品及玉石器，其數量眾多，顯示南越國手工業以具有相當程度的規模。文王墓中所出土的青銅器數量較多，以樂器、酒器、炊器等日常用器為主，而鐵器數量較少，多為武器或農具，可能是因嶺南地區缺乏鐵礦，需仰賴中原進口。〔註86〕

〔註81〕 何清谷撰，《三輔黃圖校釋》（北京：中華書局，2005年6月），頁208～209。
〔註82〕 廣州市文物管理委員會等編輯，《西漢南越王墓（上）》（北京：文物出版社，1991年10月），頁330～331。
〔註83〕 《漢書》，卷28，〈地理志〉，頁1670。
〔註84〕 《西漢南越王墓（上）》，頁299。
〔註85〕 《西漢南越王墓（上）》，頁330。
〔註86〕 南越文王墓所出土的鐵器經檢測發現，南越鐵器大部分採用熱鍛加工，大多是將數種不同含碳的原料鍛打而成的，而且經常利用廢料重新加工在鍛制。這種把不同原料鍛打在一起，以及反覆利用廢料的作法，充分的顯示出南越

南越國的手工業發展，除冶鑄業外，其他又如製陶業，於墓葬中多爲日常容器，但造型勻稱精美，另有燒造爲建築材料的瓦當、地磚等，其形體碩大，質地堅硬，不亞於秦漢宮殿用瓦。此外，文王墓中所出土的漆器與絲織品，工法、色澤、紋飾與中原地區有其異同之處，顯示南越國一方面與漢及鄰國透過關市貿易互通有無，而另一方面，反映南越國可能具有一定規模的作坊，〔註87〕方能製造具有當地文化色彩的陶器與絲織品。

另外，嶺南地區的玉石製造業亦爲引人所矚目。目前已挖掘的廣州地區南越墓葬，出土部分玉器，〔註88〕但因其風格與中原地區西漢各王侯墓風格一致，〔註89〕難以證實南越國是否存在獨立的玉雕作坊。但隨南越文王墓的問世，檢視墓中出土 240 餘玉件，除器形特殊、風格創新外，部分玉件的玉料與中原、長沙等地截然不同，其產地推測爲今曲江一帶。〔註90〕且墓中出土數件玉璧，器表未完成治玉工序，如主棺室墓主周身所布的雙身龍紋璧D190 與 D54，細察部分器面紋飾經雕琢後，琢痕清晰易見，卻未拋光，便已置於墓中爲隨葬所用，說明南越王室內部可能已有玉作坊。

另南越玉器多出於文王墓中，其他南越墓葬出土玉器數量較少、器形單調，說明雕製玉器的特權可能僅限於南越王廷。〔註91〕綜合上述觀察與考古鑑定研究，結合文獻所載，趙佗曾向漢文帝獻「白璧一雙」一事，〔註92〕更可進一步證實南越國存在玉作坊的事實。

國雖具備鍛造的技術，卻因缺乏鐵礦，無法大量生產製造。參閱《西漢南越王墓（上）》，頁 333。

〔註87〕 《西漢南越王墓（上）》，頁 335～338。

〔註88〕 1950 年至 1960 年間，廣州地區 182 座南越國時期墓葬，共出土 70 件玉器；1972 年發掘的淘金坑南越國墓葬 7 座出土玉器 8 件；1983 年於廣州瑤台鳳凰崗所出土的西漢前期墓葬，出土玉器 20 餘件。另外，於廣西則有 1976～1979 年所挖掘的貴縣羅泊灣 1、2 號漢墓，共出土玉器 13 件，以及平樂銀山嶺 123 座墓葬中的 15 座墓葬出土 40 餘件玉器。參閱《廣州漢墓（上）》第二章。廣州文物管理處，〈廣州淘金坑的西漢墓〉，《考古學報》1974 年第一期（北京：科學出版社，1974 年 5 月），頁 166。廣西文物工作隊，〈平樂銀山嶺戰國墓〉，《考古學報》1978 年第二期（北京：科學出版社，1978 年 4 月），頁 243～245。

〔註89〕 楊東明，〈龍虎並伴玉帶鉤〉，收錄於梁白泉主編，《國寶大觀》（上海：上海文化出版社，1990 年 8 月），頁 33。

〔註90〕 聞廣，〈西漢南越王墓玉器的考古地質學研究〉，收錄於《西漢南越王墓（上）》，頁 377～379。

〔註91〕 《西漢南越王墓（上）》，頁 343。

〔註92〕 《漢書》，卷 95，〈西南夷兩粵朝鮮傳〉，頁 3852。

（二）外部的商業貿易

　　《淮南子》言：「胡人便於馬，越人便於舟」〔註93〕又「湯、武聖主也，而不能與越人乘幹舟而浮於江湖」〔註94〕顯見自古越族不僅擅於造舟，更巧於操舟。在廣州西漢墓中出土種類繁多的木船模型，如貨艇、渡船，以及行駛江河湖泊的航船與航行於海上的「樓船」，但因這些木船模型均屬南越滅亡後的西漢中晚期之物，因此僅能推測南越國時期可能延續改良越人的造船技術，直至1975年發掘的廣州秦漢造船場遺址，出土實用的大型木船，才能證實南越國初期，在番禺已能大量生產航行內河與沿海的船隻。

　　番禺為秦漢時期的南海郡郡治，南越亦立都城於此。其地位於珠江三角洲之北緣，西北東三江匯流之處，水路繁多，沿江而行可通達南越眾多郡縣，及周邊鄰國。據近人考證，南越國與西南夷地區的交往，主要便是透過牂牁江道、文象鬱水道、紅和黑水道等江河聯繫，〔註95〕內陸水運可謂四通八達。番禺東南方為珠江出海口，於對外交通

　　史載南越國都番禺「處近海，多犀、象、毒冒、珠璣、銀、銅、果、布之湊，中國往商賈者多取富焉」，因此，漢武帝平定嶺南前，便已注意番禺對外貿易所存在的利益，在平定南越後，即遣使率領船隻出使東南亞與南亞諸國，並留下相關記載：

> 自日南（今越南中部）障塞、徐聞、合浦船行可五月，有都元國（今馬來半島境內）；又船行可四月，有邑盧沒國（今緬甸境內）；又船行可二十餘日，有諶離國（今緬甸境內）。步行可十餘日，有夫甘都盧國（今緬甸境內）。自夫甘都盧國船行可二月餘，有黃支國（今印度半島南部），民俗略與珠厓相類，其州廣大，戶口多，多異物，自武帝以來皆獻見。有譯長，屬黃門，與應募者俱入海，市明珠、璧流璃、奇石異物齎黃金、雜繒而往，所至國皆稟食為耦；蠻夷賈船，轉送致之。〔註96〕

這些記載表明，漢時番禺等地因地利之便，因而成為重要的貿易都市與海港。關於南越國時期的海上貿易情況因缺乏文獻記載，僅能從《漢書》記載推測南越國可能已進行海外貿易的商業活動。而從出土文物觀之，南越文

〔註93〕　《淮南子集釋》，卷11，〈齊俗訓〉，頁811。
〔註94〕　《淮南子集釋》，卷9，〈主術訓〉，頁624。
〔註95〕　余天熾等所合著，《古南越國史》，頁93～96。
〔註96〕　《漢書》，卷28，〈地理志〉，頁1671。

王墓中出土的象牙、象牙器、銀器、玻璃器以及瑪瑙、水晶等多質料的珠飾，可初步判定部份爲中亞或南亞等地輸入。〔註97〕另外，海南西沙群島的甘泉島發掘與南越王墓出土相類的南越陶器，以及廣州南越遺址曾發現一種「高棉瓦」，〔註98〕皆可證實南越國時期已開始和東南亞一帶進行貿易交流。

綜上所述，南越國時期的嶺南地區，內部經營的取向，在來自中原的領導者採取的重農政策下，農業以種植稻穀等作物，以及人工培植的瓜果外，另輔以圈養與漁獵的方式以補糧食不足之處。手工業方面，由嶺南出土文物可看出具有相當的規模，而趙氏政權亦重視都城所擁有的地利之便，發展海洋貿易，顯見漢越經濟文化的交流，使停留原始社會型態的嶺南地區獲得長足發展。因此得見僻處大漢南陲的南越二代王墓豐富多元的墓葬品。

三、民族政策

南越國境內民族多元，秦平嶺南時，以屠睢爲帥，由於屠睢「以苛法箝制越人」，〔註99〕遭到越人強烈的反抗，導致秦軍傷亡慘重。另外，由於南越國地跨南海、桂林、象三郡，國境又與爲數眾多的越族部落接壤，爲求長治久安，趙氏政權有鑑秦時的失敗經驗，在處理民族往來關係多是採取較爲寬容的態度。因此，南越國祚能長達九十三年，與此不無相關。概而言之，南越國的民族政策取向爲秦時任囂經驗的延續，而後爲趙佗因地制宜的改善與發揚，其要點大致可分爲入境隨俗、以越治越、通婚融合三大面向。

（一）入境隨俗

居住嶺南的越人，由於民族與生活型態等差異，形成與中原漢人迥異的風俗習慣，諸如斷髮文身、短綣不絝、賤長貴壯等風俗。〔註100〕因此，異地而處的統治者趙佗對越人風俗的處置方式就顯得相當重要，如果輕蔑加以否定，可能再次引發越人的抗爭，加深漢越的民族隔閡，甚而影響其苦心經營的南越政權。

趙佗有鑑於此，對於越俗採取良則從之，惡則禁之的態度。如《史記》

〔註97〕 《西漢南越王墓（上）》，頁345～349。
〔註98〕 羅香林，《中夏系統中之百越》（重慶：獨立出版社，1943年8月），頁118～119。
〔註99〕 《廣東新語》，卷19，〈墳語〉，頁494。
〔註100〕 《淮南子集釋》，卷1，〈原道訓〉，頁38～39。

言趙佗面見陸賈時「魋結箕倨」，其中「魋結」於〈索隱〉記為「謂為髻一撮似椎而結之」，〔註101〕不同於中原束髮帶冠的方式，另「箕倨」則為雙腿隨意張開盤坐，亦與中原的禮節迥異。而趙佗亦公開自稱為「蠻夷大長」，〔註102〕顯見趙佗對於越俗的重視與身體力行，在其帶領下，亦使南越漢族官員接受越俗。〔註103〕

但趙佗並非全然遵從越俗治國，史載：「粵（越）人之俗好相攻擊」，〔註104〕嶺南地區由於地勢複雜、民族多元，各族發展不一，時常發生部族間的戰爭。為了穩定南越國政權的穩定性，趙佗明令禁止此惡習，直至「粵人相攻擊之俗益止」，〔註105〕此一政策可使地方穩定，亦有助於嶺南地區的社會發展。

（二）以越治越

秦軍征服嶺南，係以中原漢人為主體，但在南越立國後，欲達長治久安的目的，趙佗必須取得上層越人的支持與合作，使其利益與南越統治集團一致，完成漢越雙方的合流。因此越人亦得以加入南越政權之中，如被譽為「越人之雄」並為越人所服的呂嘉，趙佗拜之為宰相，而獲得「南越以治」的成果。〔註106〕

在中央方面，除以呂嘉為相之外，對於地方，趙佗則在兼併象郡後，針對象郡一帶的情況，實行了由越人「自治」的管理辦法如《史記·索隱》引《廣州記》所載，趙佗在擊破安陽王後，僅「令二使典主交阯、九真二郡人」，〔註107〕主持當地政事，而未變動當地社會組織結構，且另在交阯分封一位「西于王」，〔註108〕加強對西甌的控制。

〔註101〕 《史記》，卷97，〈酈生陸賈列傳〉，頁2697～2698。
〔註102〕 《史記》，卷113，〈南越列傳〉，頁2970。
〔註103〕 據廣西貴縣羅泊灣漢墓考古挖掘指陳，1號墓主應係處於趙佗主政南越國時期的漢人官員，其隨葬品中有大批屬於五嶺以北的物品，如木六博、漆盒、墨書等，但隨葬物中另有銅鼓、銅羊角鈕鐘等當地民族習用器物，顯示漢越風俗在政策引導下之交融。參閱廣西壯族自治區博物館編，《廣西貴縣羅泊灣漢墓》（北京：文物出版社，1988年8月），頁89～91。
〔註104〕 《漢書》，卷1，〈高帝紀〉，頁73。
〔註105〕 《漢書》，卷1，〈高帝紀〉，頁73。
〔註106〕 〔清〕梁廷楠，《南越五主傳》（廣東：人民出版社，1982年7月），卷4，〈四主傳〉，頁22。
〔註107〕 《史記》，卷113，〈南越列傳〉，頁2969～2970。
〔註108〕 《漢書》載武帝平南越時「故甌駱將左黃同斬西于王」。近人考證此西于王便

趙佗對於存在複雜民族的嶺南地區，採取一套「因地制宜」的彈性措施，即配合當地的社會型態，施行包容越人參政的措施，在中央與地方皆舉用越人，減少民族衝突

（三）通婚融合

如前所述，秦平嶺南後，曾發動四次較具規模的移民活動，遷徙眾多人力向嶺南移入，這些移民中，其中亦不乏與越族通婚的先例。另外，大批秦軍駐守當地，其婚姻問題自然成為重要的問題。為此，趙佗曾上書秦始皇，希望能派遣三萬名無夫家的婦女到嶺南地區，但秦始皇僅「可其萬五千人」，〔註109〕說明秦始皇所遣送的中原女子僅能解決部分秦軍配偶的問題，剩下的部分可能藉由與當地越女婚配來解決此一問題。

南越王室亦與越族通婚。如明王趙嬰齊便娶越女為妻，生子建德。〔註110〕而在本文所論的的南越文王墓中東側室，出土「右夫人璽」龜鈕金印與「趙藍」覆斗鈕象牙印，由此二枚印章觀之，歿者應係南越文王配偶，而其姓氏為趙可能是與文王同姓相婚，但也可能是越女從夫姓的情況。〔註111〕

另外，輔佐三王的越人丞相呂嘉一族「男盡尚王女，女盡嫁王子兄弟宗室，及蒼梧秦王有連」〔註112〕由此可見，一方面南越王室透過與呂氏一族締結婚姻來鞏固政權，另一方面則顯示南越王室亦存在與越人通婚的事實。

綜合上述，趙佗對南越國採取較為切時的民族政策，以安撫、籠絡、融合等手段處理嶺南複雜的的民族關係，亦獲得不錯的成果，趙佗不僅「和輯百越」，〔註113〕使「粵（越）人相攻擊之俗益止」，同時更使「中縣人以故不耗減」。〔註114〕如此政績也受到漢高祖劉邦的認同，更可看出趙佗欲在當地建立和睦的民族關係，以厚植南越國的實力。直至南越國後期，由於內部民族

是組織抗秦的西謳君之後裔，在西甌越族人中擁有崇高的地位與身望。參閱《漢書》，卷95，〈西南夷兩粵朝鮮傳〉，頁3863。張榮芳、黃淼章，《南越國史》，頁150。

〔註109〕《史記》，卷118，〈淮南衡山列傳〉，頁3086。
〔註110〕《史記》，卷113，〈南越列傳〉，頁2974。
〔註111〕廣州象崗漢墓發掘隊，〈西漢南越王墓發掘初步報告〉，《考古》1984年第三期，頁225。
〔註112〕《史記》，卷113，〈南越列傳〉，頁2972。
〔註113〕《漢書》，卷1，〈西南夷兩粵朝鮮傳〉，頁3848。
〔註114〕《漢書》，卷1，〈高帝紀〉，頁73。

問題逐漸尖銳，出現「甌駱相攻，南越動搖」的情況，〔註115〕由此可見南越國民族政策之重要性。

第三節　南越與漢之關係

　　從史籍和考古挖掘，得知南越國第一、二代王皆曾僭越稱帝。〔註116〕而南越國所以成為秦末漢初南方的割據政權，一方面是由於嶺南地理因素與政策的影響，另方面則是取決於西漢當局的對外政策，從高祖劉邦到武帝劉徹，隨著雙方互動與關係的變化，南越國呈現不同姿態。

　　如此多變的政治樣貌亦引發諸多討論，一類意見認為南越國為「漢朝的封建諸侯國」，〔註117〕但具有一些特殊性，〔註118〕第二類意見則否定上述意見，認為南越國可能是「獨立國家」〔註119〕、「外諸侯」〔註120〕等等，以下便以文獻記載略加分別與分析。

一、首次對漢臣服期（西元前196～前183年）

　　漢高祖劉邦建立西漢王朝後，面對社會經濟殘破、國力空虛的局面，內部統治還不鞏固，〔註121〕北方亦有匈奴作亂，〔註122〕無力進行統一南越的戰

〔註115〕《史記》，卷113，〈南越列傳〉，頁2977。

〔註116〕《史記·南越列傳》載：「秦已破滅，佗即擊桂林、象郡，自立為南越武王」，另佗孫趙眜墓中出土佗孫趙眜墓中出土「泰子」與「文帝行璽」金印二枚。參閱廣州市文物管理委員會等編輯，《西漢南越王墓（上）》（北京：文物出版社，1991年10月），頁204～207。

〔註117〕張榮芳，《秦漢史論集（外三篇）》（廣州：中山大學出版社，1995年11月），頁130。

〔註118〕《南越國史》指出「與西漢初年所封的其他諸侯王國相比，南越國的存在本身就可謂相當特殊：一方面，漢初趙佗接受了漢王朝的冊封，成為漢朝的諸侯王國，南越國從此也重新隸屬於中央王朝；另一方面，趙佗雖受漢之冊封，臣屬中原，不僅『入貢萬物』而且也『遣使入朝』，但在國內仍然『稱制與中國侔』，獨立性很大」。參閱張榮芳、黃淼章，《南越國史》，頁90。

〔註119〕李權時主編，《嶺南文化》（廣東：廣東人民出版社，1993年），頁152。

〔註120〕《古南越國史》中認為南越國是「西漢王朝名義上的諸侯國，但實際上卻是自主一方的獨立王國」，「是建立在越族地區的割據政權」。參閱余天熾等，《古南越國史》，頁57、60、243。

〔註121〕《漢書·食貨志》記載：「漢興，接秦之敝，諸侯並起，民失作業，而大饑饉。凡米石五千，人相食，死者過半。高祖令民得賣子，就食蜀漢。天下即定，民亡蓋藏，自天子不能具醇駟，而將相或乘牛車。」參閱《漢書》，卷24上，〈食貨志〉，頁1127。

爭。於是派遣楚人陸賈出使南越，並「使陸賈賜尉他（佗）印爲南越王」，而趙佗卻「魋結箕倨見陸生」，〔註123〕以百越君長的傲慢姿態面對陸賈。

　　陸賈看到趙佗如此姿態，於是進言云趙佗爲中原人，「其親戚昆弟墳墓在眞定（今河北）」，而今「反天性，棄冠帶，欲以區區之越與天子抗衡爲敵國，禍且及身矣」直接以威逼之勢說明，若想以民族差異性大的越地作爲與漢抗衡之是不可能的事。而劉邦入主中原乃爲天命所歸，聽聞趙佗一統南越，雖未虎爭天下，但亦爲竊逆之徒，但憐憫百姓勞苦，故且停止征戰，僅「授君王印，剖符通使」，如趙佗意欲圖謀不軌、北面稱王，漢廷亦不會坐視，而「掘燒王先人塚，夷滅宗族，使一偏將將十萬眾臨越，則越殺王降漢」乃易如反掌之事。〔註124〕

　　陸賈一番勸言，道出趙佗之隱憂，於是趙佗一改前態，蹶然起坐，表達歉意並曰：「居蠻夷中久，殊失禮儀」兩人才開始對談。但席間趙佗先試圖問陸賈，自己能否與高祖身邊能臣相比，在獲得陸賈肯定後，又肆無忌憚的詢問自己與高祖何者較爲賢能，陸賈卻言趙佗所據嶺南一區「眾不過數十萬，皆蠻夷，崎嶇山海間，譬若漢一郡」不足與漢相比，暗示趙佗自不量力。但趙佗因憑藉雄具一方之力，頗爲自傲大笑云：「吾不起中國，故王此。使我居中國，何遽不若漢」。〔註125〕

　　最後，趙佗接受漢廷冊封爲「南越王」且「稱臣奉漢約」。〔註126〕除了「限定越界，與長沙相接」，更重要的是「於邊關與漢互通市物」，自此之後，趙佗「歲修職貢，嘗獻鮫魚、荔枝」或交納石蜜、蜜蠟等土產，而漢廷亦給予相當的回報，如以「蒲桃錦四匹報之」或「厚報遣其使」，開啓漢越商貿與文化交流，如此情況即使在高祖逝世後，趙佗仍「猶循故事入貢方物」。〔註127〕

〔註122〕漢高祖劉邦因匈奴困於平城，惠帝、呂后時，「漢初定，故匈奴以驕」而後文帝、景帝，皆因匈奴侵擾，遂有多次征戰與和親政策。《史記·匈奴列傳》，卷110，頁2894～2920。

〔註123〕《史記》，卷97，〈陸賈列傳〉，頁2697。

〔註124〕《史記》，卷97，〈陸賈列傳〉，頁2697。

〔註125〕《史記》，卷97，〈陸賈列傳〉，頁2698。

〔註126〕《漢書》，卷43，〈酈陸朱劉叔孫傳〉，頁2112。

〔註127〕〔清〕梁廷楠，《南越五主傳》，卷1，〈先祖傳〉，頁6～7。

二、僭越稱帝期（西元前183～前179年）

漢越締結的良好關係，至呂后執政後第五年春天（西元前183年），開始產生變化。呂后時「有司請禁南越關市鐵器」並令「馬、羊、牛畜毋得市以北」，如此「別異蠻夷，隔絕器物」的政令讓趙佗感到不悅，並多次上書，請求市易如故，卻未得到漢廷的善意回應，又聞呂後「發掘佗父母墳墓及捕其兄弟宗族論誅者」〔註128〕漢越關係就此惡化。

於是趙佗開始秘謀尊以自立，並言：「今高後聽讒臣，別異蠻夷，隔絕器物，此必長沙王計也，欲倚中國，擊滅南越而並王，之自爲功也」於是，趙佗自尊號爲南越武帝，並發兵攻長沙邊邑，並取得「敗數縣」的勝利。〔註129〕

呂后未料趙佗稱帝抗漢之舉，先削南越王之尊號，後遣將軍隆慮侯周竈、博陽侯陳濞攻打南越，但嶺南地勢險惡，趙佗早已「據險築城」，加上當地氣候濕熱，使漢軍士卒大疫，無法踰嶺。〔註130〕歲餘，高後崩，即罷兵。「佗因此以兵威邊，財物賂遺閩越、西甌、駱，役屬焉……迺乘黃屋左纛，稱制，與中國侔。」〔註131〕由此可見漢越雙方據險相持一年多的時間，最後由於呂后逝世導致漢軍撤離，此一戰役，非但未能挫損南越之銳氣，反而使其聲威大振，並威懾南越鄰國，使其役屬南越，有助於南越政權之穩固。

三、再次臣服期（西元前183～前179年）

西元前179年，呂后病逝，呂祿、呂產欲擅權作亂，爲丞相陳平、太尉周勃所平定，並迎代王劉恒（漢文帝）爲帝。文帝即位後，遣使昭告諸侯與外邦，並開始修正呂後對南越所採取的消極政策。首先，於趙佗故鄉河北的祖墳「置守邑，歲時奉祀」，同時亦「召其從昆弟，尊官厚賜寵之。」給予趙佗的親族適當的補償，〔註132〕另「罷將軍博陽侯」對於奉命攻打南越的陳濞做出處分，〔註133〕使漢越雙方關係趨於改善。

文帝採取和緩的措施後，並聽從丞相陳平之意，派遣曾經出使南越的陸

〔註128〕《南越五主傳》，卷1，〈先祖傳〉，頁7～8。
〔註129〕《史記》，卷113，〈南越列傳〉，頁2969。
〔註130〕據考證趙佗在絕秦道後，便已迅速修築關防城池，參閱《南越國史》，頁59～64。《史記》，卷113，〈南越列傳〉，頁2969。
〔註131〕《史記》，卷113，〈南越列傳〉，頁2969。
〔註132〕《史記》，卷113，〈南越列傳〉，頁2970。
〔註133〕《漢書》，卷95，〈西南夷兩粵朝鮮傳〉，頁3849。

賈再次出使勸言，而陸賈到南越面見趙佗時，趙佗頗爲惶恐，上書謝罪，以蠻夷大長老自稱，並說明因呂后「隔異南越，竊疑長沙王讒臣，又遙聞高後盡誅佗宗族，掘燒先人」是故採取激烈的反抗手段來攻打犯長沙邊境，且自稱帝號乃爲「聊以自娛」之舉，並非是要與漢廷對立。〔註134〕

於是趙佗乃叩首謝罪並言：「願長爲藩臣，奉貢職」而後又於國內下令：「吾聞兩雄不俱立，兩賢不並世。皇帝賢天子也。自今以後去帝制黃屋左纛」〔註135〕並獻「白璧一雙，翠鳥千，犀角十，紫貝五百，桂蠹一器，生翠四十雙，孔雀二雙」等，〔註136〕皆爲嶺南特產，表達對漢廷的服從。

四、趙眜與漢的關係

漢武帝建元四年（西元前137年），趙佗逝世，其子趙始未嗣而亡，故傳位於孫趙眜（胡）。在趙眜即位後三年，閩粵王興兵攻打南越國邊邑，此時趙眜可能考量國事未定，故遣使上書武帝曰：「兩粵俱爲藩臣，毋擅興兵相攻擊。今東粵擅興兵侵臣，臣不敢興兵，唯天子詔之。」〔註137〕此舉受到武帝讚賞，於是遣兵征討閩越，而漢兵壓境，引起閩越國內部分化，最後閩越王弟餘善殺郢以降而罷兵。

亂事平定後，漢廷遣使表達諭意，趙眜亦表達感激之意並言：「天子乃爲臣興兵討閩粵（越），死無以報德！」因此遣太子嬰齊入漢廷任宿衛，並言妥入朝之約，但在使者離去，聽從大臣所諫：「漢興兵誅郢，亦行以驚動南越。」且言趙佗遺訓，雖不可失禮於天子，但也不可輕易入漢廷朝見，否則「入見則不得復歸，亡國之勢也。」於是趙眜稱病未入見漢廷。〔註138〕此一現象反映趙眜雖和漢廷保持良好互動，但卻也保持戒心，說明漢越雙方矛盾的關係。

造成此一矛盾的現象，即是南越立國的特殊性。史、漢所載僅記趙佗生前自尊「南越武帝」，而未直接提及趙眜有無效法祖父趙佗自立爲南越文帝；從史記僅載其子嬰齊「藏其先武帝璽」，也並未提到「文帝璽」。其實從唐蒙上武帝書中便提及「南越王黃屋左纛，地東西萬餘里，名爲外臣，實一州主

〔註134〕《史記》，卷113，〈南越列傳〉，頁2970。
〔註135〕《史記》，卷113，〈南越列傳〉，頁2970。
〔註136〕《漢書》，卷95，〈西南夷兩粵朝鮮傳〉，頁3852。
〔註137〕《漢書》，卷95，〈西南夷兩粵朝鮮傳〉，頁3852。
〔註138〕《史記》，卷113，〈南越列傳〉，頁2971。

也」〔註139〕已能證實趙眜有僭號之舉，但未知其號爲何。而從漢廷追諡趙眜爲「文王」，僅能推測趙眜生前可能已有效法祖父而僭號「文帝」的事實。

　　直至本文所論南越文王墓的考古挖掘，於主棺室墓主隨葬九枚印璽中，發現一枚南越國自行鑄造陰刻篆體「文帝行璽」之龍鈕金印，〔註140〕其印文與漢帝后相似，但印面寬略大，〔註141〕材質鈕式卻不相，然「文帝行璽」與諸侯王、列侯、外藩同爲金印，但鈕式又有相異之處，如此特殊情況，正反應趙眜既稱臣於漢卻又僭號稱帝的歷史事實。

　　由以上論述可知，南越與漢的關係，依漢廷主政者的政策取向，可看出南越國態度反覆，其原因在於南越國秦漢亂世間劃地自守，保持安定，因而累積不容小覷的財富與國力，而漢廷值草創之時，亟需穩定內部政局，無力積極對外經略，因此對南越國尚採取懷柔的態度。於是南越國在趙佗與趙眜的主政下，仍自詡爲一獨立政權。因此，南越國的情況與前述諸多探討相近，可能臣屬於漢，卻又在地方形成獨立政權，與漢廷間的時而順從，時而對立的矛盾也成爲南越墓葬與文物的特點。

〔註139〕 《史記》，卷116，〈西南夷列傳〉，頁2994。
〔註140〕 《西漢南越王墓（上）》，頁204。
〔註141〕 察「文帝行璽」印面長3.1公分、寬3公分，與迄今所知唯一帝后用印，即陝西咸陽出土「皇后之璽」玉印，其印面長2.8公分、寬2.8公分。參閱古方主編，《中國古玉器圖典》（北京：文物出版社，2007年3月），頁287。

第三章　南越王墓葬的考察

　　墓葬在人類文明史上是非常特殊的一種存在，它不但是人類物質生活的遺存，也是精神世界的反映。不但有關生，也關乎死。墓葬在形式上只是安放死者屍體之所，但實質上體現了人類對於死亡的態度，以及與之相關的歷史背景、文化藝術傳統和宗教信仰。

　　《荀子・禮論》：「喪禮者，以生者飾死者也，大象其生以送其死也。故事死如生，事亡如存，終始一也。」〔註1〕在時人眼中，死亡並不意味著生命的終結，而是生命在另一個世界的延續。喪禮是聯繫生死兩個世界的方式，而墓葬則是這種聯繫的具體實物體現。換言之，將歿者按照特定的方式安置於特定的場所，稱做「葬」；而爲安置歿者所建造的設施則稱「墓」。〔註2〕無論是安置的地點，或設施的安排，都與社會結構、家族、親情關係等密不可分，並在長期發展的過程中形成了一系列的制度規則和文化禮儀。

　　由於史籍中關於南越國葬俗的記載十分缺乏，加深南越葬俗研究的難度，因此，有關其葬俗的研究較爲稀少。近年以來，現代考古挖掘工作在嶺南地區迅速發展，許多南越國時期的墓葬相繼問世，以地理位置可區分爲廣東與廣西。〔註3〕而《南越國史》、《廣州漢墓》、《西漢南越王墓》等著作，對

〔註1〕　〔戰國〕荀況，〔清〕王先謙集解，《荀子集解》（臺北：世界書局，1962 年 4 月），卷 13，〈禮論〉，頁 246。

〔註2〕　〔韓國〕具聖姬，《漢代人的死亡觀》（北京：民族出版社，2003 年 3 月），頁 51～52。

〔註3〕　廣東地區，1950 年到 1960 年，南越國都城番禺發掘 182 座南越國墓葬，1970 年於廣州淘金坑發掘 22 座墓葬，1980 年在廣州柳園崗發掘 43 座墓葬，1983 年廣州鳳凰崗發掘 1 座大型木槨墓，以及其他零星墓葬，如肇慶松山南越大

於南越墓葬有詳盡的記載有助於探索南越國之葬俗。因此，本章將以相關資料做一概述整理，並淺析南越王墓透露的喪葬觀念。

第一節　南越國葬俗

目前已正式挖掘將近 400 多座的南越墓葬中，有 300 多座墓葬及中在南越國都城番禺，其他墓葬則零星散佈於桂林郡治所在地（今貴縣），以及肇慶、賀縣區將等地，共約十處。〔註4〕因當時廣州（番禺）是南越國都城，其地聚集人口眾多，以廣州城區東部和東北部為例，長期以來，此一地帶被認定是南越國都城番禺的附野之廓，即為墓葬區。〔註5〕其因可能為現今大東門越秀北路往東，烈士陵園、淘金坑、黃花崗、動物園等地都屬於丘陵地貌，離宮城城區不遠，佔據著山坡居高臨下的位置。而古城往南隔著珠江，往西又較少崗地，古墓葬自然選擇以東部、東北部為墓葬區，故在廣州流傳「生在廣州，葬在東山」的謠諺。〔註6〕

在東山一帶，多年來不斷發現有西漢南越國時期墓葬，特別是發現了形制特殊、規模較大的墓葬，反映了南越國的社會狀況，也反映了番禺城居民的身份和生前活動狀況。市區東、西、北郊一代山崗為附野之廓，南越墓葬也多聚集於此。到目前為止，廣州地區尚未發現土著越人的墓地，發挖掘者多為漢人、越人同葬。〔註7〕由此可知，趙佗實行「漢越雜處」的政策，亦反映在當地葬俗之中，另外，在這些南越國墓葬中，亦可發現為數不少的隨葬品，其中不乏有漢文化的器物與典型的越式器物，反映當地文化融合的事實。

以目前考古挖掘的成果觀之，南越國墓葬的葬式，都是採取仰身直肢一

　　墓及韶關樂昌縣南越國墓葬等；廣西地區則有 1974 年挖掘的平樂銀山嶺南越西甌戌卒墓 123 座，貴縣羅泊灣 1、2 號墓，賀縣河東高寨、金鐘等地南越墓 6 座等。參閱張榮芳、黃淼章，《南越國史》，頁 343。

〔註 4〕　《西漢南越王墓（上）》，頁 354。

〔註 5〕　廣州市文物管理委員會等，《廣州漢墓（上）》，（北京：文物出版社，1981 年 12 月），頁 2。

〔註 6〕　陳澤泓，〈南越國番禺城析論〉，《中國古都研究（第二十三輯）——南越國遺跡與廣州歷史文化名城學術研討會暨中國古都學會 2007 年年會論文集》6 月 11～14 日，頁 327。

〔註 7〕　黃淼章，〈南越國的喪葬習俗〉，《嶺南文史》（廣州：嶺南文史雜志社，2000 年 9 月）2000 年第三期，頁 40～44。

次葬，即人死後，以棺槨入殮，直接埋入土中，死者仰面朝天，四肢平放。
迄今爲止，尚未發現有採用二次葬或屈肢葬的情況。〔註8〕此外，南越國墓
葬，除戍卒墓葬外，多分佈於當時郡縣的郊區，依規模大小分區，數十座
中、小型墓葬多圍繞於一個山岡之上，形成一個墓群，而大規模的墓葬則獨
佔一崗之上。〔註9〕

　　概而觀之，南越國墓葬是「聚族而居，合族而葬」，其因可能與時人所相
信的靈魂不滅的觀念相關。〔註10〕他們深信死後世界的存在，因此產生「事
死如事生」的喪葬習俗，而厚葬之風也成爲南越國中上階層顯著的喪葬習俗
特色。

　　綜觀南越時期的墓葬，可分爲四種形式：

一、豎穴土坑墓

　　此種葬俗起源較早，在廣東馬壩石峽遺址中，便已發現此類墓葬，歿者
被掩埋於長方形土坑中，墓坑規整，此類墓葬於南越國時期甚爲普遍。〔註11〕
如此墓形於先烈路下二望崗、大北外桂花崗，以及廣州柳園崗46號墓等墓葬
可見。〔註12〕以廣州柳園崗46號墓爲例，墓坑長3.54米、寬0.9～0.98米，

圖3.1：大北外桂花崗的豎穴土坑平面圖

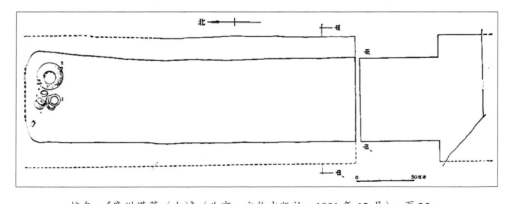

摘自：《廣州漢墓（上）》（北京：文物出版社，1981年12月），頁25。

〔註8〕　張榮芳、黃淼章，《南越國史》，頁344。

〔註9〕　《西漢南越王墓（上）》，頁35。

〔註10〕　黃淼章，〈南越國的喪葬習俗〉，《嶺南文史》，頁40～44。

〔註11〕　張榮芳、黃淼章，《南越國史》，頁344。

〔註12〕　廣州市文物管理委員會等編，《廣州漢墓（上）》（北京：文物出版社，1981
　　　　年12月），頁25。

形體狹小而長，無墓道，無墳丘，四壁平整，填土多用原坑土回填，隨葬品粗簡且較爲稀少，墓主共有四人，身份應係地位低下的平民。〔註13〕

二、豎穴木槨墓

　　與豎穴土坑墓並存於南越國時期墓葬，占南越國墓葬多數，墓葬規模較前述的豎穴土坑墓大，如建設大馬路建設新村、西村石頭崗，以及柳園崗11號墓等。以柳園崗11號墓爲例，墓坑長4米、寬3米、深6米，有一棺一槨之葬具，墎蓋面上放置斷髮紋身的木俑，墓室規模較大，隨葬器物較多，且圍繞於棺外四周，有漆器如奩、耳杯、盆、盒等日用器，另有陶器與銅器，墓中發現一枚「臣辛」戳印，可推測墓主應係南越國的下級官吏。〔註14〕

圖 3.2：大馬路建設新村的豎穴土坑平面圖

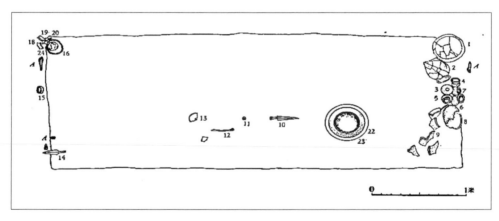

摘自：《廣州漢墓（上）》（北京：文物出版社，1981 年 12 月），頁 32。

三、有墓道的豎穴的木墎墓

　　爲南越國時期規模較大的墓葬形制，所見有華僑新村竹園崗、先烈路惠州墳場與羅泊灣1號漢墓等。以羅泊灣1號漢墓爲代表，該墓墎室前接斜坡墓道，墓室大多數分爲前室和後室兩部分，前都設槨室，槨室結構可分爲井槨式、封門式、上下雙層、前後分室等四種，後室是主室，前室用作祭奠，

〔註13〕張榮芳、黃淼章，《南越國史》，頁 344。
〔註14〕黃淼章，〈廣州瑤台柳園崗西漢墓群發掘紀要〉，收錄於《穗港漢墓出土文物》（香港：香港中文大學，1983 年 11 月），頁 250～251。

與上述兩者相比，形制較爲繁複。〔註 15〕

其具代表性的墓葬爲廣西貴縣羅泊灣 1 號墓，塚室結構複雜，以木板分隔前、中、後三室，前室與中室又分隔成三部分，後室則隔成六部分。塚室前端增設前堂，其至似仿漢廷黃腸題湊的前室或甬道，墓道設有車馬坑，隨葬物品類較多，共計出土 1000 多件，部分銅器如鼎、壺、匜等物與中原銅器相似，另則爲銅鼓、銅鐘、銅筒、越式鼎等富有地方色彩的器物。從墓中出土多枚方印，如趙安、李嘉、辛偃、趙望之等文字，推測墓主可能是西漢初年南越國的高級官員。〔註 16〕

圖 3.3：先烈路惠州墳場的豎穴土坑平面圖

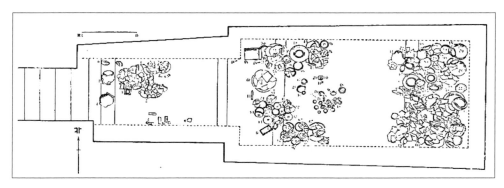

摘自：《廣州漢墓（上）》（北京：文物出版社，1981 年 12 月），頁 50。

四、石室墓

本文所論的南越王墓，爲嶺南地區唯一一座石室墓。位於廣州市區北面的象崗之上，據考古報告指陳，挖掘前山岡上部早已削平，原崗頂地貌已不復存，根據 1960 年所繪製的地形圖推測，象崗山形南北縱長約 300 公尺，東西寬 200 公尺，狀若象形。〔註 17〕此墓構築在象崗山腹中央 20 米深處，採取揭頂深挖墓壙，由山頂向下鑿出如「凸」字形的土壙，而後在土壙中以大石板砌築墓室，向南闢一斜坡墓道。概而觀之，墓坑採用豎穴加掏洞的形式，然後用紅砂岩石塊貼靠坑壁砌築墓室。共分爲前後兩部分共七個墓室。

〔註 15〕 張榮芳、黃淼章，《南越國史》，頁 347。
〔註 16〕 廣西壯族自治區博物館編，《廣西貴縣羅泊灣漢墓》，頁 50～54。
〔註 17〕 《西漢南越王墓（上）》，頁 8。

圖 3.4：南越王墓結構透視圖

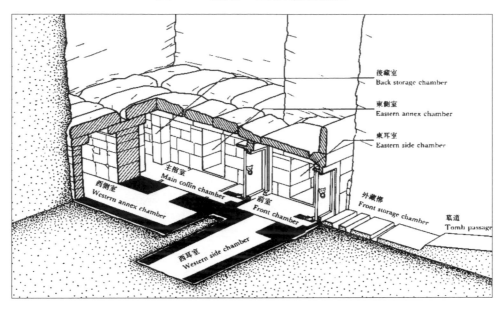

摘自：《南越王墓玉器》（香港：雨木出版社，1991 年 12 月），頁 24。

圖 3.5：南越王墓平面圖

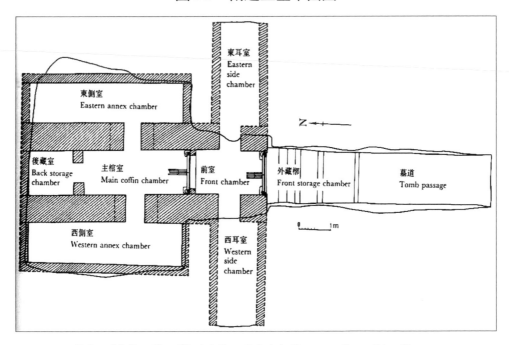

摘自：《南越王墓玉器》（香港：雨木出版社，1991 年 12 月），頁 25。

　　漢代及漢文化影響所及之地，其墓葬形制可分爲主流與旁支，在主流的方面，是繼承先秦以來的豎穴木槨墓；支流方面則是屬於地方性的墓葬形制，如四川的崖墓或山東的石版墓等。〔註 18〕觀察南越文王墓的形制，與南越國時期所出土的當地三種墓葬形制有其相異之處，其結構較爲複雜，隨葬物亦較爲多元。

　　相較於迄今已知的西漢代諸侯王、王后墓約有 34 座，西漢諸侯王墓亦多選擇在王城附近的山崗上營造，若王城所在地無山崗，則選擇在高亢的坡地上營造，即於坡地上向下鑿挖土坑，再於坑底用木板構築墓室，如趙王張耳墓、廣陽王墓、齊王墓、常山王墓、定縣中山王墓皆屬之。而營造在山崗上的諸侯王墓有兩種情況，一種是「依山而鑿」，將整個墓葬水平穿鑿在山腹中，稱作崖洞墓或洞室墓，〔註 19〕如現今已發現的楚王墓、部分梁王墓、魯王墓、滿城中山王墓屬等。〔註 20〕另一種則是由山頂垂直向下開鑿豎穴土石坑，然後在坑內用木板或石塊構築墓室，墓室上塡土打夯或加塡石塊直到山頂上。本文所論述的南越王墓便屬此制，其他另得見部分梁王墓、吳氏長沙王墓、廣陵王墓、昌邑王墓、濟北王墓等。這兩種不同的鑿山造墓方法，都具有「鑿山爲藏」的特色。

　　相較於南越當地常見的墓葬形制，南越王墓更接近中原地區諸侯王墓的墓葬形制。其因，除墓主於當地身份象高低外，另一種可能，則是來自與漢分庭抗禮的特殊心態。南越文王墓雖以先秦以來的豎穴木槨墓爲主體，但卻仿照漢文帝霸陵「因山爲藏，不復起墳」，〔註 21〕如此作法，除了同樣爲了免去盜賊騷擾外，可能亦有誇耀財富與僭越的意味，如此標新立異的形制，使南越文王墓成爲迄今年代最早的石室墓，爲墓葬發展史上提供重要的研究價值。

第二節　南越王墓室結構

　　相較於南越葬俗中，三種常見的墓葬形制，南越王墓的墓葬結構，顯然

〔註 18〕 蒲慕州，《墓葬與生死：中國古代宗教之省思》（北京：中華書局，2008 年 1月），頁 54。
〔註 19〕 蒲慕州，《墓葬與生死：中國古代宗教之省思》，頁 66。
〔註 20〕 黃展岳，〈漢代諸侯王墓概述〉，《考古學報》1998 年第一期（北京：科學出版社，1998 年 4 月），頁 12。
〔註 21〕 《三輔黃圖校釋》，卷 6，頁 366。

較爲複雜。本墓平面呈「士」字形，墓室可分前後兩部份，前部三室，後部四室。自南而北分隔爲墓道、前室、東、西耳室、主棺室、東、西側室和後藏室等八個空間，扣除墓道，墓室由七室所組成，各室底部原皆有鋪板。〔註22〕七室相互連通，前室與墓道、主棺室與前室各設石門，其餘各室間均設置木門。從後藏室北墻至前室石門，南北全長 10.68 米；從東耳室至西耳室的東西寬度爲 12.24 米，墓室總面積約 100 平方米。

　　七個墓室全部以略經加工 750 餘塊石材砌築而成，墓室所用石材並非就地取自象崗，大多係從廣州以東 20 海裡遠的番禺縣蓮花山經水路以木船運抵象崗。另外，部分石材則是從廣州北郊的飛鵝嶺開採而來。據挖掘後推測，此墓在建造時，僅採石與鑿石加工之工程，便需上百人工作近四十天，在嶺南地區，如此耗費鉅資的石室墓，迄今僅見南越王墓一座。

　　南越王墓結構嚴謹，以下據考古挖掘報告，概略說明墓室概況：

一、墓　道

　　位於墓室之南，平面狹長，墓道底部可分前後兩部份，由墓門朝南 4.12 米處外，爲一長方形平底豎坑，並於此處構築外藏槨，外藏槨的南面凸起如台階狀，往南成斜坡狀，墓道填土夯實，並以砌築墓室所剩的大小石塊回填其中，其主要功能爲防盜之用。〔註23〕

　　此處木門外有殉人 2 具，出土器物有銅鏡 1 件、帶鉤 1 件、鎏金牌飾 2 對（以對計算）、蓋弓帽 39 件，以及儀仗飾 8 件，銅器共計 51 見；陶器有甕 17 件、罐 4 件、小盒 1 件、三足盒 1 件、缽 1 件、碗 3 件、匏壺 1 件、越式陶鼎 1 件，陶器共計 29 件；另有漆器，但因腐朽僅見殘痕，器形難辨，從略不計。〔註24〕

二、前　室

　　前室居於墓葬前部中央位置，呈長方形。南面爲墓門，北面則爲主棺室石門，左右兩側與東、西耳室並連。前室周壁、室頂及南北兩道石門均彩繪朱、墨兩色雲紋圖案。〔註25〕

〔註22〕　《西漢南越王墓（上）》，頁 18～26。
〔註23〕　《西漢南越王墓（上）》，頁 16～17。
〔註24〕　《西漢南越王墓（上）》，頁 18～26。
〔註25〕　《西漢南越王墓（上）》，頁 27～28。

　　前室隨葬物佈置較爲簡單，出土物計有銅、鐵、玉、石、漆器五類。室中央偏西放置漆木車模型 1 輛，木車已朽，鎏金銅質零件散落；東側爲 1 殉人棺具，棺內隨葬鐵刮刀 1 件、環首刀 1 件，玉組珮 1 套，計由玉璧 3 件、玉璜 2 件、玉環 2 件、銅環 2 件所構成，銅鏡 1 件、陰刻篆文「景巷令印」魚鈕銅印 1 件。

　　另有馬車飾物與零件銅質計 13 件、鐵質 1 件、另有銅質蓋弓帽 30 件、石硯 2 件、以及漆器附件一對。此處出土物共計有銅器 45 件（含馬車飾物、蓋弓帽、銅鏡、銅印），鐵器 3 件，玉石器（以件計算，含石硯）9 件。〔註26〕

三、東耳室

　　東耳室位於前室東側，呈東西向長方形，長 5.24 米、寬 1.75 米、高 1.83 米，西面有一通道與前室相通，中央設有木門，已朽。此室隨葬品豐富，整齊排放多套銅、石、漆木質樂器，如銅鈕鐘、甬鐘、勾鑃、石編磬、漆木琴與瑟，及各種青銅器，如提筒、壺、熏爐、帶鉤等。〔註27〕

　　其中酒器數量甚多，另有陶器，如瓿、壺、罐、盒、缽等物，以及鐵器與漆木器。少數銅器與陶器內裝有動物骨骸與螺殼。〔註28〕室內近門處放置一具殉人，經鑑定爲 20～35 歲青壯年，〔註29〕其遺骸附近有玉璜、玉環、玉珮、銅鏡等佩戴物，據推測此人生前應係敲擊鐘磬的樂伎。從此處眾多遺物觀之，東耳室應爲南越文王宴樂之所。〔註30〕

　　此處遺物總計銅器 144 件、鐵器 12 件、陶器 20 件、玉石器 36 件、金銀器 4 件、漆木器 91 件、象牙器約 51 件。此外，另出土木俑 2 件，爲墓中罕見之隨葬物。〔註31〕

四、西耳室

　　西耳室位於前室西側，與東耳室相對，亦呈長方形，長 4.13 米、寬 1.75 米、高 1.82 米，東面有一通道與前室相通，亦設有木門，已朽。此室爲全墓中隨葬器物數量與品類最多之處，從發掘的情況觀之，隨葬物層層疊壓，約

〔註26〕　《西漢南越王墓（上）》，頁 28～35。
〔註27〕　《西漢南越王墓（上）》，頁 39～64。
〔註28〕　《西漢南越王墓（上）》，頁 79。
〔註29〕　《西漢南越王墓（上）》，頁 458。
〔註30〕　《西漢南越王墓（上）》，頁 37。
〔註31〕　《西漢南越王墓（上）》，頁 36～70。

可分爲三層。〔註32〕

大部分器物上均殘留有絲織品包裹的痕跡。而這些器物皆分門別類的放置在木匣或木箱中，計有大量銅器約 1890 件、鐵器約 100 件、陶器約 654 件、玉石器 74 件、金銀器 9 件、鉛器 509 件、玻璃器 20 件、漆木器約 30 多件，絲織品因炭化而無法統計數量，另有象牙器約 212 件，藥材多處堆放難以估計，墨丸約 4385 顆，封泥 9 件。〔註33〕

此處隨葬物除有次序排列外，另可見檢驗緘封之痕跡，如所見「結」字封泥爲緘封者之名章，〔註 34〕由此可推測此室應係依墓主生前所需而設計的庫藏之所。

五、主棺室

居於墓葬後方中央處，爲墓葬主體，呈長方形，長約 4.84 米、寬 1.84 米、高 2.3 米。前與前室以石門相隔，其左右與後方則有通道與東側室、西側室和後藏室相接。〔註 35〕主棺室主要功能爲安置墓主趙眜之棺槨，此外，還放置許多與墓主相關的隨葬物。

墓主的棺槨位於此室正中央，其周圍爲眾多隨葬物所環繞。棺槨左側，即靠近東牆處放置一漆木屏風，〔註 36〕用以分隔主棺室通往東側室的通道；棺槨周圍散佈眾多明器車飾，而靠近西牆處下亦放置兵器，計有鐵劍、鐵矛、鐵戟、銅戈、銅弩機、箭鏃、鉛彈丸等；南邊則放置陶器與象牙器；北邊另放置銅盆、漆盆與墓主生前所用的銅承盤高足玉杯。另在通往後藏室的通道入口處，置有兩件鐵矛，似有拱衛之意，引人矚目。

主棺室爲墓葬重心，故眾多重要隨葬物亦出於此，計有銅器約 580 件（未含漆器附件）、鐵器 44 件、陶器 140 件、玉石器約 165 件（未含墓主身著玉衣玉片）、金銀器共 17 件、玻璃器 6 件（未含玉衣上的珠飾）、漆木器約 9 件、象牙 1 件、卜龜甲片 1 堆、珍珠 1 堆、藥物 1 堆。〔註37〕

〔註32〕《西漢南越王墓（上）》，頁 72。
〔註33〕《西漢南越王墓（上）》，頁 71～143。
〔註34〕《西漢南越王墓（上）》，頁 310。
〔註35〕《西漢南越王墓（上）》，頁 144～145。
〔註36〕在以往發掘的戰國、兩漢墓中皆有出土屏風，但多屬模型明器性質，且多因腐朽，僅存少數銅質屏風零件。南越王墓主棺室中所出土的漆木屏風，爲首次發現西漢時期的實用屏風。參閱《西漢南越王墓（上）》，頁 433。
〔註37〕《西漢南越王墓（上）》，頁 144～218。

六、東側室

　　東側室位於主棺室東方，長 6.65 米、寬 1.61 米、高 2.24 米。有一通道與主棺室相通，中央設有木門。東側室為從殉夫人的葬所，隨葬品主要為分屬四位夫人的玉組珮、璽印與日用器皿。

　　從出土四枚刻有「夫人」稱號的印璽，〔註 38〕可知四位殉人可能皆係南越王後宮諸妾。其中左夫人位於室內南邊近走道處；右夫人居室內北邊近走道處；部夫人在右夫人東側；〔註 39〕泰夫人在左夫人東側。室內出土物除日用器皿外，另見漆博局、案與玻璃牌飾等物。

　　計有銅器 93 件、鐵器 23 件（尚有器形難辨之物）、陶器 45 件、玉石器 50 件、金器 30 件、銀器因殘缺無以計數、玻璃器 2 件、漆器 12 件（尚有器形難辨之物）、象牙器 19 件、封泥 5 件。〔註 40〕

七、西側室

　　西側室位於主棺室西方，與東側室相對，長 7 米、寬 1.62 米。亦設有通道直達主棺室，中央有一木門相隔。室內發現 7 具殉人，均無棺，直接放置於鋪地木板上。隨葬物多為銅鏡、帶鉤、小型玉飾等物件。

　　經鑑定其中 6 名殉人為青、壯年女性，其生前應係墓主的奴僕或貼身內侍；另一名為年約 40 多歲的中年女性，所見除銅鏡與小件玉飾外，另有 1 枚無字小玉印，她的身份可能為奴僕之首。此室除為出土殉人最多之地，另堆疊零亂的動物骸骨，以牛、豬為主，另有鳩、禽鳥、魚、鱉等動物，部分經切割燒烤後埋入，應是供墓主所享用的祭牲，據此，可推測西側室應為庖丁廚役之所。

　　此室出土物計有銅器 47 件、鐵器 4 件、陶器 35 件、玉石器 12 件、金銀器 3 件、玻璃器 12 件、漆器全朽，僅存 6 件可辨、象牙器 1 堆、封泥 6 件。〔註 41〕

〔註 38〕　四枚印鈕分別為：龜鈕金印的「右夫人璽」，其餘為形制相仿的龜鈕鎏金銅印，分別刻有「左夫人印」、「泰夫人印」、「部夫人印」。參閱《西漢南越王墓（上）》，頁 222。

〔註 39〕　據考證挖掘報告指陳，「部」字字跡模糊，細察左為「邑」，右似為「音」字。如不誤，此印文所刻應為「部夫人印」。參閱《西漢南越王墓（上）》，頁 307。

〔註 40〕　《西漢南越王墓（上）》，頁 219～253。

〔註 41〕　《西漢南越王墓（上）》，頁 254～272。

八、後藏室

位居主棺室之北,長 2 米、寬 1.8 米,中央設有通道與主棺室相通,有一木門分隔。此室出土器物多大小相套疊,分類放置,大型器物多堆放後藏室前方,中小型器物則疊置室內中央或後方。

器物表面多以絲織品或草編織物所包裹捆紮,部分隨葬器物亦發現為數不少的「泰官」封泥,說明後藏室的隨葬物係經過南越王的泰官令屬的檢封。〔註 42〕器物以炊器、儲盛器或盥洗器為主,在 30 餘件器皿內裝有家禽、家畜與海產,此外亦可見烹煮食物所用的木炭。

由此可知後藏室為依墓主所需而設計的儲藏室。此處遺物有銅器 56 件、鐵器 20 餘件(尚有鏽蝕難辨之物)、陶器 66 件、滑石器 1 件、銀器 1 件、漆器 1 件、封泥 15 件。〔註 43〕

第三節 南越王墓葬呈現的特點及喪葬觀

一、前室壁畫與馬車

南越王墓前室於前室周壁、室頂及南北兩到石門上皆見彩繪痕跡,為施朱、墨兩色彩繪的雲紋圖案裝飾。並於前室發現 2 套石硯,殘留墨跡黑中泛紅,與前室周壁與頂部的朱墨繪雲紋顏色一致,推測兩套石硯可能為描繪前室後所遺留的實用器。〔註 44〕

但其他墓室卻未見彩繪痕跡,其因推測有二,一是墓中除前室外,各室本未施彩繪;第二則可能均有彩繪,但因墓室多次進水,彩繪為水所沖刷流逝。但若因墓室進水導致彩繪消失,為何僅留存前室與石門上的彩繪?原因在於可能在於僅前室有彩繪。

據後人研究,先秦木槨具有象徵地上建築的性質,地下墓葬的棺槨性質即為貴族居所制度的反映。而按周代宮室制度,諸侯有「前朝(室)」、後寢

〔註 42〕 南越王墓共出土「泰官」封泥 15 件,西側室有 2 件,剩餘皆在後藏室出土。泰官即為太官、大官,據應劭《漢官儀》所載:「太官,主膳饈也」,可知南越文王亦設泰官,其職責當為掌管南越王的飲食。應劭撰《漢官儀》,收錄於〔清〕孫星衍等輯、周天遊點校,《漢官六種》(北京:中華書局,1990 年 1 月),頁 136。

〔註 43〕 《西漢南越王墓(上)》,頁 273~299。

〔註 44〕 《西漢南越王墓(上)》,頁 27~29。

（室）等空間分佈，此一制度於戰國楚墓，以致西漢早期漢墓均有此特質，係爲承襲周制之結果。〔註45〕

　　前室爲堂，而堂亦是宮室舉行各室活動的重要場所。〔註46〕於宮室內部作具有鑒戒的歷史故事、傳說故事，或是雲氣等裝飾圖案，亦不在少數。如《史記》所言：

> 上即欲與神通，宮室被服非象神，神物不至。乃作畫雲氣車，及各以勝日駕車辟惡鬼；又作甘泉宮，中爲臺室，畫天、地、泰一、諸鬼神，而致祭具以致天神。〔註47〕

由此可知，於宮室畫天、地、泰一、諸鬼神的目的，在於辟鬼、以致天神。而南越墓前室繪有雲氣紋樣，可能如同後人所言：「致鬼神往往在圖畫中畫些雲氣飛龍，使神仙可以駕物升天或降臨下土」〔註48〕具有以致天神意味。

　　另外，南越王墓各室中均有出土車馬器，如西耳室、東側室、主棺室，以及前室西邊出土漆木車之模型，〔註49〕但細查之下，可發現除前室以外，其他室所出土車馬器多僅是象徵式的車馬明器，未若前室車馬模型完整，而相似的情況於秦皇陵西墓道亦得見銅車馬，據研究指陳此馬車可能是喪車，亦可能爲秦皇乘車登天思想的反映。〔註50〕

　　南越文王墓在前室繪製雲氣壁畫，又於其地放置象徵巡遊的馬車，並以「景巷令」爲殉，說明南越文王對於死後世界的幻想與安排，可能受到升仙思想的牽引，因此，前室得見繪製雲彩圖樣與車馬器的情況。

二、人　殉

　　以生人殉葬的方式，早於商代便已存在，如侯家莊1500號商王大墓中就有116具殉人，此外，在南北墓道亦埋有人頭骨約243個，〔註51〕至西周時

〔註45〕俞偉超，〈漢代諸侯王與列侯墓葬的形制分析──兼論「周制」、「漢制」與「晉制的三階段性」〉，收錄於氏作《先秦兩漢考古學論集》（北京：文物出版社，1985年6月），頁120。

〔註46〕劉春華、王志友，〈西漢南越王墓前室壁畫意義試析〉，收錄於《南越國史遺研討會論文選集》（北京：文物出版社，2005年4月），頁126。

〔註47〕《史記》，卷28，〈封禪書〉，頁1388。

〔註48〕饒宗頤，《選堂集林史林（上）》（香港：中華書局，1982年1月），頁111。

〔註49〕《西漢南越王墓（上）》，頁28。

〔註50〕王德育，《上古中國之生死觀與藝術》（臺北：國立歷史博物館編譯小組，2000年5月），頁179～180。

〔註51〕梁思永、高去尋，《侯家莊第1500號大墓：河南安陽侯家莊殷代墓地》第八本（臺北：中央研究院歷史語言研究所，1976年10月），頁31～40。

期的茹家莊 1 號墓地亦得見陪殉的妾與奴僕，〔註52〕東周時期，人殉制一度走向衰落，並出現象徵生人的俑來陪葬。〔註53〕但人殉制度始終存在，如曾侯乙墓墓中便有陪殉棺 21 具。〔註54〕而後至秦始皇修築陵墓，「又多殺宮人，生埋工匠計以萬數」可能成為人殉數量最多的帝王陵墓寢。〔註55〕

漢高祖劉邦建漢以後，由於歷經連年征戰，全國人口大減、經濟凋敝，是時政策走向崇尚儉節，故少見人殉。景帝時，趙繆王劉元「病先令，令能為樂奴婢從死，迫脅自殺者凡十六人」結果遭到「國除」之懲處，〔註56〕說明西漢殉人風氣可能已在朝廷的禁止下逐漸衰退。

迄今考古挖掘西漢中晚期的貴族墓葬，多以陶、石、木俑替代生人殉葬，所見如河北高莊漢墓、河南柿園漢墓、山東巨野紅土山漢墓、湖南長沙馬王堆漢墓等。〔註57〕而本文所論的南越王墓，陪同墓主入葬的有 15 人，〔註58〕其中東側室殉 4 位夫人；西側室殉 7 人，身份為奴僕、廚役；〔註59〕前室殉 1 人，從其身上所出「景巷令印」銅印一枚，推測身份為掌管王室輿服的宦者；〔註60〕東耳室殉 1 人，身份可能為樂伎，〔註61〕外藏槨殉 2 人，身份似為門亭長。

墓中所出 15 位與南越王一起入葬的殉人，其中又以東側室的 4 位殉人，有棺木葬具，隨葬品則有金玉佩飾、銅器、陶器等，其身份應為南越王生前

〔註52〕 盧連成，胡智生，《寶雞強國墓地》（北京：文物出版社，1988 年 10 月），頁277。

〔註53〕 黃淼章，〈南越國的喪葬習俗〉，《嶺南文史》，頁 43。

〔註54〕 湖北省博物館編，《曾侯乙墓》，頁 59。

〔註55〕 《漢書》，卷 36，〈楚元王傳〉，頁 1954。

〔註56〕 《漢書》，卷 53，〈景十三王傳〉，頁 2421～2422。

〔註57〕 河北高莊漢墓 1 號墓計有 196 件木俑，河南柿園漢墓計有 50 件陶俑，山東巨野紅土山漢墓有陶俑 1 件，而長沙馬王堆 1 號墓出土 162 件木俑。參閱河北省文物文物研究所等，〈河北高莊漢墓發掘簡報〉，收錄於河北省文物文物研究所編，《河北省考古文集（二）》（北京：北京燕山出版社，2001 年 12 月），頁 141～182。河南省商丘市文物管理委員會等編著，《芒碭山西漢梁王墓地》（北京：文物出版社，2001 年 8 月），頁 171～184。山東省菏澤地區漢墓發掘小組，〈巨野紅土山西漢墓〉，《考古學報》1983 年第四期（北京：科學出版社，1983 年 10 月），頁 490。湖南省博物館、中國科學院考古研究所編，《長沙馬王堆 1 號漢》（北京：文物出版社，1973 年 10 月），頁 97～101。

〔註58〕 《西漢南越王墓（上）》，頁 461。

〔註59〕 《西漢南越王墓（上）》，頁 259。

〔註60〕 《西漢南越王墓（上）》，頁 308。

〔註61〕 《西漢南越王墓（上）》，頁 39。

的姬妾，根據隨葬的印章可判斷爲「右夫人」、「左夫人」、「泰夫人」及「部夫人」等。以 4 位夫人隨葬品觀之，以「右夫人」身份最高，「部夫人」最低。〔註 62〕而其他各室的殉人地位則更爲低下，有的沒有棺木，被直接放入室中，隨葬品也較爲簡單。據相關鑒定，15 個殉人中，除三個夫人、兩個侍從等無法鑒定（屍骨不存）外，其餘的都是二十來歲到三十多歲的青壯年。〔註 63〕

相類的情況以生人殉葬的情況，亦出現廣西羅泊灣漢墓及徐州獅子山漢墓。其中羅泊灣 1 號墓，於槨室底下發現 7 個殉人，其殉葬的情況與南越王墓 11 爲殉人雷同。據考古報告指陳，殉人們被有規則地排列在槨室底下，各自有長方形的墓坑，有棺具，有簡單的陪葬品，身穿彩衣，腳穿鞋襪，應爲墓主近身的家奴。〔註 64〕

羅泊灣漢墓墓主據推斷爲南越國時期受南越王封爵的西甌君夫婦墓，與南越王墓所處的地點時空相近。而從南越王墓和羅泊灣 1 號墓的殉葬人骨觀之，皆未發現有傷痕和骨折，殉人姿勢平直，入葬時是身首完整的，因此，推斷其死因可能是毒殺而非擊殺。〔註 65〕

如前所述，漢廷於景帝時期，已有禁止生人爲殉之制，而南越國雖然受封於漢廷，卻不依漢法行事，其下所封爵的西甌君夫婦墓亦效法人殉之制，此種情況可推測人殉制度可能爲南越國貴族厚葬特權表徵之一。〔註 66〕另外，可反映南越文王未循漢法，於南越國土內稱帝之事實，而從墓中殉人身份與安放位置，多爲墓主的妻妾或者近臣，對墓主起到侍奉或拱衛的作用，進一步證實斯時事死如生之意念。

三、黃腸題湊

據考古挖掘報告指陳，南越王墓不僅鑿山爲藏，以石塊於深挖的墓坑內構築墓室，亦於墓室內部構築墓門，以及在底部鋪設木板。墓室底部的木板雖多腐朽，但於東西耳室尚存地板朽木，而由遺痕判斷，木板均做縱向平鋪。

〔註 62〕《西漢南越王墓（上）》，頁 306。
〔註 63〕《西漢南越王墓（上）》，頁 458～462。
〔註 64〕廣西壯族自治區博物館編，《廣西貴縣羅泊灣漢墓》（北京：文物出版社，1988年 8 月），頁 95。
〔註 65〕黃淼章，〈南越國的喪葬習俗〉，《嶺南文史》，頁 43。
〔註 66〕李林娜，〈南越王喪葬觀探析〉，收錄於中國秦漢史研究會等編，《南越國史蹟研討會論文選集》（北京：文物出版社，2005 年 4 月），頁 51。

〔註 67〕與迄今所知的西漢諸侯王如石家莊趙王張耳墓、長沙吳氏長沙王及王后墓三座、高郵神居山廣陵王劉青夫婦墓、北京大葆台廣陽王劉建夫婦墓和定縣八角廓中山王劉修墓等 9 座黃腸題湊墓相類，〔註 68〕南越王墓可能具有黃腸題湊之性質。

「黃腸題湊」一詞係如《漢書》載霍光死後，「賜金錢繒絮繡被百領衣五十篋璧珠璣玉衣、梓宮、便房、黃腸題湊各一具，樅木外藏槨十五具」注引蘇林曰：「以柏木黃心致累棺外，故曰黃腸。木頭皆內向，故曰題湊。」又引服虔曰：外藏槨「在正藏外，婢妾之藏也。或曰廚廄之屬也。」〔註 69〕說明文獻與考古所見以大量木板或木塊疊砌木牆，再於木牆裡外隔出多層槨房，在中間築棺房，棺房內為放棺木的空間的情況，如同梓宮、便房、外藏槨，構成漢代皇帝專用的葬制。〔註 70〕又因西漢諸侯「同制京師」〔註 71〕亦成為諸侯王普遍之葬制。

南越文王對漢不僅臣服之舉，於嶺南地區亦有僭越稱帝的事實，因此，墓中出現黃腸題湊之制之可能性也較大，所見東西耳室尚存地板朽木遺痕，可能是黃腸題湊的證據。如同後人研究，戰漢以來可能已有零星的現象出現，其中又以大葆台漢墓，為此制成熟階段之代表作。〔註 72〕因此南越王墓可能承襲是時之制。另外，南越王墓主不僅棺室具有楚墓的頭、足箱，另有楚墓設門及分室的特色，〔註 73〕如此特殊的情況，可能是受到楚文化之遺風所影響。

南越王國居處嶺南地區，一度呈現近乎封閉的狀態。而後隨文王順服漢廷後，漢越雙方開始從新交流。透過上述內容可知，其葬制不同於越式，反而以典型的楚制，與象徵中原漢廷禮制的黃腸題湊形制，可知南越王國處於特殊時代背景下，融合楚漢特色，形成此一特殊葬制。

〔註 67〕 除前室與主棺室各設石門，其餘皆為木門。參閱《西漢南越王墓（上）》，頁 12。
〔註 68〕 黃展岳，〈漢代諸侯王墓論述〉，《考古學報》1998 年第一期，頁 20。
〔註 69〕 《漢書》，卷 68，〈霍光金日磾傳〉，頁 2948～2949。
〔註 70〕 黃展岳，〈漢代諸侯王墓論述〉，《考古學報》1998 年第一期，頁 20。
〔註 71〕 《漢書》，卷 14，〈諸侯王表〉，頁 394。
〔註 72〕 何永成，〈黃腸題湊的真相〉，《歷史月刊》第六十九期（臺北：歷史月刊雜誌社，1993 年 10 月），頁 13。
〔註 73〕 參閱河南省文物研究所編，《信陽楚墓》（北京：文物出版社，1986 年 3 月），頁 5～18、72～83。湖北省荊州地區博物館，〈江陵天星觀 1 號楚墓〉，《考古學報》1982 年第一期（北京：科學出版社，1982 年），頁 73～78。

四、隨葬物的安排

如前所述，南越文王的七個墓室由平面觀之，分為前後二部分，前部有象徵墓主人生前的「朝堂」的前室，四壁佈滿朱墨兩色的卷雲紋圖案，既是墓主富麗堂皇的廳堂，又寓意魂氣升天，又有墓主庫藏之所的西耳室，及墓主宴樂場所的東耳室；另後部則以主棺室為墓葬的中心，安置墓主的棺槨，東側室則為四位姬妾的葬所，似為模擬墓主生前的後宮，西側室是模擬為庖丁廚役之室，所見殉人七位，皆係墓主近身奴僕，另有供墓主享用的豬牛犧牲，後藏室另為儲放珍饈食品庫房，層層堆疊眾多大型炊具與容器，而器內多數盛有豬、牛、蛋、魚、海產品及果品等大量食物。

以下便以各室出土物類型、數量作一統計，藉以理解隨葬器物的排列之特色與象徵意義，如下表所示：

表 3.1：南越王墓器物分佈與數量表

	墓道與外藏椁	前　室	東耳室	西耳室	土棺室	東側室	西側室	後藏室
銅器	51	45	144	1890	約580	93	47	56
陶器	29		20	654	140	45	35	66
鐵器		3	12	約100	44	23	4	約20
漆器	無法統計	2	91	約30	9	12	可辨識約6件	1
玉石器		10（2件為石硯）	36	74	165	50	12	
金器			1	4	14	30	1	
象牙器			約51	約212	1	19	1堆	
鉛器				509				
玻璃器				20	6	2	12	
絲織品				數量難辨				
藥材				數量難辨	1堆			
墨丸				約4385				
封泥				9		5	6	15
卜龜甲片					1堆			

| 滑石器 | | | | | | 1 | 1 | |
| 珍珠 | | | | 1 堆 | | | | |

本表據《西漢南越王墓（上）》，頁 514～528 整理而成。

墓中隨葬物內容依照材質作初步分類，大致如表。從中可看出本文將要論述的玉器，以數量推斷其主要分佈位置在主棺室、西耳室，而此二墓室係以墓主為中心所設置的墓葬空間，及象徵寢室、庫藏之用，因此所分佈的器物類型自然與墓主玩賞功能與個人喜好密切相關。

另外，墓中出土數量最多的另一器類，即為青銅器，大部分集中在西耳室，計算種類分別有容器、炊具、食具、水器、雜器、兵器、樂器、工具等，且絕大多數的器物均以絲織物包裹，〔註 74〕因此本室可能也是絲織物數量最多的地點，唯因絲織物腐朽，難以確切統記數量。

比較值得注意的是，南越王墓器物的擺放方式，不似中山王墓的水平放置，常見疊壓、擠放的情況，尤以西耳室、東耳室，及後藏室最為明顯。如此垂直堆疊的方式如同長沙馬王堆 1 號墓中的情況，將墓室空間做水平切割，並堆放不同功能的隨葬品。

從南越王墓東、西耳室及後藏室主要的出土器物與空間關係，可發現，東西耳室擁有較多傳統禮制代表的禮、樂器，而這些器物被層層堆疊放置於有限的墓葬空間中，並以絲絹、漆盒等包裹盛裝，如同珍寶一般的擺放，其典藏與宣示的意味遠超過實際的使用。然後藏室的器物則不同，其地不僅出土最多具有地方特色之器類，更有盛裝、烹煮的痕跡與現象，如同生前使用一般，墓中後藏室可謂具體表達「事死如生」的地點之一。

墓葬的規模與隨葬物的多寡，可謂衡量死者身份地位和經濟實力的一種尺規。而南越王墓是嶺南規模最大、隨葬品最多的漢墓，顯示墓主為當時嶺南的最高統治者。由南越當地葬俗比較南越王墓之建制，發現其墓葬形制雜揉楚及中原之特色。

南越王墓坐北朝南，並打破豎穴土坑的形制，將陵寢模擬為生前宅第，墓葬空間區別顯而易見。墓主被安排於墓的中部主室，和前室、後藏室及東、西側室相通，墓地面積雖然不大，卻功能齊全。七個墓室除各自有其特殊功能，由平面觀之，分為前後二部分，如此「前朝後寢」的佈局和其生前宮室

遙相呼應。

　　從墓中觀察，南越王墓可能具有黃腸題湊之制，除象徵身份地位外，另種可能是出於實際功能之考量，論材質，目前發掘的黃腸題湊墓中，大多數墓葬的木材經鑒定爲柏木，而柏木有「紋理直，結構細，質稍脆，耐水濕，抗腐性強，有香氣」〔註75〕的特點，是一種理想的築墓材料，爲歿者提供良好的環境。加上墓中不僅有大量隨葬物，包含宣示與典藏的禮器與玩賞物，以及使用過的生前器物，另陪殉眾多殉人，不僅透露南越王身份之特殊，亦蘊含對於死後世界的想法。

　　從南越王墓葬的觀察，結合當地葬俗、南越王墓葬結構及其內容物與特色，可發現其墓葬所傳達的意念，如同文獻所載：

> 以爲人死輒爲神鬼而有知，能形而害人，故引杜伯之類以爲效驗。儒家不從，以爲死人無知，不能爲鬼，然而購祭備物者，示不負死以觀生也。陸賈依儒家而說，故其立語，不肯明處。劉子政舉薄葬之奏，務欲省用，不能極論。是以世俗內持狐疑之議，外聞杜伯之類。又見病且終者，墓中死人來與相見，故遂信是，謂死如生。閔死獨葬，魂孤無副，邱墓閉藏，穀物乏匱故作偶人以侍屍柩，多藏食物以歆精魂。積浸流至，或破家盡業，以充死棺，殺人以殉葬，以快生意。非知其內無益，而奢侈之心外相慕也。以爲死人有知與生人無以異。〔註76〕

此一記載，雖係出於反對厚葬風氣之觀點，但從中透露時人因深信歿者「爲神鬼而有知」且「能形而害人」，因此，對於相當於歿者死後世界之居所的墓葬十分重視，而墓葬的安排，多如同生前生活之投射，皆爲滿足歿者需求而設置。

　　從南越文王墓中清楚反映上述情況，可謂將地上宮室轉換爲地下玄宮，舉凡器物、僕役，甚至連同後宮姬妾也一併帶入地下，妄圖在玄宮中仍能繼續恣意享樂的美好生活，充分顯露時人所認定「死後有知」，並從中延伸「事死如事生」之喪葬觀。〔註77〕此外，更引人注目者，爲前室壁畫彩繪雲紋圖

〔註75〕劉德增，〈也談漢代「黃腸題湊」葬制〉，《考古》1987 年第四期（北京：科學出版社，1987 年 4 月），頁 352～353。

〔註76〕〔漢〕王充撰，韓復智註譯，《論衡今註今譯（下）》（臺北：國立編譯館，2005 年 4 月），卷 23，〈薄葬〉，頁 2534。

〔註77〕李林娜，〈南越王喪葬觀探析〉，收錄於中國秦漢史研究會等編，《南越國史蹟研討會論文選集》（北京：文物出版社，2005 年 4 月），頁 47。

案裝飾，以及安置殉人「景巷令」，並放置可供巡遊的馬車，如同長沙楚墓帛畫主題，以及秦皇隨葬車馬的情況。顯露南越文王對於死後世界的期望，不僅要如同生前一般之享受，更有進一步深層的特殊考量，其最終目的，可能爲斯時神仙思想盛行下所產生飛升於天的期望。

第四章　南越王葬玉解析

　　透過南越文王墓的墓葬形制與隨葬物的分析，反映出時人對死後世界的架構，主要係以生前生活作為藍圖。因此，舉凡墓室的設計與隨葬品的安排，都與墓主所深信的死後世界密切相關。如此以功能作為取向的現象，亦反映於本文所論的玉器特色之中。

　　要論南越王墓中出土數量眾多的玉件，必先以其形制與社會功能取向，對墓葬所出土的玉器逐一區別。現今學者對於漢代玉器已有具體的分類，〔註1〕大體而言，墓中出土玉件，可區分為生前用玉與死後殮屍的葬玉。

　　以夏鼐所言，一切埋在墓中的玉器，不應概而論之的通稱「葬玉」，而只能稱作「隨葬玉」。因此，南越王墓中出土的玉器，皆可稱作「隨葬玉器」，其中便包含墓主的生前用玉，以及死後殮屍的葬玉，由於墓中出土玉件數量與種類繁多，因此，本章的目的在於對墓中出土的葬玉予以分類，並從中解析其特色及其象徵的時代意義。

〔註 1〕　夏鼐認為漢代玉器以功能大致可分為禮儀用玉、葬玉、裝飾品（隨身裝飾物與實用器）其中又以葬玉與隨身裝飾居多。另楊伯達對漢代玉器的分類，亦延續夏鼐的說法，但卻依社會功能另細分為禮儀、佩飾、器皿、陳設、厭勝、葬具等類別。而尤仁德則簡單的將漢代玉器類別分作裝飾品、禮儀器、日用器等類別。參閱夏鼐，〈漢代玉器——漢代玉器中傳統的延續與變化〉，收錄於國家文物鑑定委員會主編，《文物鑑賞叢錄·玉器（二）》（北京：文物出版社，1998 年 4 月），頁 65～101。（原載於《考古學報》1983 年第二期）。楊伯達，〈漢代玉器藝術〉，《香港中文大學中國文化研究所學報》（香港，1984年），頁 217～239。尤仁德，《古代玉器通論》（北京：紫禁城出版社，2002年 2 月），頁 188～189。

第一節　葬玉及其功能

目前關於葬玉的起源，考古學界眾說紛紜。汪遵國提出葬玉可以溯源至良渚文化「以玉斂葬」的情況，並以長江下游的良渚文化墓地中隨葬璧琮現象，說明其與《周禮》言：「疏琮璧以斂屍」的記載相吻合，並據此推測爲殮葬所用玉之始。〔註2〕張長壽則認爲時代較晚的西周時期，才出現有具體功能的葬玉；〔註3〕另張明華則以爲，良渚時期的瑤山 10 號大墓所出土的玉牌飾，可能與西周時期的洛陽中州路墓葬中出土玉掩面的功能相同，〔註4〕認定良渚文化已有玉掩面的葬玉的存在。綜合學者以器類形制的推測，可知葬玉起源的時間，大致可上溯爲新石器時代的良渚文化。

但若以葬玉的功能性質出發，並予以區別，則可上溯自新石器時代興隆窪遺文化。〔註5〕其中墓主口含石管，雖非以玉爲之，但其擺放的特殊位置，可能已具有文獻所言：「緣生食，今死，不欲虛其口，故唅」的特殊功能與目的存在。〔註6〕可推測口含應是眾多具有斂屍功能的葬玉中，最爲根本之訴求，可視爲葬玉萌芽之表徵，〔註7〕而後爲三代承繼延續。如商朝不僅出現玉質口琀，更出現蟬形玉琀，〔註8〕而其他商朝墓葬亦出現貝類玉握，置入殁者手

〔註2〕　汪遵國，〈良渚文化「玉斂葬」述略〉，《文物》1984 年二期（北京：文物出版社，1984 年），頁 23～36。

〔註3〕　張長壽，〈西周的葬玉——1983～1986 年灃西發掘資料之八〉，《文物》1993 年九期（北京：文物出版社，1993 年），頁 55～59。

〔註4〕　張明華，〈良渚文化玉掩面試探〉，《考古》1997 年三期（北京：科學出版社，1997 年 3 月），頁 69。

〔註5〕　距今 8200～7200 年前新石器時代的興隆窪遺址，爲迄今中國所知年代較早使用眞玉器的年代。其聚落遺址 M118 中，出土許多隨葬的小型玉件，參閱中國社會科學院考古研究所內蒙古工作隊，〈內蒙古敖漢旗興隆窪聚落遺址 1992 年發掘簡報〉，《考古》1997 年第一期（北京：科學出版社 1997 年 1 月），頁 10。

〔註6〕　〔漢〕班固撰，〔清〕陳立疏證，吳則虞點校，《白虎通疏證》（北京：中華書局，1994 年 8 月），卷 11，〈崩薨〉，頁 548。

〔註7〕　新石器時代墓葬中所出土的口含之物，應是源於古人對惡劣的生存環境，以及低落的生產技術下對於食物的渴求。早期所見，可能有五穀類等糧食作物，後來可能因糧食於口中難以保存，或是需求的提升，如墓主身份地位等，所以又以石、貝、玉等物作爲口含。無論如何，口含的出現，係滿足人類基本「食」的意念的具體表徵，可謂眾多具有斂屍功能的葬玉之始。

〔註8〕　中國科學院考古研究所，〈1962 年安陽大司空村發掘簡報〉，《考古》1997 年第八期（北京：科學出版社 1964 年 8 月），頁 380～384。

中，顯然係象徵財富之意，但此時玉握少有發現，﹝註9﹞推測此時喪葬觀念仍停留於原始基本之訴求。

兩周時期，由文獻觀之，以《周禮》、《儀禮》、《禮記》所涉及的用玉內容最爲常見，其所包含的政治、經濟、禮制等層面也極爲廣泛，是時社會也瀰漫一股「君子貴玉」﹝註10﹞與「君子無故，玉不去身」的精神思想，﹝註11﹞因此，兩周之際的葬玉便具有長足的進展，除文獻所載的等級制度，﹝註12﹞證實葬玉已有身份區別之差異。

另外，由考古挖掘觀之，玉握數量開始增加，如山東魯國故城 M48 的西周墓，墓主左手握劍鞘形玉飾，右手則握長條形玉飾，﹝註13﹞及山東曲村西周晉侯墓 M8，則以玉鰈爲握，此種現象說明葬玉可能爲墓主生前所愛之物，具有安慰或紀念歿者之意義。但以形制觀之，此時作爲葬玉的玉握數量雖多，但隨意性強，未有固定形制，有時也會出現以生前用玉作爲葬玉的情況。直到西周中晚期，才出現圓柱腰骨形、利於手持的握。﹝註14﹞此風亦延續至戰國早期，曾侯乙墓所出土圓筒形玉握，不僅具有相仿形制，另琢飾簡單紋樣，﹝註15﹞說明玉握已出於把握手中的考量，出現較爲統一之形制。

此外，文獻所載的「瞑目」，也是具有代表性的葬玉。新石器時代便已出現覆蓋眼部的石環，可能係出於先民對保護眼睛的想法，但尚屬零星出現。至西周時期，於山西晉侯墓、﹝註16﹞河南上村嶺虢國墓、﹝註17﹞等地，出現與文獻內容相似的綴玉覆面，此時所出現的玉覆面，可能已具有防止歿

﹝註9﹞　佘一兵，〈試論我國古代喪葬玉〉（北京：中央民族大學民族學研究所碩士論文，2006 年），頁 8～9。

﹝註10﹞　《禮記正義》（北京：中華書局據世界書局縮印〔清〕阮元《十三經注疏本》影印，1980 年 9 月），卷 30，〈玉藻〉，頁 254。

﹝註11﹞　《禮記正義》，卷 63，〈聘義〉，頁 466。

﹝註12﹞　《周禮》言大喪共飯玉，鄭玄注：「飯玉者，天子飯以黍，諸侯飯用粱，大夫飯用稷，天子之士飯用粱，諸侯之士飯用稻，其用飯玉亦與米貝同時」參閱《周禮注疏》，卷 20，〈春官宗伯〉，「典瑞」，頁 140。

﹝註13﹞　山東省文物考古研究所等，《曲阜魯國故城》（山東：齊魯書社，1982 年 9 月），頁 129～130。

﹝註14﹞　《曲阜魯國故城》，頁 154。

﹝註15﹞　湖北省博物館編，《曾侯乙墓》（北京：文物出版社，1989 年 7 月），頁 427。

﹝註16﹞　北京大學考古學系、山西考古研究所，〈天馬——曲村北趙晉侯墓地第二次發掘〉，《文物》1994 年一期（北京：文物出版社，1994 年 1 月），頁 19。

﹝註17﹞　河南省文物研究所、三門峽市文物工作隊，《三門峽虢國墓》（北京：文物出版社，1999 年 12 月），頁 142。

者於陰間見光的保護作用。〔註 18〕至此可看出葬玉功能，因時人需求而更加多元。

　　戰國之世，諸子百家大興，葬玉因儒家倡孝道、敬生死的意念所產生的厚葬之風而大爲興盛。甚而出現「存乎死者虛府庫，然後金玉珠璣比乎身」，〔註 19〕及「國彌大，家彌富，葬彌厚。含珠鱗施，夫玩好貨寶，鐘鼎壺濫，輿馬衣被戈劍，不可勝其數」的情況，〔註 20〕其中「金玉珠璣比乎身」與「含珠鱗施」皆說明玉殮葬風氣之興盛，此時葬玉除延續兩周以來護屍與禮制之需求，更增添了「競富」的意念，至此，葬玉的功能性也益加多元完備。

　　兩周時期貴玉、尙玉的思想爲漢人所承繼，皇室貴族不僅生前玉不離身，死後亦以大量的玉器隨葬。而漢代葬玉發展之盛，從葬玉品類的多樣化，便可略知端倪。漢代葬玉不僅承襲歷代的護屍、禮制、競富、倡孝等社會需求，同時更因時人深信「金玉在九竅，則死人爲不朽」〔註 21〕與當時社會瀰漫著一股「升仙」思想相互結合，使葬玉成爲漢代玉器最爲發達種類之一。〔註 22〕

　　綜前所述，葬玉之起源與發展，皆是來自時人所賦予的社會功能，如所見玉琀、玉握、覆面，除顯示社會對於死亡及喪葬形式的重視，另可從中看出以玉殉葬，係出於生者對歿者的情感投射。隨時代的進步，人類訴求益加多元，因此，葬玉的功能，從史前至漢代，已由「飽食」、「護身」的原始功能轉變爲「禮法」、「競富」的進階社會功能，甚而轉變爲象徵無窮生命的「升仙」之境界。此一嬗變過程，爲中國古代玉器人文精神覺醒之過程，玉器可謂從「事神」轉爲「事人」的角度。

　　廣義而言，墓中所有隨葬的玉器皆係以墓主爲中心而存在的器件，皆可統稱「葬玉」。但如同那志良所言：「葬玉與其他殉葬品一樣，有的是專門爲殉葬而作，有的是生前所用所愛的東西。」其中，那志良既發現專門爲

〔註 18〕　馬沙，〈我國古代「覆面」研究〉，《江漢考古》1999 年一期（武漢：湖北省文物考古研究所，1999 年 3 月），頁 72。

〔註 19〕　〔戰國〕墨翟，張純一編著，《墨子集解》（四川：新華書局，1988 年 9 月），卷 6，〈節喪下〉，頁 158。

〔註 20〕　〔戰國〕呂不韋，林品石註譯，《呂氏春秋今註今譯》（臺北：台灣商務印書館，1985 年 2 月），卷 10，〈節喪〉，頁 311～312。

〔註 21〕　〔晉〕葛洪，王明校譯，《抱朴子校譯》（北京：中華書局，1985 年 3 月二版），卷 3，〈對俗〉，頁 51。

〔註 22〕　楊伯達，《古玉考》（香港：徐氏藝術基金出版，1992 年），頁 81。

喪葬特製的玉，也觀察到墓中出土的還有其他性質的隨葬玉，其言「生前」二字，透露出隨葬玉器可能包含死者生前喜愛或使用的玉件，本身未被賦予顯著功能訴求，因此應稱「隨葬玉器」，其性質等同墓中出土的其他的隨葬物。

　　而葬玉應如同夏鼐所言，屬於隨葬玉器中的一類，係爲專門保存屍體所製造的葬玉。〔註 23〕因此，可發現葬玉的形制受到殮屍功能的限制，反映出幾項特質：即玉料色澤深、工法較爲粗糙，其形制、花紋，不以巧美爲重點，〔註 24〕另外，在日常生活中無法使用，如玉衣體積龐大、沈重，並無設計關節活動處，難以行走，非活人所用，僅用於喪葬之途。

　　此外，需值得特別注意的是，於兩周之際，曾出現以生前用玉的玉韘，置入殁者手中以爲握的情況存在。因此，需在舊有的葬玉定義上，加入時人情感投射，賦予葬玉功能的期望，方能對葬玉有完整的認識。

　　細察南越王墓中，殮屍所用的數件葬玉，如玉璧、雙連璧、玉觸等，玉質佳、工法細膩，打破舊有葬玉粗糙的定義，而由其出土位置卻可知爲葬玉。如此特殊現象，與部分先秦墓葬中所出以生前用玉作爲葬玉之情況相同。因此，若以原有葬玉定義分類，恐有缺失，因此本文欲以時人賦予之情感投射與社會功能之期望，確切區別葬玉之存在，從中發現具有特殊喪葬意義的玉器，亦可稱做葬玉。

第二節　墓中葬玉類型

一、玉　璧

　　具有葬玉功能的玉璧主要分佈在墓主周身。如此將玉璧鋪蓋於墓主身上的作法，應係承襲良渚寺墩玉殮葬的遺風，可謂反映時人用玉傳統及其歷史記憶的表徵。〔註 25〕南越文王周身所出土的玉璧以位置區分功能，大致有

〔註23〕夏鼐，〈漢代的玉器——漢代玉器中傳統的延續和變化〉，收錄於國家文物鑒定委員會主編，《文物鑒賞叢錄・玉器二》（北京：文物出版社，1998 年 4 月），頁 79。（原載於《考古學報》1983 年第二期）
〔註24〕錢伊平，〈漢代玉器〉，收錄於吳哲夫等編，《中華五千年文物集刊・玉器篇（漢代）》（臺北：中華五千年文物集刊編輯委員會，1991 年 7 月），頁 82。
〔註25〕黃翠梅，〈從寺墩 3 號墓到南越王墓——論史前到漢代玉器角色的轉換〉，《東方文明之光——良渚文化發現六十週年紀念文集》（海口：海南國際新聞出版中心，1996 年 9 月），頁 361。

二：一類爲墓主周身與棺槨內所保留的空間，即所謂「頭箱」與「足箱」，其中足箱放置分作四疊，共 139 件的陶璧（圖 4.1）。

以及棺槨所放置的 16 件玉璧，其中數量眾多的陶璧，顯然寓意爲玉璧而隨葬。〔註26〕從放置於墓主身旁的情況觀之，這些玉璧與陶璧應非具有斂屍功能之葬玉，可能具有特殊含意。其中又以陶璧數量最多，似有意凸顯「數量」，應係取代象徵財富玉璧而隨葬的「明器璧」。〔註27〕

第二種則是與墓主屍身緊貼的玉璧，顯然爲斂屍功能之存在，即保存屍體所用的葬玉。〔註28〕據考古報告記載，身著玉衣的趙眛週身共鋪置二十九件玉璧，分部位置如下：

（一）身上

十件鋪置於玉衣之上，規則分佈於腹部及下肢的位置，中央爲六塊直徑 25.5～26.9 公分的青玉璧，分作三對，以絲帶聯繫組成「十字形」的組玉璧。

（二）玉衣內部

十四件玉璧則於玉衣內部發現，與墓主貼身排列，玉質晶瑩細緻，紋飾、工法較爲細膩，其中二塊放置於頭罩內，分別夾於兩耳間，另四塊則縱列於腹胸部，其中覆蓋於墓主陰部的

透雕三龍紋璧（圖 4.2），質佳工美，透雕爲兩重環狀，內環淺浮雕三首共身

圖 4.1：
陶璧（D4）拓印圖

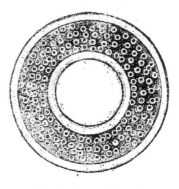

摘自：《西漢南越王墓》，頁 180。

圖 4.2：透雕三龍紋璧
（D50-13）拓印圖

璧徑 9.6 公分，孔徑 4.4 公分
厚 0.6 公分

摘自：《南越王墓玉器》，頁 240。

〔註26〕《西漢南越王墓》，頁 152。

〔註27〕錢伊平，〈漢代玉器〉，頁 84～85。

〔註28〕南越王墓中作爲葬玉用的璧，主要是給屍體作多層的鋪墊。趙眛入殮時是裸體穿著玉衣的，在裹合玉衣之前，在遺體內貼身鋪蓋 14 塊玉璧，玉衣之下即在內棺處縱鋪 5 塊大玉璧。這 19 塊無疑都是爲了保存屍體而隨葬的玉器。參閱麥英豪，〈漢玉大觀——象崗南越王墓出土玉器概述〉，《南越王墓玉器》（香港：兩木出版社，1991 年 12 月），頁 45。

的連尾龍，龍首口銜飾有穀紋的外環，應爲墓主生前用玉，非專爲喪葬而製。〔註29〕其餘八塊玉璧，直徑約 14 公分，縱列兩側，各四塊。

（三）玉衣背部

五件玉璧分佈位置，由頭至兩腿間呈縱向排列，最下面的一件玉璧略有錯位，玉璧直徑爲 25.6～26.6 公分。

上述鋪墊於玉衣裡外的三層玉璧，璧體兩面多數殘留絲帶綑綁的痕跡，說明這些玉璧在入葬時，可能係分組以絲帶聯繫。另外，墓主正面所放置的玉璧數量多餘背部，但背部玉璧尺寸較大。

南越王墓內共出土玉璧 71 件，以墓主周身所分佈的玉璧數量而言，是迄今所見玉璧數量眾多的墓葬之一。〔註30〕其中與墓主貼身所用以斂屍用璧爲上述 29 件，其他玉璧則分佈於棺槨或是西耳室等其他墓葬空間。在 71 件玉璧中，採用顏色較深的青色或墨綠色玉料，被稱做「玄璧」的有 43 件。〔註31〕由「玄璧」面所雕琢的紋飾，依照紋飾的分區的差異，約可分爲三類（見表4.1）：

表 4.1：南越王墓玉璧紋飾分類表

類　型	圖　片	特　色	資料來源
1. 璧面紋飾三區	(D49)	璧徑 30.4 公分，孔徑 9 公分，厚 0.7～1.1 公分，墨綠色。紋飾有三區，以兩道掏索紋相間。內區：三隻鳳鳥，如循環狀，中區：蒲格穀紋，外區：五組雙體龍紋。	摘自《西漢南越王墓》，頁 184。

〔註29〕古方主編，《中國古玉器圖典》（北京：文物出版社，2007 年 3 月），頁 235。
〔註30〕查南越王周身所佈的斂屍及隨葬玉璧約 46 件（含腳下雙連璧），數量遠勝於武帝庶兄中山王劉勝墓的 35 件。劉勝辛於西元前 113 年，而南越王辛於西元前 122 年，兩者相距九年，時代相當接近。參閱中國社會科學院考古研究所滿城發掘隊，〈滿城漢墓發掘紀要〉，《考古》1972 年一期（北京：科學出版社，1972 年 1 月），頁 17～18。
〔註31〕古方，〈從南越王墓出土的玉璧談漢代的玄璧〉，《南越國史遺研討會論文選集》（北京：文物出版社，2005 年 4 月），頁 117。

2. 璧面紋飾 兩區	（D30）		璧徑 28.3 公分，孔徑 5.9 公分，厚 0.5～0.6 公分，墨綠色。紋飾 有兩區，內區：突起 蒲格紋，外區：四組 龍紋。	摘自《西漢南越 王墓》，頁 186。
3. 璧面紋飾 一區	（D50-8）		璧徑 15.8 公分，孔徑 4.3 公分，厚 0.3 公 分，湖綠色，紋飾一 區，雙面皆突起穀 紋，三枚穀紋以陰線 勾連組成三角狀的雲 勾連穀紋。	摘自《西漢南越 王墓》，頁 189。

　　此三類形制，屬於西漢前期常見的玉璧類型。〔註 32〕其中璧面作三周紋飾帶，分飾三區（類型 1）計有 5 件；璧面作三周紋飾帶，分飾兩區（類型 2）計有 18 件；璧面紋飾不分區（類型 3）則有 20 件。〔註 33〕這些玄璧所分佈的位置，類型 1 的璧置於槨蓋上與內棺上部預留空間的「頭箱」中；類型 2 的玉璧多數置於玉衣內外，與墓主緊密貼合，數件則見於「頭箱」與下方「足箱」；類型 3 除（D27、D191）兩件置於內棺右側外，其餘均放置於玉衣內外。

　　細查墓主玉衣內外共墊鋪的 29 件玉璧，多為前者所述顏色較深的「玄璧」，且其擺放的位置與組合的情況都相當明確，部分可見絲帶綑綁痕跡（如圖 4.3），說明入葬時，這些玉璧可能係分組以絲帶聯繫綑綁，類此連璧斂屍的情況於滿城 1、2 號漢墓，以及巨野紅土山漢墓亦可得見。〔註 34〕三者墓葬

〔註 32〕古方、徐良富，〈漢代玉器的分期與有關問題的探討〉，收錄於唐際根，《一劍集──北京大學考古專業八六屆畢業十周年紀念文集》（北京：中國婦女出版社，1996 年 10 月），頁 124、136。
〔註 33〕《西漢南越王墓》，頁 185、188。
〔註 34〕滿城漢墓 1 號墓墓主玉衣的胸與背共放置玄璧 18 件，以寬 4 公分的絲織帶，由璧孔穿入纏繞 4、5 道，將前後相鄰的玉璧相互連結，而後又於璧面黏貼絲織物，將胸與背的玉璧各自連結；2 號墓玉衣內放置 15 件玄璧，亦以同樣的

中，玄璧均歸整排列佈置墓主屍體前胸與後背，前胸玉璧數量多於後背，但後背玉璧尺寸較大，並以絲帶編連；三墓玉璧數量雖多寡不一，但擺放位置大致相同，可能爲斯時盛行的王侯的葬制之一。

圖 4.3：
璧（D76）上絲帶痕圖

璧徑 25.7 公分，孔徑 9.2 公分
厚 0.58 公分

摘自：《南越王墓玉器》，圖版 47。

　　類此殮葬方式，目前考古挖掘資料顯示，可能在戰國早期已經出現。如山東曲阜魯國故城乙組 M52 和 M58 的棺內墓主屍身上下分別擺放了 17 件與 16 件玄璧；〔註35〕山東臨淄商王 M1 和 M2 的墓主自頭部至腰部共覆蓋玄璧 18 件和 11 件；〔註36〕安徽長豐楊公楚墓，〔註37〕以及湖北江陵沙塚楚墓皆有所見。〔註38〕顯見以玄璧排列斂屍的情況在戰國時期主要盛行於齊、魯、楚等地。由此可看出，南越王墓可能承襲戰國早期齊、魯、楚三地排列玄璧以斂屍的情況。

　　此外，另有 4 塊玄璧分置於南越王棺蓋上四角。〔註39〕其特殊位置與戰漢之際，常見的連璧飾棺的習俗頗爲相似。如湖北荊門包山 2 號楚墓內棺以組帶懸掛的玄璧，江陵沙塚 1 號墓內外棺中央卡有 1 件玄璧，〔註40〕以及時

方式編連。巨野紅土山漢墓墓主屍身上置玄璧 17 件，下部放置 10 件，棺上則有 1 件，共 28 件。參閱中國社會科學院考古研究所等，《滿城漢墓發掘報告（上）》（北京：文物出版社，1980 年 10 月），頁 133～135、293～294。山東省菏澤地區漢墓發掘小組，〈巨野紅土山西漢墓〉，《考古學報》1983 年四期，頁 471～498。

〔註35〕山東省文物考古研究所等，《曲阜魯國故城》（山東：齊魯書社，1982 年 9 月），頁 129～130。

〔註36〕臨淄市博物館、齊故城博物館，《臨淄商王墓地》（山東：齊魯書社，1997 年），頁 125～126、178～179。

〔註37〕安徽省文物工作隊，〈安徽長豐楊公發掘九座戰國墓〉，收錄於考古編輯部編，《考古學集刊（二）》（北京：科學出版社，1982 年 12 月），頁 55～57。

〔註38〕湖北省考古研究所，《江陵望山沙塚楚墓》（北京：文物出版社，1996 年 4 月），頁 154。

〔註39〕所見分置於南越王棺蓋上四角玉璧爲 D16、D190、D30、D114，其中 D16、D190 爲類型 1 玉璧，D30、D114 則爲類型 2 的玉璧。參閱《西漢南越王墓（上）》，頁 181、185。

〔註40〕《江陵望山沙塚楚墓》，頁 171。

代較爲接近的江蘇徐州北洞山西漢楚王墓出土 6 件鑲棺玄璧、獅子山楚王墓裡鑲棺玉板上的玄璧圖案（圖 4.4）等。〔註41〕南越王棺蓋上所見玄璧是否具有相似的裝飾功能或引魂昇天意涵，〔註42〕有待日後考證。

圖 4.4：獅子山楚王墓鑲棺玉上之玄璧圖

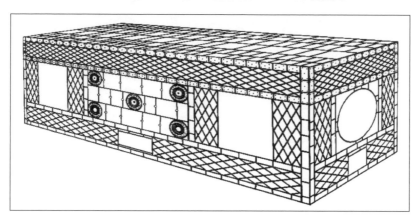

長 280 公分，寬 110 公分，高 108 公分

摘自：徐州博物館編，《大漢楚王——徐州西漢楚王陵墓文物輯萃》（北京：中國社會科學出版社，2005 年 12 月），頁 318。

二、玉 衣

「玉衣」之名，可見於《漢書》，或作「玉柙」；《後漢書》多作「玉匣」，亦有作「玉衣」或「玉柙」之稱。〔註43〕部分學者指陳，玉衣可能源於文獻所載「含珠鱗施」的「鱗施」，〔註44〕如同高誘注：「鱗施，施玉匣於死者之體，如魚鱗也。」〔註45〕文獻所載，尚未能清楚定義玉衣的由來，僅知以玉佈於歿者周身之概況自古有之。

〔註41〕 黃鳳春，〈試論包山 2 號楚墓飾棺連璧制度〉，《考古》2001 年第十一期（北京：考古雜志社，2001 年 11 月），頁 60～64。

〔註42〕 李銀德，〈漢代的玉棺與鑲玉漆棺〉，收錄於錢憲和主編，《海峽兩岸古玉學會議 II》（臺北：國立台灣大學出版委員會，2001 年 9 月），頁 875～884。

〔註43〕 參閱史爲，〈關於「金縷玉衣」的資料簡介〉，《考古》1972 年第二期（北京：科學出版社，1972 年第 2 月），頁 49～50。

〔註44〕 那志良，〈珠襦玉匣與金縷玉衣〉，《故宮學術季刊》（臺北：國立故宮博物院，1984 年第二卷第二期），頁 67。劉和惠，《楚文化的東漸》（湖北：湖北教育出版社，1995 年 7 月），頁 207。

〔註45〕 《墨子集解》，卷 6，〈節喪下〉，頁 158。

在考古挖掘中，發現東周時期已有「綴玉面幕」與「綴玉衣服」，多以玉石片連綴而成。但類此二物是否爲上述所載的「鱗施」，已有部分學者具體提出相反的看法，〔註 46〕並指出「鱗施」應指墓中陳列之玉璧。〔註 47〕而南越王墓既有規律排列玉璧，又有玉衣，說明「鱗施」和玉衣可能是兩種不同形式的殮葬用玉，於西漢時期交匯的一種現象。

南越王墓墓主趙眜身著絲縷玉衣一套，玉衣各部位情況如下：

（一）頭套

依墓主頭形而製，有鼻無耳，寬 21 公分，長 33 公分。由頭罩、面罩兩部分扣合而成。頭罩頂心綴有一璧（圖 4.5），其餘部分由梯形、三角形、四邊形、五邊形組成，共用玉片 265 片。

圖 4.5：玉衣頂部小璧圖

頭套高 33 公分，長 21 公分，寬 20 公分，璧徑 7.4 公分，孔徑 2.8 公分

摘自：《南越王墓玉器》，圖版 8、9。

〔註 46〕 盧兆蔭與史爲皆提出，玉衣可能在戰國末期已有雛形，但並未有正式的名稱。而《呂氏春秋》爲戰國末期的著作，雖有「鱗施」一詞，其形制可能沒有漢代玉衣完備，後人對其解釋的文意亦不甚明瞭，且高誘以「玉匣」來解釋「鱗施」，是以漢代的名稱套用於戰國末年的器物之上。參閱盧兆蔭，〈試論兩漢的玉衣〉，《玉振金聲——玉器金銀器考古學研究》，頁 4～8。史爲，〈關於「金縷玉衣」的資料簡介〉，頁 49～50。

〔註 47〕 徐龍國以文獻與考古挖掘相互勘考，發現戰國至兩漢時期墓葬所出土的玉璧，其數量及擺放位置與「鱗施」的特質一致，如曲阜魯國故城 M58、臨淄商王村 1、2 號戰國墓、安徽長豐楊公楚墓、巨野紅土山漢墓、滿城漢墓、南越王墓等，故可備此一說。參閱徐龍國，〈「含珠」、「鱗施」考略〉，《故宮文物月刊》第十六卷第十期（臺北：國立故宮博物院，1999 年 1 月），頁 65～71。

（二）上衣

由前後身組成，身長 72 公分，寬 120 公分，計有 537 片玉片。前身分左右兩部分，左半較寬，右半較窄，前襟對口處，左襟搭合於右襟之上，另側身連結左右袖筒，兩肋下留有開口，如衣物下擺的「開氣」（圖 4.6）。

（三）褲筒

左右互不相連，呈上粗下細的筒形，通長 61 公分，上口徑 16～20 公分，下口徑 9～12 公分，共以 614 片玉片連綴而成。

（四）手套

由手背、掌心及五指組成，長 16 公分，寬 14 公分，厚 9 公分，共以 234 片玉片組成。兩手拇指直伸，其餘四指併攏彎曲作握拳狀，內部以絲絹貼附以增加玉片組合的強度，並於手心、手腕留有 T 字型開口，以利穿戴。

（五）鞋

結構可分底板、鞋尖、足面、鞋側與後足跟六個部位，長 29.5 公分，寬 10.5 公分，高 12 公分，共計 217 片玉片。鞋內與手套同樣貼附絲絹（圖 4.7）。

圖 4.6：玉衣兩肋下所見「開氣」圖

摘自：《南越王墓玉器》，圖版 7。

圖 4.7：修復完整的「絲縷玉衣」圖（上）、玉衣出土情況（下）

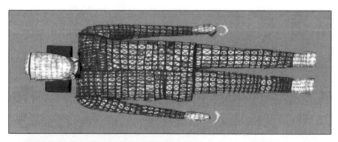

長 173 公分，肩寬 44 公分

摘自：《南越王墓玉器》，圖版 5、6。

以上組成玉衣玉片總數共計為 2291 片。

　　據文獻所載，玉衣的使用是依照身份、地位而劃分的，如《後漢書·禮儀志》即明載大喪用金縷玉柙（玉衣），諸侯王、列侯、始封貴人、公主用銀縷，大貴人、長公主用銅縷。此外，帝王賜予皇親、功臣以喪具，玉衣的記載，不勝枚舉，玉衣顯然也成為政治酬庸的禮品，如《漢書·霍光傳》言霍光逝世後，不但宣帝與太后皆親臨其喪，所賜金錢、繒繡無數，且包含珠璣玉衣、黃腸題湊等物具，〔註 48〕又《後漢書》載梁商薨，亦受賜以東園朱壽之器，黃腸之制與銀鏤玉匣二十八種等器物。〔註 49〕除此之外，玉衣亦做為撫順外夷的貴重賞賜，如《後漢書》與《三國志》的〈東夷傳〉皆載數王葬用玉匣，而這些玉匣為漢廷預製，存於玄菟郡，王死即迎取以葬。〔註 50〕

　　相較於文獻記載，南越王的玉衣以絲縷連綴而成，相當特殊，似乎與政治地位有所關連。此套玉衣是否如文獻所載，為漢廷所賜予的葬器？觀察玉衣的頭、手、腳，與軀幹部分所用的玉片，在玉質、加工和組合方式上存在著顯著的差異。其中頭、手、腳三部分玉片厚度較為均勻，周邊大多抹棱、表面拋光，邊角皆有鑽孔。玉片可由孔眼連綴，〔註 51〕工法細緻，且背面輔以絲絹貼附固定；而軀幹部位所用的玉片質地欠佳，多為大小不一、厚薄不均的矩形，周邊不甚整齊，邊角未穿孔，玉片的組合僅使用絲帶與麻布的交叉黏貼。

　　上述的差異，顯示玉衣製作地點，有數種可能：第一，可能為漢廷製作，賜予南越文王殮葬所用；〔註 52〕第二，頭、手與足部為漢廷製作，軀幹的部位為南越國配製；〔註 53〕第三，全套玉衣皆為南越國所製造。據玉衣片質地

〔註 48〕　《漢書》，卷 68，〈霍光金日磾傳〉，頁 2948。

〔註 49〕　〔劉宋〕范曄撰，《後漢書》（北京：中華書局，1965 年 5 月），卷 85，〈梁統列傳〉，頁 1177。

〔註 50〕　《後漢書》，卷 85，〈東夷列傳〉，頁 2811。〔晉〕陳壽撰，《三國志》（北京：中華書局，1982 年 7 月），卷 30，〈魏書·烏丸鮮卑東夷傳〉，頁 842。

〔註 51〕　魏鳴，〈鱗片式玉衣〉，《文物天地》1987 年第二期（北京：文物出版社，1987 年 3 月），頁 26。

〔註 52〕　由於軀幹部位玉片用料較為草率，工法粗糙，與頭、手、足部位的用料、工法截然不同，故全套玉衣為漢廷製造，此說可能性較小。參閱《西漢南越王墓（上）》，頁 370。

〔註 53〕　盧兆蔭，〈再論兩漢的玉衣〉，《玉振金聲──玉器·金銀器考古學研究》（北京：科學出版社，2000 年 7 月），頁 18～19。（原載於《文物》1989 年第十期）

抽樣調查，發現 10 片中有假玉 1 片，另 9 片玉片與漢通用的和田玉、藍田玉、岫岩玉皆不同，屬於廣東地區特產玉材，〔註54〕且南越國所處地理位置較爲封閉，就地取材較爲容易，因此，南越文王身著的絲縷玉衣爲南越王國所特製的可能性較大。〔註55〕

從目前發掘資料觀之，如不計玉衣完整性與否，至少有 63 座墓有出土玉衣，其中玉衣的出現可能在西漢文景之時，因此暫訂文帝至武帝前期的玉衣爲早期的玉衣。〔註56〕目前依出土時間可分爲以下表格：

表 4.2：文帝至武帝前期所出玉衣概況表

出土地點	出土時間	保存情況	年　代	墓　主	資料來源
江蘇徐州韓山1號漢墓	1992 年 5 月	玉衣片 600 餘片，推測以絲縷連綴成	西漢早期	楚王親屬	《文物》1977 年二期。〔註57〕
江蘇徐州韓山2號漢墓	1992 年 5 月	帶孔玉片 2 片，可能與玉衣或玉面罩相關	西漢早期	楚王親屬	《文物》1977 年二期。〔註58〕
山東臨沂洪家店漢墓	1978 年 5 月	金縷玉頭罩、手套、鞋	西漢前期	劉疵	《考古》1980 年六期。〔註59〕

〔註54〕 聞廣，〈西漢南越王墓玉器的考古地質學研究〉，《南越王墓玉器》，頁 73～74。

〔註55〕 據現有的考古實例觀察，如徐州北洞山楚王墓的魚鱗式玉衣片，揚州「妾莫書」的琉璃質玉衣片，定縣北莊中山簡王劉焉以及中山穆王劉暢墓出土的漢白玉片製作的玉衣，材質、形制各有不同，未若《後漢書‧禮儀志》所載，大喪之時由少府屬官東園匠製作玉衣，再由漢廷頒賜的統一規格，而南越文王的玉衣片中，有部分是利用破損的玉璧、玉璜改制的，顯見南越國內應有專屬的玉作坊，玉衣較可能在南越當地製作。參閱盧兆蔭，〈再論兩漢的玉衣〉，《玉振金聲——玉器金銀器考古學研究》，頁 18～19。鄭紹宗，〈漢代玉匣葬服的使用及其演變〉，《河北學刊》1985 年第六期（河北：河北學刊雜志社，1985 年 11 月），頁 70～71。黃展岳，〈絲縷玉衣和組玉佩〉，《南越王墓玉器》，頁 62～63。

〔註56〕 參閱盧兆蔭，〈再論兩漢的玉衣〉，《玉振金聲——玉器金銀器考古學研究》，頁 14～16、22～23。

〔註57〕 徐州博物館，〈徐州韓山西漢墓〉，《文物》1997 年二期（北京：文物出版社，1997 年 2 月），頁 26～43。

〔註58〕 〈徐州韓山西漢墓〉，頁 26～43。

〔註59〕 臨沂地區文物組，〈山東臨沂西漢劉疵墓〉，《考古》1980 年六期（北京：科學出版社，1980 年 11 月），頁 494～495。

江蘇徐州北洞山漢墓	1986 年 9～11 月	金縷玉衣片 50 餘片	西漢前期	楚王	《文物》1988 年二期。〔註 60〕
江蘇徐州獅子山漢墓	1994 年 12 月～1995 年 3 月	金縷玉衣 4000 片，已修復	西漢前期	楚王	《文物》1998 年八期。〔註 61〕
江蘇徐州九里山漢墓	2002 年 6 月	玉衣碎片	西漢前期	貴族	《考古》1994 年十二期。〔註 62〕
陝西咸陽楊家灣 4 號漢墓	1970 年 11 月～1976 年 11 月	玉衣片 200 餘片	西漢文景時期	周勃或周亞夫	《文物》1977 年十期。〔註 63〕
陝西咸陽楊家灣 5 號漢墓	1970 年 11 月～1976 年 11 月	銀縷玉衣片 202 片	西漢文景時期	周勃或周亞夫	《文物》1977 年十期。〔註 64〕
江蘇徐州火山劉和墓	1996 年 7 月	銀縷玉衣 1 套	西漢文景時期	劉氏家族	《東南文化》2000 年二期。〔註 65〕
廣東廣州象崗南越王墓	1983 年 6 月	絲縷玉衣 1 套	西漢武帝時期	南越文王趙眜	《西漢南越王墓》，頁 154～155。〔註 66〕
河北滿城 1 號漢墓	1968 年 8～9 月	金縷玉衣 1 套	西漢武帝元鼎四年	中山靖王劉勝	《考古》1972 年一期。〔註 67〕
河北滿城 2 號漢墓	1968 年 8～9 月	金縷玉衣 1 套	西漢元狩至太初年間	中山靖王后竇綰	《考古》1972 年一期。〔註 68〕

由上述表格可發現西漢早期，比較特別的是山東臨沂洪家店漢墓所出土的金縷玉頭罩、手套、鞋共六組件，與完整的玉衣相比，沒有軀幹、四肢的部分，應是從「綴玉面幕」發展的玉套，是玉衣發展的一個過渡形制。〔註 69〕

〔註 60〕　徐州博物館等，〈徐州北洞山西漢墓發掘簡報〉，《文物》1988 年二期（北京：文物出版社，1988 年 2 月），頁 17。

〔註 61〕　獅子山楚王陵考古發掘隊，〈徐州獅子山西漢楚王陵發掘簡報〉，《文物》1998年八期（北京：文物出版社，1998 年 8 月），頁 21。

〔註 62〕　徐州博物館，〈江蘇徐州九里山漢墓發掘簡報〉，《考古》1994 年十二期（北京：科學出版社，1994 年），頁 1063～1068。

〔註 63〕　陝西文管會、博物館等，〈咸陽楊家灣漢墓發掘簡報〉，《文物》1977 年十期（北京：文物出版社，1977 年 10 月），頁 13。

〔註 64〕　〈咸陽楊家灣漢墓發掘簡報〉，頁 16。

〔註 65〕　李銀德，〈徐州發現西漢早期銀縷玉衣〉，《東南文化》（南京：南京博物院，2000 年），頁 104～105。

〔註 66〕　《西漢南越王墓》，頁 154～155。

〔註 67〕　中國科學院考古研究所滿城發掘隊，〈滿城漢墓發掘紀要〉，《考古》1972 年第一期（北京：科學出版社，1972 年），頁 15。

〔註 68〕　〈滿城漢墓發掘紀要〉，頁 15。

〔註 69〕　張玉、李國安，〈中國古代玉殮葬現象研究〉，《彭城職業大學學報》第十七卷

此表大致可看出漢代玉衣的三個歷程，一爲西漢早期與前期大致維持玉覆面與玉套並存的情況，二爲西漢中期，即完整玉衣的已出現，但制度尚未健全，三則是西漢中期後至東漢的成熟期。南越王玉衣玉衣係以絲縷連綴與貼合的方式組成，形制恰好處於劉疵與劉勝中間的過渡形式。

因此，趙眜的玉衣可視爲由玉套發展到玉衣的最佳例證之一。而選擇以絲縷串成可能是受限於資源有限，亦可能如表所顯示，諸侯或用金縷、銀縷、絲縷等物，未循禮法，可能係因編綴玉衣的縷線質料，未成定制的關係。由此可見，時人所注重的可能是玉片，而非編綴玉衣的縷線質料。此與日後玉衣的制度確立後，做爲身份地位表徵的情況不同。

如此重視玉片，並由部分到全體用玉包裹的過程，可能是時人對玉的神秘與不朽認知不斷深化的結果，因此，玉衣的出現，可謂將古人「不朽」的意念發揮到極致的一種象徵，本文將於下列章節詳細論述。

三、玉 琀

以珠寶、貝、玉石等物放置於歿者口中稱做「口含」、「琀」，亦稱「飯含」，此乃源於生人不忍歿者空口而去，故以物納塞其口，誠如《禮記・檀弓下》：「飯用米貝，弗忍虛也，不以食道，用美焉爾。」〔註70〕又如《周禮・天官・玉府》：「大喪，供含玉」，〔註71〕《左傳・文公五年》：「王使榮叔歸含且賵」何休注「含」曰：「孝子所以實親口也，緣生以事死，不虛其口，天子以珠，諸侯以玉，大夫以璧，士以貝，春秋之制也。」〔註72〕由此可知，口含雖有不同的材質，在使用上亦有等級的差別，但其目的反映有二：一爲時人「事死如生」的觀念，因不忍歿者空口；二是希冀以玉石質堅色美的特性，保護屍體不化。〔註73〕

墓主趙眜下頜內側黏附成團小顆珍珠百餘粒，珠體直徑約 4 公分，一部

第六期（徐州：彭城職業大學，2002 年 12 月），頁 37。

〔註70〕《禮記注疏》（北京：中華書局據世界書局縮印〔清〕阮元《十三經注疏本》影印，2008 年 1 月），卷 9，〈檀弓下第四〉，頁 73。

〔註71〕《周禮注疏》，卷 6，〈天官塚宰第一〉，「玉府」，頁 40。

〔註72〕楊伯峻編著，《春秋左傳注》（北京：中華書局，1990 年 5 月），〈文公五年〉，頁 537。

〔註73〕《漢書・楊王孫傳》載：「裹以幣帛，隔以棺槨，肢體絡束，口含玉石，欲化不得，鬱爲枯腊，千載之後，棺槨朽腐，迺得歸土，就其眞宅。」參閱《漢書》，卷 67，〈楊胡朱梅雲傳〉，頁 2908。

份珍珠上有絲織物的殘痕，應係入殮時以絲絹包裹珍珠，放入墓主口中，以
爲「飯含」之用。〔註74〕相較於目前西漢墓所出土的琀，如江蘇徐州奎山墓
置殘龍形珮於墓主口中；〔註75〕湖北江陵鳳凰山168號漢墓，墓主口中含有
陰刻「遂」字玉印一方，〔註76〕以及山東臨沂銀雀山西漢墓出土一件鏡形帶
柄玉琀等。〔註77〕各類型態的口琀皆可得見，顯見斯時口含未成定制，南越
文王以珠做口琀，亦非特異之事。

　　但查墓主所用口琀，似仿照者所述的春秋之制，以珍珠充口實的天子之
制，如《後漢書・禮儀志》言帝王登遐後需「飯含珠玉如禮」，〔註78〕以及
《漢舊儀》所載：「帝崩，唅以珠。」〔註79〕。由此可知，趙眛死後，後人不
以玉石作口琀，反而以天子之制的珠替代，充分反映墓主生前僭號稱帝的歷
史事實。

　　漢代以玉蟬爲口琀，以現今考古挖掘觀之，係從漢武帝開始才開始普遍
出現的。〔註80〕後人皆取蟬飲而不食，〔註81〕又蟬蛻而悟再生的循環，象徵
變形與復活，〔註82〕察秦至西漢早期已有做爲口琀的玉蟬，如陝西西安市南
郊的秦墓，西漢早期江蘇徐州獅子山楚王墓，以及廣州西村機務段皆有出

〔註74〕　《西漢南越王墓（上）》，頁155。

〔註75〕　徐州博物館，〈江蘇徐州奎山西漢墓〉，《考古》1974年二期（北京：科學出版
　　　　　社，1974年），頁121～122。

〔註76〕　紀南城鳳凰山168號漢墓發掘整理組，〈湖北江陵鳳凰山168號漢墓發掘簡
　　　　　報〉，《文物》1975年第九期（北京：文物出版社1975年9月），頁3。彭浩
　　　　　等，〈關於鳳凰山168號漢墓座談紀要〉，《文物》1975年第九期（北京：文物
　　　　　出版社1975年9月），頁12。

〔註77〕　山東省博物館、臨沂文物組，〈臨沂銀雀山四座西漢墓〉，《考古》1975年第六
　　　　　期（北京：科學出版社，1975年11月），頁363。

〔註78〕　〔晉〕司馬彪撰，《後漢書志》（北京：中華書局，1965年5月），卷5，〈禮
　　　　　儀下〉，「大喪」，頁3141。

〔註79〕　〔漢〕衛宏撰《漢舊儀》，收錄於〔清〕孫星衍等輯、周天遊點校，《漢官六
　　　　　種》（北京：中華書局，1990年1月），頁105。

〔註80〕　古方，〈漢代玉器的分期及其有關問題的探討〉，收錄於古方、徐良富等編，
　　　　　《一劍集——北京大學考古事業八六屆畢業十周年紀念文集》（北京：中國
　　　　　婦女出版社，1996年10月），頁139。

〔註81〕　〔清〕瞿中溶，《奕載堂古玉圖錄》，收錄於宋惕冰、李娜華點校，《古玉鑑定
　　　　　指南》（北京：北京燕山出版社，1998年10月），頁388～389。

〔註82〕　夏鼐，〈漢代玉器——漢代玉器中傳統的延續與變化〉，收錄於國家文物鑑定
　　　　　委員會主編，《文物鑑賞叢錄・玉器（二）》（北京：文物出版社，1998年4
　　　　　月），頁81。（原載於《考古學報》1983年第二期）

土，其中以後二者較爲引人注目，楚王墓與西村機務段所出土的玉蟬，刻畫精細，正反面的蟬翼、蟬足歷歷可數，完全仿造生蟬的寫實風格，與西漢晚期到東漢以「漢八刀」簡潔刻畫的形制截然不同。

相較於南越文王以珍珠做爲口琀，除了反映口琀未成定制，以及墓主生前僭號稱帝的歷史事實外，亦顯示出口含的形制，尚處於萌芽與發展的階段，不著重其外型所象徵的意義，而是著重於身份的區別與「事死如生」的意念，也成爲日後口琀發展的基礎。此外，更可看出時人精神意念進化的具體證據，即由「事死如生」提升到「蛻變再生」的情況，可謂神仙思想的進程之一。

四、玉　握

玉握，是以玉握於死者手中，不使其空手而去之意。據後人整理考古報告顯示，遠自新石器時代便已出現，下至兩漢與魏晉時期。〔註 83〕《儀禮》載：「握手用玄纁，裏長尺二寸，廣五寸，牢中旁寸，著組繫。」注曰：「牢讀爲樓，樓謂削約，握之中央以安手也，今文樓爲緩，旁爲方。」〔註 84〕由文獻記載可知，所謂「握手」的材質，可能是絲織物。另外，根據現今所見的考古挖掘成果，新石器多以獐牙、豬牙爲握；〔註 85〕商周時期則多持貝；〔註 86〕其中發現西周已有由玉石取代的例證，〔註 87〕如所見上村嶺虢國墓（M2017），墓主雙手各握圓柱形玉管；春秋戰國時期開始普遍出現圓柱形玉件與碎玉做爲玉握的情況，而後以玉爲握的情況，亦成爲漢代葬俗之一。

在趙眛交疊且穿戴手套的雙手中，亦發現以兩件玉握，係爲兩件玉觽（圖 4.8），其中 D148-1 長 9.6 公分，寬 1.8 公分，厚 0.1～0.2 公分，爲墓中所出土的玉件最薄的一件，雕作細長龍形，龍身微昂前伸，呈弧狀，正面剔地隱起雕琢卷雲紋，背面紋飾僅以陰刻線刻劃龍形。另 D148-2 長 7.2 公分，

〔註83〕 許海星，〈從虢國墓地出土玉器談西周葬玉的使用特徵〉，《中原文物》2005
　　　　年第三期（鄭州市：中原文物編輯部出版，2005 年 6 月），頁 66。
〔註84〕 《儀禮注疏》（北京：中華書局據世界書局縮印〔清〕阮元《十三經注疏本》
　　　　影印，2008 年 1 月），卷 35，〈士喪禮第十二〉，頁 187。
〔註85〕 那志良，《中國古玉圖釋》（臺北：南天書局，1990 年 2 月），頁 362。
〔註86〕 俞美霞，《戰國玉器研究》（臺北：南天書局，1995 年 8 月），頁 114～115。
〔註87〕 黃建淳，〈略論漢代的葬玉觀念〉，刊《淡江史學》第十九期（臺北：淡江大
　　　　學歷史系，2008 年 9 月），頁 8～9。

寬 1.1 公分，厚 0.4 公分，亦作龍形。軀體彎捲如半圓，尾細長如錐，軀身陰
刻細長流雲紋。〔註 88〕

圖 4.8：手握玉觿圖

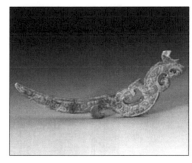

墓主左手握觿（D148-2）　　　　　　墓主右手握觿（D148-1）

長 7.2 公分，寬 1.1 公分，厚 0.4 公分　　長 9.6 公分，寬 1.8 公分，厚 0.1～0.2 公分

摘自：《南越王墓玉器》，圖版 12、13。

　　玉觿因其形彎卷，尖長如牙，故又稱作「衝牙」，通常做懸佩之用，如《詩
經》所言：「芄蘭之支童子佩觿。」〔註 89〕另《說文解字》：「觿，佩，角銳耑
可解結。」〔註 90〕且與墓中東側室部夫人所配戴的玉組珮形制相仿，〔註 91〕
可知此二件做為玉握的玉觿，可能原是裝飾的佩玉之一。

　　察西漢早期墓葬出土的玉握形制大體如下：

表 4.3：西漢早期墓葬出土的玉握形制概況表

出　土　地　點	年　　代	玉握形狀	資　料　來　源
江蘇徐州子房山 M3 漢墓	西漢早期偏早	玉璜	《文物資料叢刊》第四輯。〔註 92〕
江蘇徐州繡球山 M2 漢墓	西漢早期偏早	玉璜	《東南文化》1996 年一期。

〔註 88〕　參閱林業強編，《南越王墓玉器》（香港：兩木出版社，1991 年 12 月），頁 234
　　　　　～235。

〔註 89〕　《毛詩正義》（北京：中華書局據世界書局縮印〔清〕阮元《十三經注疏本》
　　　　　影印，2008 年 1 月），卷 3，〈衛風〉，「芄蘭」，頁 58。

〔註 90〕　〔漢〕許慎撰，〔清〕段玉裁注，《說文解字注》（臺北市：藝文印書館，1955
　　　　　年 10 月，據經韵樓藏版影印），卷 14 上，頁 24b～25a。

〔註 91〕　參閱《西漢南越王墓（下）》，圖版 152。

〔註 92〕　徐州博物館，〈江蘇徐州子房山西漢墓清理簡報〉，《文物資料叢刊》第四輯
　　　　　（北京：文物出版社，1981 年 3 月），頁 62。

江蘇徐州白雲山漢墓	西漢早期偏早	玉璜	《東南文化》1996 年一期。
江蘇徐州北郊米山 M1 漢墓	西漢早期偏早	玉璜	《東南文化》1996 年一期。
江蘇徐州藥檢所漢墓	西漢早期偏早	玉璜	《東南文化》1996 年一期。
江蘇徐州後樓山 M1、M3 漢墓	西漢早期偏早	玉璜	《文物》1993 年四期。〔註 93〕
江蘇徐州拖龍山 M1 漢墓	西漢早期偏早	玉豬	《東南文化》1996 年一期。
江蘇徐州韓山 M1 漢墓	西漢早期	玉豬	《東南文化》1996 年一期。
江蘇徐州九里山漢墓	西漢早期	玉豬	《東南文化》1996 年一期。
山東臨沂洪家店漢墓	西漢早期	玉珮	《考古》1980 年六期。
河北滿城漢墓 M1 漢墓	西漢武帝元鼎四年	玉璜	《滿城漢墓發掘報告》文物出版 1980 年。
河北滿城漢墓 M2 漢墓	西漢武帝元鼎四年	玉璜	〈河北定縣 40 號漢墓發掘簡報〉1981 年八期。

本表據劉鳳君,〈漢代諸侯王墓出土玉器研究〉(山東:山東大學考古學及博物館學研究所碩士論文,2002 年),頁 34～35 整理而成。

由表格可知,西漢早期的玉握以徐州地區楚國貴族墓葬中最為普遍。南方的楚國地區,玉握多為長條形片狀的玉璜為主,但數個墓葬亦出現以玉豬為握的現象出現,而部分學者推測使用玉豬墓葬的等級高於使用玉璜的墓葬,〔註 94〕如此情況,可能與墓主生前財富與權勢密切相關。

南越文王墓葬中,雖亦得見長條狀的石豬(圖 4.9),〔註 95〕其形制與西漢中期普遍出現的玉豬相似,但時人不以豬為握,而以玉觽為握,可能受到南方文化的影響。另外,亦可顯見斯時玉握的功能與目的如同《儀禮》所載「握之中央以安手也」,而財富象徵的豬,係以

圖 4.9:西耳室所出石豬(C135)

長 12.5 公分,寬 4.5 公分,高 4.6 公分

摘自:《西漢南越王墓(下)》,圖版 77。

〔註93〕 徐州博物館,〈徐州後樓山西漢墓發掘報告〉,《文物》1993 年四期(北京:文物出版社,1993 年 4 月),頁 39～44。

〔註94〕 徐州博物館,〈江蘇徐州奎山西漢墓〉,《考古》1974 年二期(北京:科學出版社,1974 年),頁 121～122。

〔註95〕 參閱《西漢南越王墓(下)》,圖版 77。

隨葬物的方式出現，直到西漢中期後，玉握才普遍演變為玉豬，並成為漢代葬玉的具體表徵。

五、鋪　首

鋪首，在中國古代青銅器、陶器、漆木器、畫像石、墓門、棺槨以及建築大門上皆可見其廣泛應用。最早可能出現於商代晚期，而在春秋戰國時期大量普遍使用。〔註 96〕又如《說文解字》言：「引箸門拀首右，本鋪作拀手部，拀，門持也，蓋門首金鋪為人門持而設，故謂之拀首，後人即謂之鋪首。」〔註 97〕及司馬相如《長門賦》載：「擠玉戶以撼金鋪兮，聲噌吰而似鐘音」〔註 98〕其中所言「金鋪」即是指金屬製成的鋪首。由考古與文獻得知，鋪首為一種具有實用功能的裝飾物，主要的功能為利於手持，因此，所見多為器物的提手，或作現今的門環或門把。

鋪首之稱，可見於《漢書》：「孝元廟殿廟門銅龜蛇鋪首鳴。」注云：「門鋪首作龜蛇之形而呼鳴也。」又顏師古曰：「門之鋪首，所以銜環者也。」〔註 99〕足見鋪首於漢代便普遍使用，且形制多元。南越王墓中，除所見器皿，如酒器、烤爐等物，與墓門上所置的金屬鋪首外，另位於主棺室墓主趙眛頭頂亦放置玉質鋪首，引人矚目。

此一鋪首係以整塊青玉雕琢而成（D156），琢作獸首銜璧貌，亦被稱為「獸首銜璧」。〔註 100〕器表附著硃砂，通體受沁，僅見獸鼻與下方玉璧部分較為溫潤透亮。獸首近似方形，左側透雕一直立獨角螭虎，尖嘴豎耳，尾部捲曲，右側則無，形成不對稱的佈局。獸鼻出長方形鋬，與下方琢有方孔的玉璧相互銜接，可前後擺動，背面則光素無紋。應為鑲嵌於物件的裝飾物。〔註 101〕

與南越王墓出土的玉質鋪首，於時代相近的河北滿城 1 號墓所出土的鑲玉銅鋪首、漢武帝位於陝西咸陽的茂陵，以及江蘇徐州火山劉和墓所發現的

〔註 96〕 苗霞，〈中國古代鋪首銜環淺析〉，《殷都學刊》2006 年第三期（安陽市：安陽師專殷都學刊編輯部，2006 年 12 月），頁 30～31。

〔註 97〕 《說文解字注》，卷 4 下，頁 58a～58b。

〔註 98〕 費振剛、胡雙寶等輯校，《全漢賦》（北京：北京大學出版社，1993 年 4 月），頁 100。

〔註 99〕 《漢書》，卷 11，〈哀帝紀〉，頁 344。

〔註 100〕 《西漢南越王墓（上）》，頁 185。

〔註 101〕 古方，《中國古玉圖典》（北京：文物出版社，2007 年 3 月），頁 269。

獸面紋玉鋪首，四者形制差異如下：

表 4.4：西漢墓葬所出玉質鋪首比較簡表

圖	出土地點	尺　　寸	形制特點	資料來源
	廣州南越文王墓	通長 18.2 公分 獸首長 11.3 公分 寬 13.8 公分 厚 0.7 公分 下方璧徑 8.9 公分 孔徑 3.4 公分 厚 0.4 公分	青玉，同料同工，探陰刻、鏤空、淺浮雕技法雕琢而成。佈局打破左右對稱的形制。出土於墓主頭頂。	林業強編，《南越王墓玉器》香港：兩木出版社，1991年 12 月），圖版 34。
	河北滿城1 號墓	通長 12.4 公分 鋪首寬 9.4 公分	白玉，鋪首以鎏金銅框鑲嵌玉塊而成，下方銜接金屬環。兩側浮雕螭虎，紋飾與佈局左右對稱。詳細出土位置不詳。	《中國玉器全集》(石家莊：和北美術出版社，1993 年 3 月)，頁 81，圖版 108。
	陝西咸陽茂陵	長 35.6 公分 寬 34.2 公分 厚 14.7 公分	青玉，下方所銜的環形物遺失。獸面兩側與上方浮雕、透雕卷雲紋與四靈紋，為目前發現體積最大的玉質鋪首，原可能為茂陵陵園門上的裝飾物。	《中國玉器全集》，頁 107，圖版 46。

|  | 江蘇徐州火山劉和墓 | 通長 6.8 公分（含環）寬 5.4 公分 | 青白玉，受沁呈雞骨白色。整體為一獸面銜環，額部飾有桃心紋樣。環上琢飾絞絲紋（索紋）。據出土位置與器形紋飾，本器應為佩飾。 | 中國國家博物館等編，《大漢楚王－徐州西漢楚王陵墓文物輯萃》（北京：中國社會科學出版社，2005 年 12 月），頁 206。 |

上述四者，同為西漢時期所見的玉質鋪首，其細部紋飾、出土位置與功能隨時代早晚有所差異。以本文所論南越王墓的玉質鋪首而言，雕工精美，且其不對稱的佈局，獨樹一格，背面則平素無紋，或為鑲嵌所用的裝飾玉件。但其出土位置與墓主趙眛玉衣頭頂所見小玉璧相應，似本為裝飾玉件，如同劉和墓的玉鋪首一般，而後方轉做葬玉使用，〔註102〕應別具特殊涵意。

除劉和墓中的玉鋪首，紋樣雖較為簡單，另三件鋪首，皆綜合了許多獸類的特徵，並於這項基礎上進行誇大變形的渲染效果，造型如牛似虎；面目兇猛懾人，極具神秘獰厲的美感，亦放置陵寢之中，似為發揮鎮邪避凶的作用。

另外，值得注意的是，比較上述三者西漢時期所出土的鋪首，以形制觀之，時代較早的趙眛墓所出土鋪首係屬同料同工的方式完成，保存完整，且異於墓中成雙出現的金屬鋪首，為單一個體，顯然與玉衣頭部單一小璧相互對應，可能與斯時的信仰密切相關，本文將於下列小節論述。

〔註102〕葬玉與裝飾用玉，因施用的對象與功能的差異，在形制上略有區別，如本章第一小節所論，葬玉為殮屍所用，玉料、形制較為簡略，且需配合葬期，如《漢書》言漢文帝「十年（西元前 157 年）夏六月己亥，帝崩於未央宮」而後「乙巳，葬霸陵。」顏師古注：「自崩至葬凡七日也。」又景帝於三年（西元前 141 年）春正月甲子崩，於是年二月癸酉葬陽陵，注云：「自崩及葬凡十日」，由此推測，葬期約七日至十數日不等。因此，在短暫時間內完成玉質鋪首如此繁縟精美的玉件做為葬玉，較不可能。再者如表格所見，形制相似的鋪首雖出於墓葬之中，其中亦不乏為裝飾器件，因此，南越王墓的玉質鋪首，應為生前用玉轉為葬玉的例證之一。參閱《漢書》，卷 4，〈文帝紀〉，頁 131～134。

六、雙連璧

在南越王墓周身所見的葬玉除漢代葬玉常見的璧、握、琀等物外，在墓主腳下，另見形制特殊的雙連璧，玉質青黃，器表因長年久埋，受沁斑白，嚴重剝蝕。外形如圖 4.10 所示，爲兩璧外切併聯，中央上下方均有對稱透雕的附飾如座。兩璧的大小、紋飾相若，但因受人力雕琢的限制，細查下可發現不完全對稱。玉件由上而下可分爲三部分：上部琢作卷雲紋；中央爲兩璧相對，璧肉飾有穀紋，內外緣起斜面突稜；下部則爲一對透雕鳳鳥，展翅相對。

圖 4.10：雙連璧（D186）拓印圖

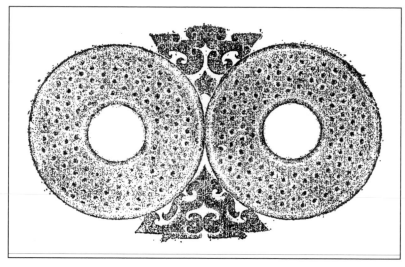

通寬 12.3 公分，通高 7.4 公分，璧徑 6.2 公分，孔徑 2 公分，厚 0.4 公分

摘自：《西漢南越王墓（上）》，頁 190。

「連璧」一詞於最早見於《莊子》一書，其言莊子將死，弟子欲予以厚葬，而莊子言：「吾以天地爲棺槨，日月爲連璧，星辰爲珠璣，萬物爲齎送，吾葬具豈不備邪？」可知「連璧」可能是葬具之一。但迄今未見考古實物出土，難以確認是否與墓中所出之雙連璧。

類此多璧併連的形制，最早見於紅山文化的墓葬中，然其形制不規整，器表光素無紋，同樣作爲隨葬玉，眞正功能尚待考證，〔註103〕與本文探析的

〔註103〕 古方主編，《中國古玉器圖典》，頁 50～51。

雙連璧雖具相近的名稱與外型，但功能與性質卻有不同的意義。因此，「雙連璧」之名稱應是來自於它的外型，〔註104〕並非是真正的名稱。可知雙連璧難以從古籍記載中來探析，僅能從現今考古挖掘相似的玉件加以分析。

首先，將雙連璧的結構，與同墓所見的喪葬用璧與其他裝飾用璧相互比較，可發現喪葬用璧外形仍維持璧的原形，器體扁平，體積龐大，形制較為原始，保留《爾雅・釋器》中所載的璧孔與璧肉相合的形制。〔註105〕推測喪葬用璧的變化僅止於璧體內紋樣變化，如第四章表 1 所述，而未有璧外透雕附飾的造型變化，且亦無兩璧併連的特殊新穎造型。其因即如前文所述，葬玉的形制受功能的限制，反映出色深質劣、工法粗糙，形制、花紋，不以巧美為重的特點，其為死者所用殉葬的明（冥）器，而非生人現實生活中所使用的器物。因此，其形制變化，如臺灣學人那志良所言，是較為緩慢的。〔註106〕與雙連璧新穎的造型具有強烈對比，說明雙連璧可能原不屬於葬玉範疇。

另雙連璧器表佈滿白色與紅褐色的沁斑，難以辨別玉質的優劣，但璧體中央處，上方可見鏤空雕的雲氣與下方對稱的鳳鳥，〔註107〕打磨工整，形制左右對稱，十分精緻，酷似墓中出土組珮的裝飾用璧。此二者在外緣均有透雕附飾，具有穿繩繫掛的裝飾功能。〔註108〕且與墓主所佩掛的兩件裝飾用璧比較，可發現此三者皆具有兩組對稱的鳳鳥紋。如此外緣透雕附飾作對稱兩

〔註104〕　古代玉器的定名是和形狀及用途密切相關。參閱夏鼐，〈漢代的玉器——漢代玉器傳統的延續和變化〉，頁 70。

〔註105〕　《爾雅・釋器》載：「肉倍好謂之璧，好倍肉謂之瑗，肉好若一，謂之環。」參閱《爾雅注疏》（北京：中華書局據世界書局縮印〔清〕阮元《十三經注疏本》影印，1980 年 9 月），卷 5，〈釋宮第五〉，頁 35。

〔註106〕　殉葬用的東西，與實際應用的東西不同，無須時時改良，形制的演變也就較慢。參閱那志良，〈古代的葬玉〉，《大陸雜誌》（臺北：大陸雜誌編輯委員會，1952 年 11 月），頁 14。

〔註107〕　亦可稱為「透雕」，是在淺浮雕或深浮雕的基礎上，將某些相當於「地」或背景的部位鏤空，使形象的影像輪廓更加鮮明，使作品能體現出玲瓏剔透的效果。由此可知，鏤空雕是為了讓玉件更加美麗的一種技法，常見於裝飾玉件上。參閱趙永魁、張家勉，《中國玉石雕刻工藝技術》（北京：北京工藝美術出版社，2006 年 3 月），頁 256。

〔註108〕　類此器身無孔卻有出廓、鏤空的玉件，多是可供穿繩繫掛裝飾玉件，如安徽省長豐縣，出土一件戰國透雕鳳鳥玉璜，即為最佳例證之一。參閱殷志強、丁邦鈞編，《東周吳楚玉器》（臺北：藝術圖書公司，1993 年 11 月），頁 126～127。

組或四組的龍紋或鳳鳥紋係屬戰國遺風之象徵。〔註109〕

值得注意的是，考察戰國墓葬眾多外緣透雕附飾的玉璧時，多為單一造型零件，即於一璧上作造型的變化。但在戰國晚期的河南省淅川徐家嶺 1 號墓，墓主右胸佩戴的雙連璧玉珮，〔註110〕以及湖北當陽楚墓出土的 2 件雙璧形玉珮。〔註111〕三者名稱雖有些許差異，但確與南越文王墓中所見雙連璧，具有相似的連璧形制。但何以在時代較早的戰國墓葬發現相似之物？是否可由楚墓所出類同玉件，推斷文王足下所踏雙連璧真正之功能，以下便將此三者做一比較（表 4.5）：

表 4.5：戰漢墓葬所出「連璧」比較簡表

名　稱	圖　　片	特　色	資料來源
淅川徐家嶺 1 號楚墓雙連璧玉珮		戰國，長 5.8 公分，寬 4.2 公分，厚 0.45 公分。青玉，呈淺灰白色，器表素面無紋，兩璧相連，其上有一連首鳥。	〈河南淅川徐家嶺 1 號楚墓發掘簡報〉，《文物》（北京：文物出版社，2004 年 3 月），第五七四期，頁 29。
當陽楚墓雙璧形玉珮（YM4：16）		戰國，長 4.1 公分，璧通徑 2.3 公分，厚 0.3 公分。玉色米黃，器表素面無紋，兩璧相連，上有一方菱形穿。	《當陽趙家湖楚墓》（北京：文物出版社，1992 年），頁 153。
當陽楚墓雙璧形玉珮（JM149：2）		戰國，長 4.5 公分，寬 2.6 公分，璧通徑 2.2 公分，厚 0.4 公分。玉色米黃，器表素面無紋，兩璧相連，上有一方菱形穿。	《當陽趙家湖楚墓》（北京：文物出版社，1992 年），頁 153。

〔註109〕 盧兆蔭，〈南越王墓玉器與滿城漢墓的比較研究〉，《考古與文物》第一〇五期（西安：考古與文物編輯部，1998 年），頁 46。

〔註110〕 河南省文物考古研究所，〈河南淅川徐家嶺 1 號楚墓發掘簡報〉，《文物》2004 年第三期（北京：科學出版社，2004 年），頁 28。

〔註111〕 湖北省宜昌地區博物館、北京大學考古學系，《當陽趙家湖楚墓》（北京：文物出版社，1992 年），頁 152～153。

南越王墓雙連璧	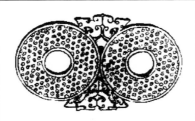	西漢，12.3 公分，通高 7.4 公分，璧徑 6.2 公分，孔徑 2公分，厚 0.4 公分。玉質不清，璧肉飾有穀紋，上方飾有卷雲紋，下方飾有一對透雕鳳鳥。	雙連璧線繪圖據《南越王墓玉器》圖版 39 繪製。

由簡表所見的形制比較發現，三者中央主體結構，皆以兩璧併連的方式組合而成，併連的璧體外緣亦搭配酷似鳳鳥的造形零件。三者之中，以徐家嶺 1 號墓的雙連璧玉珮具有對稱的鳳鳥，與本處所論雙連璧形制最爲相近。楊建芳認爲如此兩璧相連的玉飾僅出自戰國早期的楚墓，不見於非楚文化區。〔註112〕而廖泱修更進一步指出南越王墓雙連璧下端所鏤刻的一對具象鳳鳥，

雙鳳首相向，左右鳳鳥翅膀所組合的「桃心紋」（如圖 4.11）與鳳喙相對的形制，爲楚式鳳鳥紋中普遍的造型。〔註113〕以形制與紋飾觀之，雙連璧兩璧併連，及雕琢的鳳鳥紋，更與楚文化「尊鳳崇龍」的信仰核心不謀而合。〔註114〕因此，兩璧併聯的特殊的形制可能系承襲於楚文化，爲人類社會中「文化素材傳承」的表徵之一。〔註115〕

圖 4.11：桃心紋示意圖

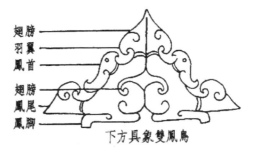

雙連璧下方具象鳳鳥組合的「桃心紋」

摘自：《故宮文物月刊》二十二卷九期，頁 83。

〔註112〕 楊建芳，〈楚式玉器的特點〉，《玉文化論叢·1》（北京：文物出版社 2006 年 7 月），頁 105。

〔註113〕 廖泱修，〈從雙鳳紋至柿蒂紋〉，《故宮文物月刊》二十二卷九期（臺北：國立故宮博物院，2004 年 12 月），頁 82～84。

〔註114〕 楚人尊鳳崇龍的原因，主因有二，一是鳳爲楚人先祖的圖騰崇拜，是其始居東方之地的固有信仰；而楚人崇龍則是流遷中原與地居南蠻之地，受龍圖騰的民族影響而成的崇尚之俗。再者，即是與楚人期望藉由龍鳳引魂升天。參閱宋公文、張君，《楚國風俗志》（武漢：湖北教育出版社，1995 年 7 月），頁 512～513。

〔註115〕 「文化素材傳承」是指文化素材由過去到後來的流傳，或從一個地方到另一個地方，或從一個社會群體（或階級）到另一個社會群體的流傳。參閱王雲五，《雲五社會科學大辭典》第十冊，人類學（臺北：台灣商務印書館，1986 年 5 月），頁 35。

由上可知，雙連璧可能與戰國楚墓所出的連璧形玉珮具有相似的裝飾功能。而以連璧為造型的原因，尚可能受到戰國遺風之影響。而連璧形制於西漢時期再次出現，是否如同時代稍晚，漢人羊勝於〈屏風賦〉言「沓璧連璋」係求「壽考無疆」之意涵？〔註116〕尚待考證。僅知雙連璧出土時，係置於玉衣的雙鞋下方，兩孔間有寬約 2 公分痕

圖 4.12：雙連璧中央綁帶痕圖

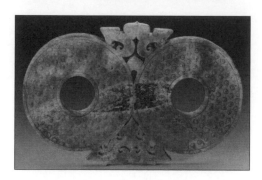

摘自：《南越王墓玉器》，圖版 39。

跡。絲帶繞過璧孔，出於玉衣雙鞋的下方（圖 4.12）。〔註117〕據推測原本可能是用絲帶綑綁貼置於鞋底。〔註118〕其出土位置，與西周時期的三門峽虢國墓中，墓主虢季與夫人梁姬足底位置出土兩件條形玉片相似。〔註119〕兩者皆與墓主足部緊密相連，置於墓中，為足部喪葬所用的葬玉。綜前所述，雙連璧應是裝飾玉件，卻以葬玉的方式呈現，是否僅因墓主生前喜好所致，〔註120〕或有其他特殊原因？

文獻載「駔圭璋璧琮琥璜之渠眉，疏璧琮以斂屍。」鄭玄注曰：「圭在左，璋在首，琥在右，璜在足，璧在背，琮在腹，蓋取象方明神之也。疏璧琮者通於天地。」〔註121〕可知足部葬玉為璜，但反觀南越王墓的墓葬情況，與《周禮》記載相符的葬玉，僅有玉璧，〔註122〕而墓中所見玉璜，則是作為墓主及夫人身上所配掛裝飾的玉組珮，其他如琮、圭等，均未見出土。且如所載，置於足下的葬玉應為「璜」，與現今考古挖掘的西周三門峽虢國墓，墓主虢季

〔註116〕費振剛、胡雙寶等輯校，《全漢賦》，頁 43。

〔註117〕廣州市文物管理委員會等編輯，《西漢南越王墓（上）》（北京：文物出版社，1991 年 10 月），頁 183。

〔註118〕《南越王墓玉器》，頁 243。

〔註119〕河南省文物研究所、三門峽市文物工作隊，《三門峽虢國墓（上）》（北京：文物出版社，1999 年 12 月），頁 183。

〔註120〕葬玉與其他殉葬品一樣，有的是專為殉葬而作，有的是生前所用所愛的東西。參閱那志良，〈古代的葬玉〉，頁 10。

〔註121〕《周禮注疏》，卷 20，〈春官宗伯第三〉，「典瑞」，頁 140。

〔註122〕墓中雖出土以朱絹包裹的三件玉璜，但卻非置於《周禮》中所載的足部，而是與璧組合排列置於棺內左側。參閱《西漢南越王墓（上）》，頁 184。

與夫人梁姬出土腳端踩兩件條形玉片相互比較，兩者皆非「璜」。〔註123〕如此差異，顯示出《周禮》一書可能是儒家系統化的產物，是漢儒心中「半習俗而半理想未盡實行之文也」。〔註124〕但卻提供了漢儒對於六玉的想法。據載可發現，璧與琮在時人心中，是疏通天地最重要的兩樣祭器。

　　因此，可推論南越王的後人選用原本做為裝飾玉件的雙連璧作為葬玉的情況，不僅有別於《周禮》中的璜，亦與西周時期虢國墓中所出土的「踏玉」有顯著的差異。透露出以何種玉件做為足部的葬玉，於周、漢之際並未有嚴格的限制與詳盡的記載或限制。另外，虢國墓中出土的兩件「踏玉」，在以往的考古挖掘中亦尚未發現有相類的玉件，應為西周時期才出現，〔註125〕可能與象徵身份地位的用玉制度相關。〔註126〕而南越王足下以璧為踏，則可推論為因璧的通天性質，加上漢初升仙的意念，〔註127〕進而取代璜與踏玉所扮演的角色。

　　雖無法由文獻完全探析雙連璧真正的功能，但可藉由文獻與考古挖掘的玉璧本質的比對從其形制與圖像做一推論，即雙連璧保留了漢儒所認定「璧」通天的本質，並結合漢代普遍出現的雲氣紋，〔註128〕與楚人對於鳳鳥引魂升天的信仰，充分表達出南越王無論在生前或死後對於神仙世界的渴求。如同張光直所言：「青銅器上的動物紋樣是巫覡通天工具的一個重要部分。其他原料的藝術品上面的動物紋樣，也應該有同樣作用。」〔註129〕雙連璧在墓主生

〔註123〕據《周禮》中鄭玄注解所稱，「半璧為璜」。即「璜」，應為半圓形的玉件，而虢國墓中所出土的踏玉，皆屬長方形玉件，尤其是梁姬腳下所踏的玉件，與圭的形制較相近。參閱《周禮注疏》，卷18，頁124。

〔註124〕郭寶鈞，〈古玉新詮〉，《歷史語言研究所集刊》（北京：中華書局出版，1987年5月），頁26。

〔註125〕許海星，〈從虢國墓地出土玉器談西周葬玉的使用特徵〉，《中原文物》2005年第三期（鄭州市：中原文物編輯部出版，2005年6月），頁66。

〔註126〕西周時期用玉制度較為嚴格，用玉是分等級的。而墓中僅見墓主虢季與夫人梁姬腳下有出土「踏玉」，參閱《三門峽虢國墓（上）》，頁183～290。

〔註127〕亦稱為「神仙思想」，於春秋時期便已出現，戰國以後盛行，到秦皇、漢武到達極致。由於「神仙思想」一詞，所包含的範圍甚廣，而升仙是神仙思想中最後的目的，是故應以升仙稱之。參閱，劉春華、王志友，〈西漢南越王墓前室壁畫意義試析〉，《南越國史遺研討會論文選集》，頁129。

〔註128〕漢代器物上所出現的「雲氣紋」，為反映漢人與天象的密切關聯，是漢人尊天思想的另一種表現語言。蓋漢儒所言「天人感應說」與「天人合一」的觀念，與先秦時期燕人「神仙思想，在精神上，頗為契合。參閱葉劉天增，《中國裝飾藝術史》（臺北：南天書局，2002年8月），頁152。

〔註129〕張光直，《考古學專題六講》（臺北：稻鄉出版社，1998年9月），頁99。

前作爲象徵祥瑞的裝飾用玉，死後則因其所象徵的意義成爲增加靈魂昇天動力的葬璧。〔註130〕

第三節　葬玉的目的與意義

縱觀南越王國歷史，政治文化所受到的影響，大致有三，一爲因循秦制，二爲與漢相接，三則爲先秦時期楚越交流。西漢葬玉發展之盛的原因，可能與漢初黃老之學盛行，而「黃老起于齊，神仙之說與黃老通」又「楚人辭賦，其學與齊之黃老陰陽實相通。其言神仙，則《遠遊》。言鬼物，則《招魂》。言宇宙上古，則《天問》、《離騷》。南人之有楚辭，猶海疆之有黃老陰陽也。」〔註131〕以及漢武帝重儒，而儒家倡孝且言「事死如生」的概念，其所帶動的厚葬之風密切相關。

《說文解字》釋「神」曰：「天神引出萬物者也，從示，申聲。」又釋「示」曰：「天垂象，見吉凶，所以示人也。從二，三垂，日月星也。觀乎天文以察時變，示神事也。」〔註132〕而「仙」在《說文》解曰：「仚（仙），人在山上兒（貌），從人山。」〔註133〕「仙」又作「僊」，解爲：「僊，長生僊去。」〔註134〕對比兩字，一從「示」，一從「人」，其分野相當明顯。

「神仙思想」中，「神」和「仙」並非是同一概念。「神」的觀念產生於春秋以前，其心理依據爲先民對大自然以及人類自身發生的無法解釋之現象的敬畏和恐懼；而「仙」的觀念則出現春秋以後，〔註135〕其心理依據是出於

〔註130〕鄧淑蘋認爲南越王隨葬大量玉璧的現象，與良渚文化反山23號墓葬相似，而在貨幣制度已甚完備的漢代，應非與良渚玉璧所象徵的財富功能，較有可能具有幫助墓主升天的功能。參閱鄧淑蘋，〈中國新石器時代玉器上的神秘符號〉，《故宮學術季刊》第十卷第三期（臺北：國立故宮博物院，1993年），頁41。

〔註131〕錢穆，《秦漢史》（北京：三聯書店，2004年4月），頁115。

〔註132〕《說文解字注》，卷1上，頁5a～5b。

〔註133〕《說文解字注》，卷8上，頁38b～39a。

〔註134〕《說文解字注》，卷8上，頁38b～39a。

〔註135〕文獻記載涉及到長壽、不朽的觀念，最早可見《詩·魯頌·泮水》：「既飲旨酒，永錫難老」，以及《左傳·昭公二十年》：「齊侯……飲酒樂。公曰：「古而無死，其樂若何？」而長生久視成爲人們擺脫死亡的普遍想法，如《呂氏春秋·重己》中所言：「世之人主貴人，莫賢不肖，莫不欲長生久視。」參閱《毛詩正義》，卷63，〈魯頌〉，頁611。楊伯峻編著，《春秋左傳注》，〈昭公二十年〉，頁1420。《呂氏春秋》，卷1，〈孟春紀〉，「重己」，頁18。

對「長壽」的渴望。但長生不死的意念屢屢失敗,是故轉換為死後的成仙思想。〔註136〕因此,此時「成仙」可謂死後世界的投射。「神」屬於自然,非人力可及;「仙」則屬於人事,是人經過追求而可達到的境界。

因此,「仙」的意念成為時人對死後世界努力追求的目標,並藉由對玉的巫術信仰,如玉能通神、為神之享物、拔除不祥等功能,〔註137〕兩者相互交融而發展出一套葬玉制度。而南越國所處南方地帶,對於巫術及鬼神信仰的程度自然不在話下,如《漢書》載武帝恢復兩粵鬼神祭祀之因時,便提及越人上言:「粵人俗鬼,而其祠皆見鬼,數有效。」而後武帝亦「命粵巫立粵祝祠,安台無壇,亦祠天神帝百鬼,而以雞卜。上信之,粵祠雞卜自此始用。」〔註138〕且武帝「尤信越巫」〔註139〕可見越人對於鬼神、巫術之虔誠,而南越王亦受到當地普遍的巫術信仰以及斯時盛行的神仙思想的影響,對於葬玉的選用自有一套邏輯,本文欲以墓中所出葬玉探析如下。

一、殮屍不朽

有關「玉衣」之文獻記載,最早於《史記·殷本紀》提及紂王為周武王所敗,「紂走入,登鹿臺,衣其寶玉衣,赴火而死」〔註140〕其後,〈周本紀〉又言:「紂走,反入登于鹿臺之上,蒙衣其珠玉,自燔於火而死。」唐張守節《正義》謂「甲子夕,紂取天智玉琰五,環身以自焚。」注云:「天智,玉之善者,縫環其身自厚也。凡焚四千玉也,庶玉則銷,天智玉不銷,紂身不盡也。」〔註141〕雖不知紂王身披寶玉衣係為常人之服,或為送死之具,但玉衣以為送死之制,實擬由此而起。〔註142〕

上述記載,足見在商紂王心中,以美玉環縫其身赴火而死,乃是取美玉「不銷」的功能,達成「其身不盡」的目的。類此記載也說明,以預製的玉

〔註136〕 倪潤安,〈秦漢之際仙人思想的整合與定位〉,《中原文物》2003 年六期,頁51～53。

〔註137〕 楊伯達,〈巫、神、玉泛論〉,收錄於楊伯達主編,《玉文化與玉學論叢三編(上)》(北京:紫禁城出版社,2005 年 9 月),頁238～240。

〔註138〕 《漢書》,卷 25 下,〈郊祀志〉,頁 1241。

〔註139〕 〔漢〕應劭撰,王利器注,《風俗通義校注》(北京:中華書局 1981 年 1 月),卷 9,〈怪神〉,頁 423。

〔註140〕 《史記》,卷 3,〈殷本紀〉,頁 108～109。

〔註141〕 《史記》,卷 4,〈周本紀〉,頁 124～125。

〔註142〕 劉銘恕,〈中國古代葬玉研究——注重珠衣玉匣方面〉,《歷史與考古》(濟南:濟南歷史學會,1937 年 2 月),頁 7。

衣以爲送死之具，並非妄做華麗而已，且由「環其身自厚」的跡象，亦可看出時人製作玉衣之縝密與愼重。而「其身不盡」的目的，亦爲漢人所承繼。

南越王玉衣做工考究，所費不貲，其投入大量的資源於製作玉衣爲葬服的意義何在？據《漢書》所載，人死後「精神離形，各歸其眞，故謂之鬼，鬼之爲言歸也。」精神將歸於天，而形體則歸於地，而「口含玉石欲化不得，鬱爲枯臘，千載之後；棺槨朽腐，乃得歸土，就其眞宅」〔註143〕又如《後漢書》記載赤眉盜皇陵，「凡賊所發有玉匣殮者率皆如生」，而到時代較晚的葛洪《抱朴子》載：「金玉在九竅，則死人爲之不朽」〔註144〕充分反映當時以玉斂屍的企圖，在於保護屍骨不朽。

另從玉衣的型態觀察，其形制與編綴方式顯然受到鐵製甲胄的影響。而鐵製的甲胄可能出現在戰國時代（圖 4.13）。〔註145〕如文獻所載：「趙氏攻中山，中山之人多力者曰吾丘鳩，衣鐵甲操鐵杖以戰。」〔註146〕而《韓非子》言：「夫矢來有鄉，則積鐵以備一鄉；矢來無鄉，則爲鐵室以盡備之。」注云：「謂甲之全者，自首至足無不有鐵，故曰鐵室」〔註147〕而《漢舊儀》亦曰玉衣「如鎧狀」，〔註148〕完整的玉衣從頭部、上衣、褲筒、手套與鞋等五個部分組成，如此形制可能受到「自首至足無不有鐵」的「鐵室」所影響，似有「自首至足無不有玉」之意味。

圖 4.13：
曾侯乙墓所出戰國甲衣

摘自：《曾侯乙墓（下）》，圖版 115。

〔註143〕《漢書》，卷 67，〈楊胡朱梅雲傳〉，頁 2908。

〔註144〕〔晉〕葛洪，王明撰，《抱朴子內篇校釋》（北京：中華書局，1985 年 3 月），卷 3，〈對俗〉，頁 51。

〔註145〕楊泓，《中國古兵器論叢》（北京：文物出版社，1985 年 10 月二版），頁 12～18。

〔註146〕〔戰國〕呂不韋，林品石註譯，《呂氏春秋今註今譯》（臺北：臺灣商務印書館，1985 年 2 月），卷 21，〈貴卒〉，頁 714。

〔註147〕〔戰國〕韓非，邵增華註譯《韓非子今註今譯》（臺北：商務印書館，1982 年 9 月），卷 5，〈內儲說上〉，頁 452。

〔註148〕《漢舊儀》，收錄於《漢官六種》，頁 105。

相較於墓主隨葬的鐵鎧甲，係為上下疊連綴的形制，屬於南方魚鱗甲的原始型。〔註149〕墓主身著的玉衣頭部的平行相對連綴方式（圖4.14），與河北易縣戰國晚期墓葬中，所出土的一件鐵兜鍪，形制較為相似，連綴方式皆係以對縫長方片而成，且頂部亦形成圓形平頂，唯兜鍪為實戰用物，故臉部外露，而趙眜玉衣因具有特殊功效，臉部全為玉片包覆，僅保留鼻形，可謂取鐵冑之護身之「形」與玉能不朽之「神」，達到殮屍不朽之功能，而墓主周身亦佈有數組裝飾劍飾的玉具劍，不僅具有彰顯墓主身份之特殊意涵，亦透露拱衛之意。

巫鴻曾以中山王劉勝與竇綰的玉衣具有五官，且形制近似玉製的裸體人形，將玉衣視為轉換「玉人」以求道昇仙的象徵。〔註150〕而趙眜係裸身入殮，玉衣具有左襟搭合於右襟之上的前襟，兩肋下留有開口，似衣物下擺的「開氣」，形制則較為近似「衣」或「甲」，兩者區別意義為何，尚待考證。

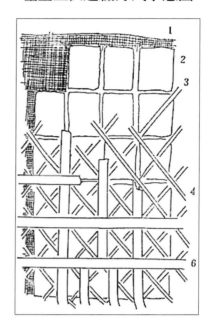

圖4.14：
墓主玉衣連綴方式示意圖

摘自：《西漢南越王墓（上）》，頁269。

唯其目的皆是追求屍骨不朽，如此企求不僅是出於愛護死者的情感，亦是基於復生的意識。強調以原有軀體，及生前享有的社會地位，做為強調死而更生意念的基礎，可視為生命之延續。因此玉衣可謂先秦儒家喪葬習俗與道家信仰融合與傳承的表徵。〔註151〕

二、避兇趨吉

如前一小節所述，趙眜墓中玉質鋪首異於墓中器物或棺槨成雙出現的金

〔註149〕《西漢南越王墓（上）》，頁387。
〔註150〕巫鴻，〈玉衣或玉人──滿城漢墓與漢代墓葬藝術中的質料象徵意義〉，收錄於鄭岩、王睿編，《禮儀中的美術──巫鴻中國古代美術史文編》（北京：三聯書局，2005年7月），頁136～142。
〔註151〕俞美霞，〈玉匣珠襦啟便房，薤歌無異葬同昌──玉衣的意義與源流〉，收錄於俞美霞，《玉文化探秘》（臺北：藝術家出版社，2005年8月），頁74。

屬鋪首，爲單一個體，顯然與玉衣頭部刻意留下單一小璧相互對應。史籍言人死後精神離形，又「魂氣歸於天，形魄歸於地，故祭求諸陰陽之義也」的影響下，〔註152〕形成靈魂二元觀念。〔註153〕其中密合的玉衣目的在保護形魄不朽，所暴露中孔恰爲頭頂正中的「百會」，而魂魄所歸之處自然是象徵天之門戶的「天門」。〔註154〕

　　如此現象，說明頂部所保留的圓孔可能是做爲亡者靈魂通達天的出入口。但何以璧爲之？在四川巫山等地發掘的漢墓中，曾出土石棺、銅璧等器物，這些器物均以漢隸鐫刻「天門」二字（圖4.15），其形制爲人所認定爲「升龍護璧門」的象徵，〔註155〕因此，便如同黃師建淳所言，以璧爲之，是希冀藉古來玉璧通天之意，協助貞魂出遊璧孔如曲通天門。〔註156〕

　　頭頂的玉璧既然構成靈魂出入口的「璧門」或「天門」，自然有叩門的鋪首。而《楚辭》載，人死後可能在天地四方遭遇精怪索魂，或是遭遇形體損害之禍事。其中最爲時人所畏懼的另有來自地下鬼怪的侵擾。如上所述，形魄歸於地，亦需受到保護，而漢人深信在地下的幽冥之都裡，對死者威脅最大的就是魍象，並言：

圖4.15：天門示意圖

摘自：顧森，《秦漢繪畫史》（北京：人民出版社，2000年12月），頁195。

〔註152〕《毛詩正義》（北京：中華書局據世界書局縮印〔清〕阮元《十三經注疏本》影印，2008年1月），卷26，〈郊特牲〉，頁229。

〔註153〕余英時認爲中國靈魂二元論定型的時間，最晚在西元二世紀的時候，而引述《禮記‧郊特牲》之記載，可推斷如此的概念應該在漢代就被普遍的接受。參閱余英時，《東漢生死觀》（上海：上海古籍出版社，2005年9月），頁134～138。

〔註154〕《楚辭‧九歌‧大司命》：「廣開兮天門，紛吾乘兮玄雲」注云：「天門，上帝所居紫微宮門也」《淮南子‧天文訓》言：「天阿（門）者，群神之關也」，《論衡‧道虛篇》云：「如天之門在西北，升天之人，宜從昆侖上」參閱傅錫壬注譯，《楚辭讀本》（臺北：三民書局，2001年8月），頁50～51。《淮南子集釋》，卷3，〈天文訓〉，頁179。

〔註155〕趙殿增、袁曙光，〈「天門」考──兼論四川漢畫像磚（石）的組合與主題〉，《四川文物》1990年第六期（成都：四川文物編輯部，1990年），頁3～11。

〔註156〕黃建淳，〈略論漢代葬玉觀念〉，刊《淡江史學》第十九期（臺北：淡江大學歷史系，2008年9月），頁4～5。

「罔象好食死人肝腦」又引《周禮》所載，方相氏在大喪時，需入墓坑，執戈擊四隅，方能驅除魍象，但常人無法舉行如此的儀式，故在墓前豎立魍象畏懼的虎與柏。〔註157〕

　　察墓主頭部放置鋪首怒目橫視、鼻部奮張，口唧一璧爲環，形象似虎似熊，又似漢磚畫所見的「方相」，故玉質鋪首的形象，可能與二者相關。文獻言：「虎爲陽物，係百獸之長，能執搏銼銳，噬食鬼魅。今人卒得惡悟，燒虎皮飲之，擊其爪，亦能辟邪，此其驗也。」〔註158〕又曰：「畫虎非食鬼之虎也。刻畫效象，冀以禦凶」。〔註159〕而楚墓出土的鎮墓獸亦以虎首爲重，多雕刻成卷眉瞪目、齜牙咧嘴等樣貌，具有強烈的猙獰恐怖感，可知楚人以虎爲陽物，能鎮陰間萬惡，保亡靈安寧。〔註160〕上述文獻與文物體現楚人與漢人皆因虎能噬鬼魅威猛形象，將其刻畫，希冀達到避邪之作用，以護亡靈不受侵擾。

　　戰漢之際，時人舉行祭祀、喪禮時，需藉助「方相」之力驅除邪惡，如湖北省隨縣戰國早期的曾侯乙墓的漆棺在戶牖紋兩旁便繪有獸面人身，兩臂曲舉，手執雙戈，狀若起舞進行驅鬼逐疫儀式的圖案（圖4.16）。如此的情形與《後漢書》記載儺禮的情況相似，「先臘一日大儺，謂之逐疫。方相氏黃金四目，蒙熊皮，衣朱裳，執戈揚盾」〔註161〕不僅文獻載儺禮一事，另於東漢墓葬的考古挖掘，亦見以「儺神」作爲主題之一的壁畫（圖4.17）。儺爲巫術的戲作之一，方相氏不僅於周代儺禮儀式中扮演重要的角色，亦在戰漢時期爲人所重視，既爲生人逐疫的神祇之一，亦爲亡靈驅體的守護者。關於方相的形象有諸多說法，〔註162〕多著重於文獻所載「黃金四目」的樣貌，似與墓

〔註157〕〔漢〕應劭撰，王利器校注，《風俗通義校注》（北京：中華書局，1981年1月），〈佚文〉，頁574。
〔註158〕《風俗通義校注》，卷8，〈祀典〉，頁368。
〔註159〕《論衡》，卷16，〈亂龍〉，頁1773。
〔註160〕鄔芙都，〈楚器「鎮墓獸」形制內涵探源〉，《湖南大學學報（社會科學版）》第十七卷第一期（長沙：湖南大學期刊社編輯部，2003年1月），頁25。
〔註161〕《後漢書志》，卷5，〈禮儀中〉，「大儺」，頁3127。
〔註162〕關於方相氏的形象，學界最大的分歧在於「黃金四目」。如「人頭四方各一目」、「雙目重瞳」「裡外雙層面具」、「人頭前後各兩目」等，並根據研究者們的猜想繪出了示意圖，但由於迄今爲止考古界沒有發現上古方相氏面具的實物，因此對於「黃金四目」的判別仍然處於臆測的階段，無法作一篤定結論。目前較能確定的是，方相四目跟古人對於天地四方的認識是密切相關的，無論是「四目」的面具或「狂夫四人」的設置，都是直接針對於四個方

主鋪首相異，但細察鋪首眼部，可發現眼球上又飾以管鑽小孔，與後人考證的「雙目重瞳」形象不謀而合。

圖 4.16：
戰國曾侯乙墓所出「儺戲圖」

圖 4.17：
東漢儺神圖之一

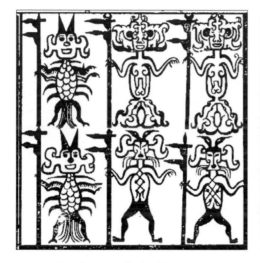

摘自：《曾侯乙墓（上）》，頁 39。

摘自：《秦漢繪畫史》（北京：人民出版社，2000 年 12 月），頁 185。

另爲何以玉料雕琢狀似方相的鋪首，其因除時人對玉的信仰外，或屬於後人推斷「緣古人方相，係以銅製，蒙於面上，以趨屬鬼。後因蒙面不便於行動，銅製又過於笨重，遂改用玉製，而釘於冠上以替代之，此必漢後道家巧於模擬之形制。」〔註 163〕另外，亦可能與方相屬魍魎之類的木石精物，如《國語》曰：「木石之怪夔、罔兩。」〔註 164〕鄭玄曰：「方相，放想也，可畏怖之貌。壙，穿地中也。方良，罔兩也。」〔註 165〕因此，以「石之美者」

位的，其目的顯然是與驅除各個方向的疫鬼相關。參閱錢芾，〈方相四目圖說〉，《民族藝術》第三十九期（南寧市：民族藝術編輯部，1995 年），頁 57～76。張琦，〈古代葬禮中的開路神、顯道神探源〉，《四川大學學報（哲學社會科學版）》第一五八期（四川：四川大學學報編輯部，2008 年），頁 135。

〔註 163〕陳大年，《陳大年所藏古玉石器琉璃器出品說明書》，收錄於那志良編，《古玉圖籍彙刊（下）》（臺北：正言出版社，1991 年 10 月），頁 1071。

〔註 164〕徐元誥撰，王樹民、沈長雲點校，《國語集解》（北京：中華書局，2002 年 6 月），卷 5，〈魯語下‧第五〉，頁 191。

〔註 165〕《周禮注疏》，卷 28，〈夏官司馬第四〉，頁 831。

的玉為鋪首，似與方相屬魍魎之類的木石精物的特質相關，意欲彰其顯神異之力。

在漢代儺禮仍盛行，畫像石中常出現方相氏形象，其逐疫驅邪的巫術神話作用不言而喻，也因斯時靈魂二元觀念的影響，升仙與驅鬼的儀式可謂互為表裡及因果關係。〔註166〕無論趙眜頭頂所放置的玉質鋪首形象為虎或為方相，但其所表達做為明器之意圖十分明瞭。鋪首與玉衣同葬於地下，所施用的唯一對象便是墓內的死者，用途顯然非教化生者，而應是直接利於陰間的亡魂。

鋪首安置之所即象徵陰宅門戶，〔註167〕並以熊、虎、方相等猛獸等為之。在某種程度上可能是青銅獸面紋的延續和變異，為青銅器紋飾作為現實生活中的裝飾藝術所保存的象徵，〔註168〕抑或是寄託避邪厭勝之含意，〔註169〕更可謂基於死者之利益而發揮實用功能的器物，此二種可能性皆可視為一種象徵的符號，係用來代表並協調人與神靈及身後世界的關係。〔註170〕

器物造型本身發揮著實際的效能，並滿足了器物整體象徵性的需要。因此，玉質鋪首從形態之特質，探析為拱衛門戶之具體象徵，其上所琢飾的紋樣自隱匿避邪厭勝等相同的特殊意涵。

三、飛天昇仙

趙眜玉衣頭部，除連綴象徵靈魂出入口的小璧外，背部從頭套到腿足，墊有 5 枚大型玉璧，呈縱列分佈；胸腹部則鋪蓋 6 枚大璧與 4 枚小璧。另墓主在入殮前係以裸身穿著玉衣，在裹合綴縫玉衣時，又於赤裸的遺體上覆蓋

〔註166〕漢墓中有凡有方相的畫面，亦多有昇仙圖，其因在於打鬼僅是手段，是為昇仙掃清道路，因此打鬼和昇仙是因果關係，兩者繪畫同時出現才視為完整。參閱呂品，〈「蓋天說」與漢畫中的懸璧圖〉，《中原文物》1993 年第二期（鄭州市：中原文物編輯部，1993 年），頁 6。

〔註167〕李錦山，〈漢畫像石反映的巫術習俗〉，《故宮文物月刊》第十七卷第五期（臺北：國立故宮博物院，1999 年 8 月），頁 125～126。

〔註168〕譚淑琴，〈試論漢畫中鋪首的淵源〉，《中原文物》1998 年第四期（鄭州市：中原文物編輯部，1998 年），頁 63～34。

〔註169〕徐琳，〈漢玉所見兩漢辟邪厭勝思想研究〉，收錄於于明主編，《如玉人生——慶祝楊伯達先生八十華誕文集》（北京：科學出版社，2006 年 12 月），頁 198。

〔註170〕楊怡，〈楚式鎮墓獸的式微和漢俑的興起——解析秦漢靈魂觀的轉變〉，《考古與文物》2004 年第一期（西安市：考古與文物編輯部，2004 年），頁 54。

14 枚玉璧，足下以絲帶綑綁兩璧併連的雙連璧，總計趙眜玉衣內外共有 31 枚大小玉璧，〔註 171〕這些與墓主緊密貼合與接觸的玉衣與玉璧，係時人認為玉能斂屍不朽的表徵，〔註 172〕但為求屍身不朽，以玉衣殮葬即具此功能，又何以在墓主周身鋪置大量玉璧？

　　墓主周身鋪置大量玉璧的作法，可能與斯時昇仙信仰相關。以玉璧斂屍，自古有之，係為社會地位的表徵，或為崇拜之對象。〔註 173〕又如《周禮》所載：「駔圭璋璧琮琥璜之渠眉，疏璧琮以殮屍。」鄭玄注曰：「圭在左，璋在首，琥在右，璜在足，璧在背，琮在腹，蓋取象方明神之也。疏璧琮者通於天地」〔註 174〕賈公彥疏又云：

> 璧禮天，琮禮地。今此璧在背在下，琮在腹在上。不類者，以背為陽，腹為陰，隨屍腹背而置之，故上琮下璧也。云疏璧琮者，通於天地者。天地為陰陽之主人之腹背象之，故云疏之通天地也。
>
> 〔註 175〕

綜合兩者的注疏，可知人死，在大殮著裝之後，需以璧斂屍。斂屍之玉，各有其對應的位置，即璜置足下、璧置背下、琮置腹上等，乃是取象方明神，陰陽法則；其中最重要的，便是璧與琮，置於墓主腹、背，是為疏通天地之意。

　　反觀南越王墓的墓葬情況，與《周禮》記載相符的葬玉，僅有玉璧，〔註 176〕而墓中所見玉璜，則是作為墓主及夫人身上所配掛裝飾的組玉珮，或為禮儀用玉，〔註 177〕其他如琮、圭等，均未見出土。且如所載，置於足下的

〔註 171〕《西漢南越王墓（上）》，頁 179。

〔註 172〕麥英豪，〈漢玉大觀——象崗南越王墓出土玉器概述〉，收錄於《南越王墓玉器》（香港：兩木出版社，1991 年 12 月），頁 42。

〔註 173〕周南泉認為最早出現隨葬玉璧的情形係屬良渚文化，玉璧所有者，幾乎都是地位較高或與祭祀有關的巫師；而其所出土的玉璧既非實用，又非為佩飾，而是當時宗教信仰的偶像之一。良渚先民對玉璧的崇拜，主要是來自「天圓地方」的宇宙觀念，參閱周南泉，〈論中國古代的玉璧——古玉研究之二〉，《故宮博物院院刊》第五十一期（北京：紫禁城出版社，1991 年 3 月），頁 77～80。

〔註 174〕《周禮注疏》，卷 20，〈春官宗伯第三〉，「典瑞」，頁 140。

〔註 175〕《周禮注疏》，卷 20，〈春官宗伯第三〉，「典瑞」，頁 140。

〔註 176〕墓中雖出土以朱絹包裹的三件玉璜，但卻非置於《周禮》中所載的足部，而是與璧組合排列置於棺內左側。參閱《西漢南越王墓（上）》，頁 184。

〔註 177〕麥英豪，〈漢玉大觀——象崗南越王墓出土玉器概述〉，頁 44～45。

葬玉應爲「璜」，與現今考古挖掘的西周三門峽虢國墓，墓主虢季與夫人梁姬出土腳端踩兩件長條形玉片相互比較，兩者皆非「璜」。〔註178〕而本文所論的南越文王足下所踏則是形制特殊的雙連璧。

如此差異可能爲後人所推論《周禮》一書可能是儒家系統化的產物，爲漢儒心中「半習俗而半理想未盡實行之文也」。〔註179〕另筆者以爲，南越王的後人選用原本雙連璧作爲葬玉的情況，除前述的情況外，另則可能與璧的通天性質，加上漢初升仙的意念，〔註180〕進而取代璜與踏玉所扮演的角色。

從良渚考古發現先民對玉璧的崇拜，主要是來自「天圓地方」的宇宙觀念。〔註181〕而又由《周禮》注疏得知，漢儒認爲玉璧最重要的功能，係取通天之意，又隨擺放位置產生陰陽之別，其意與良渚文化的觀念十分相近。因此，漢墓中於歿者胸、背鋪墊玉璧的原因可謂承繼先秦遺制，〔註182〕可確定趙眜周身所佈的玉璧，係爲喪葬用璧，爲漢代葬俗以璧斂屍達到溝通天人目的具象化的表徵。

另玉璧上鐫刻的紋樣爲狀似逗號、渾圓飽滿的「穀紋」，與排列規整的六角形「蒲紋」，鄭玄注曰：「穀，所以養人；蒲爲席，所以安人。二玉蓋或以穀爲飾，或以蒲爲璪飾」〔註183〕一爲象徵養身，二則象徵安身之意。此二紋樣的普遍使用，則可視爲時人共通心願下所產生普遍、通俗的符號，爲對生命之企求。〔註184〕

再察墓土所用葬璧，除飾有穀、蒲紋樣外，另飾有與雲氣相伴的雙身連體龍紋（表4.1類型1、類型2）或三頭共身龍紋（同圖4.2），恰與文獻超越

〔註178〕據《周禮》中鄭玄注解所稱，「半璧爲璜」。即「璜」，應爲半圓形的玉件，而虢國墓中所出土的踏玉，皆屬長方形玉件，尤其是梁姬腳下所踏的玉件，與圭的形制較相近。參閱《周禮注疏》，卷18，頁124。

〔註179〕郭寶鈞，〈古玉新詮〉，《歷史語言研究所集刊》（北京：中華書局出版，1987年5月），頁26。

〔註180〕亦稱爲「神仙思想」，於春秋時期便已出現，戰國以後盛行，到秦皇、漢武到達極致。由於「神仙思想」一詞，所包含的範圍甚廣，而升仙是神仙思想中最後的目的，是故應以升仙稱之。參閱，劉春華、王志友，〈西漢南越王墓前室壁畫意義試析〉，《南越國史遺研討會論文選集》，頁129。

〔註181〕周南泉，〈論中國古代的玉璧——古玉研究之二〉，頁77。

〔註182〕盧兆蔭，〈略論漢代喪葬用玉的發展與演變〉，《玉振金聲——玉器·金銀器考古學研究》（北京：科學出版社，2000年7月），頁108～109。

〔註183〕《周禮注疏》，卷18，〈春官宗伯第三〉，「大宗伯」，頁124。

〔註184〕楊美莉，〈古代環形玉器的發展——環形玉器特展簡介〉，《故宮文物月刊》第十二卷第十期（臺北：國立故宮博物院，1995年1月），頁38。

生死的神仙形象相同，如《莊子》言神人「乘雲氣、御飛龍而遊乎四海之外」〔註185〕以及長沙子彈庫戰國楚墓的《人物御龍圖》（圖 4.18），而漢人以璧與龍紋或其他神獸紋樣的結合，可能承繼戰國思想，〔註186〕並結合後人以爲漢代玉璧具有陰陽性格，因應情況時而爲陰，時而爲陽，其所產生「氣」，〔註187〕與神獸的形象結合爲昇天之助力。如此便成爲增加靈魂昇天動力的葬璧。〔註188〕

由墓中出土的數件葬玉中，可發現當時盛行神仙思想的特徵與進程。從中不難看出，由於當時佛教尙未傳入，時人亦未有輪迴轉世的觀念，對死後世界的安排，或是追求昇仙至崑崙，或是將天視爲靈魂昇仙的歸宿。前者最早見諸《莊子》一書，後來於

圖 4.18：長沙子彈庫戰國楚墓的《人物御龍圖》

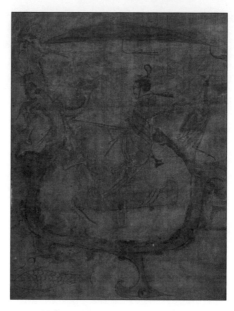

摘自：湖南省博物館等編，《長沙楚墓（下）》（北京：文物出版社，2000 年 1 月），彩版 48。

齊地發展，而後者則盛行於楚地。在考古挖掘的帛畫以及畫像石中，皆可發現類此意念的直接記錄。

反觀南越王墓中，除前室所出土的壁畫以及部分隨葬物外，並未能充分表達墓主昇仙的企求。有學者以爲，南越王墓中昇仙的企圖係較不明顯的，

〔註185〕〔戰國〕莊周，〔清〕郭慶藩集釋，王孝魚點校，《莊子集釋》（北京：中華書局，1961 年 7 月），卷 1 上，〈逍遙遊〉，頁 28。

〔註186〕黃展岳，〈論南越王墓出土的玉璧〉，收錄於韓偉編，《遠望集——陝西考古研究所華誕四十週年紀念文集》（西安：陝西人民出版社，1998 年），頁 627～628。

〔註187〕〔日〕林巳奈夫著，楊美莉譯，《中國古玉研究》（臺北：藝術圖書公司，1997 年 7 月），頁 218。

〔註188〕鄧淑蘋認爲南越王隨葬大量玉璧的現象，與良渚文化反山 23 號墓葬相似，而在貨幣制度已甚完備的漢代，應非與良渚玉璧所象徵的財富功能，較有可能具有幫助墓主升天的功能。參閱鄧淑蘋，〈中國新石器時代玉器上的神秘符號〉，《故宮學術季刊》第十卷三期（臺北：國立故宮博物院，1993 年），頁 41。

其因在於時人所重視的是亡靈在幽冥世界的起居享樂。所以南越王意識中，死亡歸宿主要停留在傳統的黃泉或幽冥的地下世界。而後從追索玉璧與玉衣斂屍所流露的宗教意義，揭示南越葬俗文化中相形隱晦的昇仙觀念。一方面期望死者能在地下享受豪奢的生活，並藉助玉衣以達不朽，另一方面又希冀靈魂能在玉璧與神物的引導下早日昇仙。因此，南越王墓葬蘊含昇天的追求與陰間復生的矛盾。〔註189〕

但觀察墓中出土物，可發現墓主趙眜在生前便已有顯著的昇仙企求，如承露杯、五色藥石以及銀盒所盛的藥丸等物。但為何又有天上與地下的矛盾特質？本文以為如此特殊的性質，是來自靈魂二元觀念的影響，〔註190〕如《禮記・郊特牲》：「魂氣歸於天，形魄歸於地，故祭求諸陰陽之義也。」〔註191〕

由此可看出，魂屬氣，為精神，歸於天，是屬陽；而魄則屬形體，歸於陰，是屬地，在人生前魂與魄和諧統一在人體內；而人死後，兩者則分離脫離身體，因此魂會昇天，魄則入地。一方面希冀死者借助玉衣保護屍身不朽，期待復生，能在死後的世界享受奢侈的生活；另一方面又希冀死者的靈魂能藉由玉璧與神獸的護衛與導引下，進入理想的死後世界，延續生命。

圖4.19：
戰國楚墓出土《人物龍鳳圖》

摘自：高至喜主編，《楚文物圖典》（武漢：湖北教育出版社，2000年1月），彩版56。

〔註189〕 李林娜，〈南越國百年史的精神文化尋蹤〉，收錄於中國秦漢史研究會等編，《南越國史蹟研討會論文選集》（北京：文物出版社，2005年4月），頁56。

〔註190〕 余英時認為中國靈魂二元論定型的時間，最晚在西元二世紀的時候，而引述《禮記・郊特牲》之記載，可推斷如此的概念應該在漢代就被普遍的接受。參閱余英時，《東漢生死觀》（上海：上海古籍出版社，2005年9月），頁134～138。

〔註191〕 《毛詩正義》（北京：中華書局據世界書局縮印〔清〕阮元《十三經注疏本》影印，2008年1月），卷26，〈郊特牲〉，頁229。

第五章　南越王生前用玉解析

　　漢代玉器功能廣泛，形制多元。係承襲前朝下的新興玉器，於此已逐日臻成熟，所見器類依其社會功能，可分爲許多種類。但施用的基本面象爲人，因此，自與人之生息密切相關。簡而言之，人之生死係主宰器用發展的重心，同前所述，有所謂爲人死後殮葬的用玉，具有導引升仙的特殊意涵。而時人生前亦有所謂生前所用之玉件，功能自爲生前種種之表徵。

　　生前用玉的功能，大致可區分爲祭祀禮儀、裝飾、日常實用所需，其中裝飾功能則因施用對象，另有裝飾於人身與裝飾物件之器。因此本章欲就墓中所見隨葬的生前用玉分做四類，除前者所述三類，另增加其他用玉的項目，其因在於墓中所見的隨葬生前用玉，多爲功能顯著可區分其類別，唯數件玉器，工法嫻熟、造型精美，應係裝飾用玉，卻單獨存在，難以從分佈位置，或由器件本身發想，來確定其眞正的功能。

　　也由於生前用玉著重裝飾功能，因此，多爲形制精巧、紋樣華美之玉件，本身所透露出時代工藝背景與文化特色，自然不言而喻。因此，本章節意欲由生前用玉的器類分別、區域文化，以及蘊含的人文精神意義解析之。

第一節　生前用玉器類分別

一、禮儀用玉

　　禮儀用玉，於《周禮》一書中所載：「以玉作六器，以禮天地四方。以蒼璧禮天，以黃琮禮地，以青圭禮東方，以赤璋禮南方，以白琥禮西方，以璜

禮北方，皆有牲幣，各放其器之色。」〔註1〕可知，由玉所製成的璧、琮、圭、璋、琥、璜等六種禮器，分別具有祭祀天地與四方神祇的功能，其中玉璧爲六器之首，與琮用以禮天拜地，其因在於「禮神者，必象其類，璧圜象天，琮八方象地」，〔註2〕可謂以璧禮天、以琮拜地，乃是取法古人「天圓地方」之宇宙觀，亦與前述古人以璧能通天的信仰相關。

其中，玉璧與玉圭亦可作爲象徵身份地位的禮器「六瑞」，如：「以玉作六瑞，以等邦國。王持鎮圭，公持桓圭，侯持信圭，伯持躬圭，子持穀璧，男持蒲璧。」〔註3〕可知玉璧因功能、施用的對象差異，而有不同紋飾與名稱。關於「六瑞」一詞，鄭玄注解爲：「人執以見曰瑞，禮神曰器。瑞，符信也」，〔註4〕以及《說文解字》所載：「瑞，信也。守國者用玉卩（節）」，〔註5〕所謂的瑞，即是用以區別身份地位的符信。因此，璧既是祭祀所用的「六器」之一，亦爲象徵身份地位的「六瑞」之一。因《周禮》記載爲包含斯時政治、思想、制度、禮儀等社會政治理論與法規，可視爲廣義的禮，因此，六器與六瑞皆可稱作禮器。〔註6〕比較文獻可發現，兩者的差異性在於施用對象的不同。

南越王墓中未出土玉圭，僅見玉璧與玉璜，且多數比例的璧與璜皆做爲裝飾玉件。其中以玉璧於漢代墓葬出土數量最多，且功能最重要的玉器，其出土地點多於諸侯王與親屬墓中，如河南永城僖山梁王墓出土 70 餘件，〔註7〕滿城中山王劉勝墓與竇綰墓共出 69 件，〔註8〕以及本文所論趙眜墓中共出土 71 件，〔註9〕發掘者認爲這些玉璧可分別歸入禮儀用玉、喪葬用玉和

〔註1〕 《周禮注疏》（北京：中華書局據世界書局縮印〔清〕阮元《十三經注疏本》影印，2008 年 1 月），卷 18，〈春官宗伯第三〉，「大宗伯」，頁 124。

〔註2〕 《周禮注疏》，卷 18，〈春官宗伯第三〉，「大宗伯」，頁 124。

〔註3〕 《周禮注疏》，卷 18，〈春官宗伯第三〉，「大宗伯」，頁 123～124。

〔註4〕 《周禮注疏》，卷 18，〈春官宗伯第三〉，「大宗伯」，，頁 124。

〔註5〕 〔漢〕許慎，《說文解字》（收入《百部叢書集成》，臺北：藝文印書館，1967 年），卷 9 上，頁 5b。

〔註6〕 姚士奇，《中國玉文化》（南京：鳳凰出版社，2004 年 4 月），頁 297。

〔註7〕 河南文物考古研究所，《永城西漢梁國王陵與寢園》（鄭州市：中州古籍出版社，1996 年 8 月），頁 13。

〔註8〕 河南文物考古研究所等，〈河南永城芒山西漢梁國王陵的調查〉，《華夏考古》1992 年第三期（鄭州市：華夏考古編輯部，1992 年），頁 131～139。

〔註9〕 中國科學院考古研究所滿城發掘隊，〈滿城漢墓發掘紀要〉，《考古》1972 年第一期（北京：科學出版社，1972 年），頁 8～18。

裝飾用玉三類之中，其中棺槨內 7 件，足箱內 2 件，以及西耳室出土 6 件，應與 139 枚陶璧歸類爲墓主備置的禮儀用物。

　　在棺槨內所出土 7 件玉璧中，有 3 件玉璧於內棺兩側的前、中、後三處，與 3 件玉璜並行排放，璧在左，璜在右，兩者相互對稱（圖 5.1）。出土時，璜之外弧朝內與璧相對，器面切割規整，且可見絲絹與組帶痕跡，似有特殊涵意。此處所見的璧與璜所擺放位置，既非與墓主緊密貼合；且形制較爲簡略，器形龐大，〔註 10〕未若裝飾用玉之小巧精美，因此，此處所出的璧與璜做爲葬玉或裝飾用玉的可能性較小，較有可能做爲禮器使用。

圖 5.1：墓主內棺兩側所見的「三璧」與「三璜」圖

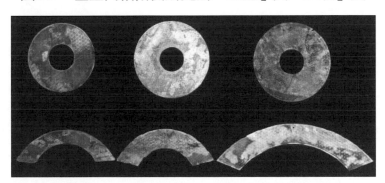

璧，上左起（D191）璧徑 12.5 公分，孔徑 4.75 公分，厚 0.45 公分
　　　　　　（D27）璧徑 14 公分，孔徑 4.35 公分，厚 0.35～0.45 公分
　　　　　　（D180）璧徑 14.3 公分，孔徑 4.4 公分，厚 0.4 公分
璜，下左起（D184）長 18 公分，中寬 2.5 公分，厚 0.7 公分
　　　　　　（D167）長 17.8 公分，中寬 3.4 公分，厚 0.35 公分
　　　　　　（D161）長 28.5 公分，中寬 3.6 公分，厚 0.6 公分

摘自：《南越王墓玉器》，圖版 94。

　　此處所出三璜三璧做爲禮儀器使用的可能性，大致推斷有二：一係可能與玉璧朝賀、徵聘、餽贈等功能相關，〔註 11〕爲墓主身份地位的象徵，如《周禮・秋官》提及「合六幣」鄭玄注：「五等諸侯享天子用璧」，而玉璜則爲後人考證，具有「璜以發眾」之功能，〔註 12〕與墓主獨霸一方的身份頗爲相符，

〔註 10〕所見璧與璜的尺寸介於 12～28.5 公分左右，其中又以玉璜（D161）爲本墓所出玉璜最大的一件。參閱《史記》，卷 12，〈孝武本紀〉，頁 470～471。
〔註 11〕盧兆蔭，〈略論漢代的玉璧〉，《玉振金聲——玉器・金銀器考古學研究》（北京：科學出版社，2000 年 7 月），頁 46～48。
〔註 12〕俞美霞，《戰國玉器研究》（臺北：南天書局，1995 年 8 月），頁 105～106。

但此一推論僅以文獻爲證，未能與墓葬結合，故此
說仍待商榷。

　　由墓葬與文獻則可推論第二種情況，即以璧禮
天，並享鬼神；〔註13〕以玉璜祭祀北方，則可能與
南越王墓座北朝南的方位有關。《禮記》載：「葬於
北方，北首，三代之達禮也」〔註14〕此一觀念在東
漢《白虎通》裡亦有記載。〔註15〕可知歿者墓向北
方，頭亦北向，可能是流傳已久的傳統。但爲何北
向？據後人研究指陳，可能係北方屬陰，是爲歿者
靈魂歸去的方向。〔註16〕查墓主趙眜頭向北方，且
在玉衣頭頂預留璧孔，做天門以爲靈魂出入口，可
能是受到靈魂不滅的信仰影響，希望靈魂順利北
向，更能昇天，故遵循此制，以三璜三璧作爲祭祀
天地四方之禮儀祭器。

二、裝飾用玉

（一）玉組珮

　　顧名思義爲數種佩玉組合串連而成的佩飾，
〔註17〕其前身可上溯新石器時代以至於商末周初的
玉串飾，而玉組珮的定制與發展應屬兩周時期。
〔註18〕南越王墓除玉璧數量、玉衣形制引人注目

圖 5.2：
河北滿城中山靖王妻
竇綰墓中玉組珮

摘自：《中國出土玉器全
集・1》，頁199。

〔註13〕　漢代承繼先秦以來蒼璧禮天的思想，如《史記・孝武本紀》云：「皇帝始郊見
　　　　泰一雲陽，有司奉瑄玉嘉牲薦饗。《正義》引《括地志》云：「漢雲陽宮在雍
　　　　州雲陽縣北八十一里。有通天臺，即黃帝以來祭天圜丘之處。」而《集解》
　　　　引孟康曰：「璧大六寸謂之瑄。」參閱《史記》，卷12，〈孝武本紀〉，頁470
　　　　～471。
〔註14〕　《禮記正義》，卷9，〈檀弓下〉，頁74。
〔註15〕　《白虎通疏證》，卷10，〈崩薨〉，頁548～549。
〔註16〕　蒲慕州，《墓葬與生死：中國古代宗教之省思》，頁96。
〔註17〕　夏鼐，〈漢代的玉器——漢代玉器中傳統的延續和變化〉，收錄於國家文物鑑
　　　　定委員會主編，《文物鑑賞叢錄・玉器二》（北京：文物出版社，1998年4月），
　　　　頁83～84。（原載於《考古學報》1983年第二期）
〔註18〕　新石器時代的玉串飾，大多雜以骨、牙、蚌等飾物，玉器所佔的比例較少；
　　　　而殷商玉器用於佩掛不多見，多爲一、二枚璧、璜或象生玉件，繫繩懸掛，

外，另墓中所出的玉組珮，於迄今所知兩漢諸侯墓中十分罕見，〔註19〕雖於中山靖王劉勝之妻竇綰墓中可見相類器物（圖 5.2），但所見爲簡單的瑪瑙珠串項飾，與玉組珮的形制與配戴方式有極大的差異，更可謂係以瑪瑙珠爲主，而玉件爲輔的裝飾物，異於以玉爲主體而又象徵身份玉組珮。

墓中玉組珮共計有 11 套，係以玉璧、璜、環等玉件爲主要的組件，局部搭配金珠、玻璃珠作爲點綴，但仍係以玉件爲組配之主要對象，11 套玉組珮概況如下表：

表5.1：南越王墓出土 11 套玉組珮概況表

出土位置	所有人	配件	參考資料
前室	殉人RXII	蒲紋璧（A49）、穀紋璧（A52）、銅環（A41）、穀紋璧（A1）、玉環 2 件（A2、A3）、勾連雷紋璜 2 件（A4、A5），共 8 組件。	中國社會科學院考古研究所技術室等，《西漢南越王墓（上）》，頁 34～35。
東耳室	殉人RXIII	方形玉珮（B4）、玉環（B6）、蒲紋璧（B5）、穀紋璜（B10），共 4 組件。	《西漢南越王墓（上）》，頁 64。
主棺室	墓主趙眜	雙鳳穀紋璧（D166）、龍鳳穀紋璧（D77）、犀形璜（D121）、雙龍蒲紋璜（D84）、玉人 4 件（D125、D123、D182-1、2）壺形玉飾（D121-2）、獸頭形玉飾（D121-3）玉珠 5 粒（D87-1-5）、玻璃珠 4 粒、煤精珠 2 粒、金珠 10 顆，共 32 組件。	《西漢南越王墓（上）》，頁 197～199。
東側室	右夫人（A組）	連體雙龍珮（E143-9）、環 2 件（E143-7、8）、三鳳穀紋璧（E143-6）、玻璃珠（E143-1）、透雕龍紋璜 2 件（E149-4、3）、穀紋璜 2 件（E143-1、2）、金珠 10 顆，共 20 組件。	《西漢南越王墓（上）》，頁 240～242。

不重視組合。雖不知殷人佩玉有無社會意涵，但可初步推斷，殷與周人佩玉的意涵可能略有不同，故不能將二者混爲一談。參閱黃展岳，〈組玉佩考略〉，《故宮文物月刊》第一一一期（臺北：國立故宮博物院，1991 年 6 月），頁 46～47。

〔註19〕兩漢的玉組珮，目前僅發現於河北滿城竇綰墓，以及本文所論及的南越王墓。而玉組珮在兩漢衰退的原因，可能如司馬彪所言：「五霸迭興，戰兵不息，佩非戰器，韍非兵旗，於是解去韍佩，留其係璲，以爲章表。……韍佩既廢，秦乃以采組連結於璲，光明章表，轉相結受故謂之綬。漢承秦制，用而弗改。」《後漢書志》，卷 30，〈輿服下〉，頁 3671。

	右夫人（棺位西側）（B 組）	透雕雙龍紋環（E133-1）、透雕龍螭環（E133-2）、舞人（E135）、雙龍首璜（E134-2）、管2件（E136-1、2）、璜（134-1），共7組件。	《西漢南越王墓（上）》，頁242、243。
	左夫人（出於「左夫人」鎏金銅印 E45 附近）（C 組）	璧（E38）、圓片飾（E42）、龍首（樺頭）璜（E44）、花蕾形珮（E41）、韘形珮（E43）、勾連雷紋璜（E40）、穀紋璜（E39），共7組件。	《西漢南越王墓（上）》，頁242～244。
	泰夫人（出於泰夫人鎏金銅印 E56 旁）（D 組）	玦（E51）、透雕龍鳳紋璧（E52）、雙鳳穀紋璧（E53）、穀紋璜（E54），共4組件。	《西漢南越王墓（上）》，頁244。
	（部）夫人（出（部）夫人鎏金銅印 E123 附近）（E 組）	穀紋璧（E124）、舞人（E125）、透雕雙龍首璜（E128）、龍形觿2件（E119-1、2），共5組件。	《西漢南越王墓（上）》，頁244、245。
	不詳（出室內西北部）（F 組）	蒲紋璜（E100）、穀紋璧（E99）、雙柿蒂穀紋璧（E97）、蒲紋璧（E96），共4組件。	《西漢南越王墓（上）》，頁245～247。
	不詳（出室內北部）（G 組）	蒲紋璧（E104）、鏤空雲紋珮（E102）、雙龍形璜（E103）、勾連雷紋璜（E105-1）、穀紋璜（E105-2），共5組件。	《西漢南越王墓（上）》，頁247。
西側室〔註20〕	殉人 RVII	玉環（F79）、素面璜（F80）、穀紋璜（F82），共3組件。	《西漢南越王墓（上）》，頁268。

　　由墓中出土的考古實例，可發現玉組珮的結構並非是固定劃一的，仍然具備周代玉組珮常見的兩種類型，即單串式與雙串式。〔註21〕單串式的玉組珮：如墓主趙眜（圖 5.3 左）、右夫人 B 組、左夫人、泰夫人、部夫人及 3 位殉人，即整組佩玉以一件玉器為骨幹，其他佩玉均繫於其下。雙串式：則右夫人 A 組（圖 5.3 右），全組佩玉分為左右兩串，各自獨立不相聯繫而互相對稱。這兩種形式的玉組珮所配戴的位置多為胸腹部，更甚者則向下延伸至腿部或膝下。如同文獻所載：「進則揖之，退則揚之，然後玉鏘鳴。……行則鳴佩玉，是以非辟之心無自入也。」〔註22〕產生起節行止的作用，是故墓中出土多件

〔註20〕 西側室中另有殉人 RXI，周身佈有穀紋璧（F92）、索紋環（F72）、玉璜 3 件（F60-2、3，F91），由於其出土位置較遠，未若墓主、夫人或其他殉人的玉組珮多出於胸腹或腿側之下，應視作隨葬品而不作玉組珮。參閱《西漢南越王墓（上）》，頁 268。
〔註21〕 羅伯健，〈兩周玉組佩考〉，《文博》，第十九期（西安：陝西人民出版社，1987年 7 月），頁 34。
〔註22〕 《禮記正義》，卷 30，〈玉藻〉，頁 254。

玉組珮，其因或爲裝飾，亦起守禮之意。

　　若將雙串式的玉組珮與〈玉藻〉所言：「右徵角，左宮羽」，如此記載可發現玉組珮確實具有左右對稱的形式。而單串式雖近似於《毛詩》所言：「佩玉上有蔥衡，下有雙璜、衝牙、蠙珠以納其間」，〔註23〕但相較於周代玉組珮以璜、珩等物爲組件的形制，南越王墓的組珮在組件部分，出現比例眾多的玉璧，舞人及材質多元組件（珠），顯見玉組珮外型的轉變，係以周人之傳統佩玉形制上（圖 5.4），又加入斯時流行之元素，其義留待下列章節論述。

圖 5.3：
墓中代表性組珮圖

圖 5.4：陝西扶風縣強家村
1 號墓中所見西周組珮形制圖

墓主趙眜玉組珮　　　右夫人 A 組玉組珮

摘自：《南越王墓玉器》，圖版 52、133。

摘自：《中國出土玉器全集·14》，頁 72。

　　另所見玉組珮，雖爲飾玉，但卻與劍飾用品有功能上之差異。細察玉組珮，具有「珮玉」之強烈特點，即多爲片雕，兩面皆琢刻紋飾。其因爲佩掛

　　〔註23〕　《周禮注疏》，卷 6，〈天官冢宰〉，「玉府」，頁 40。

時，組件會隨人的活動而擺動，因此，兩面紋飾皆須呈現出來，才不失形式上之美感。玉組珮應說是「飾玉」中的佩玉，與「飾玉」有所不同。「飾玉」係爲鑲嵌在其他器物上做裝飾美化用，藉以提高物體的價值，因此只需琢飾單面紋樣即可，〔註24〕而玉組珮是爲人裝飾所用，故工法更爲細膩。

將南越王墓出土之玉組珮與歷代裝飾人身的佩飾來做比較。可發現新石器時代至商周時期的佩飾，多用管、環、珠等各式小型玉件作隨意的組合，西周晚期則可見簡單成套的組合。春秋時期，儒家以君子之德比玉，賦予「石之美者」的玉種種道德意涵，使得單一的裝飾玉件頓時整合起來，成爲排列有序的裝飾品。

由於玉組珮的各個玉件因排列所需，需具有承上接下的串連功能，使得穿孔的設計顯的格外重要，爲求玉串承載力的平均，玉匠特別重視中軸線洞孔的位置，並搭配鏤空技法，加上凹弧面的雕琢，使平面玉器富有立體感，將串接所需的洞孔與鏤空紋樣結合，即是兼具美感與實用性的透雕附飾，使玉組珮的各個玉件亦具有獨立的藝術價值。〔註25〕是故墓中原本呈上弦月造型的玉璜，多作向下的形制，或以玉珩代之，而所見之「系璧」亦具有透雕附飾，〔註26〕可能係出於平衡組珮之考量。

（二）韘形珮

韘形珮爲商周時期的玉韘演變而來，原爲射箭佩戴拇指用以扣弦的實用器。約在東周時期逐漸轉變爲裝飾的佩玉。〔註27〕於漢墓出土數量較多，可能爲當代盛行的一種佩玉。其外型多作片狀，保留玉韘的原形，平面略呈橢圓形，中央有一圓孔，上端作三角尖狀，正面微鼓，背面略微內凹，周緣有透雕附飾。因器形狀似心臟，亦稱「雞心珮」。〔註28〕

〔註24〕 尤仁德，《玉趣：中國古玉謎題破釋》（臺北：眾文圖書公司，1995年2月），頁155。

〔註25〕 吳棠海，《認識古玉》（中華民國自然文化學會，1994年10月），頁246。

〔註26〕 系璧是由璧演化而來。《說文解字》：「玨，石之次玉可能爲石之者，以爲系璧」，清段玉裁注曰：「系璧，蓋爲小璧系帶間、懸左右佩物也」可知所謂「系璧」石之次玉者，或爲小璧，作爲聯繫上下佩物之用，從材質與形制大小來看，可能並非是玉組珮中的主角。

〔註27〕 盧兆蔭，〈南越王墓與滿城漢墓玉器比較研究〉，《玉振金聲——玉器金銀器考古學研究》，頁83。

〔註28〕 韘形珮俗稱「雞心佩」，爲春秋戰國至西漢時期，與「玉具劍」同時流行的貴族武士佩玉。它的原型來自於扣撥弦時保護手指的「玉扳指」，有些古籍上稱

　　墓中隨葬韘形珮共 7 件，其中 5 件出於主棺室的墓主身上，爲其所佩帶的玉組珮所覆蓋。另 2 件則出於東側室，其中 1 件（E43）爲左夫人身上玉組珮的組件之一。

1. 上下透雕附飾

　　僅有一件，如 E139（圖 5.5），表面留有硃砂，形體狹長，正面微拱，另面凹弧，陰刻細長的卷雲紋。構圖分上下兩部分，下部作橢圓心形，中央圓孔上端出尖；上部透雕抽象鳳紋，與隱起雲氣相互融合，線條流暢。本器形制與漢代常見透雕左右附飾的韘形珮相異，可能爲戰漢玉韘形制的過渡表徵。〔註29〕

圖 5.5：上下透雕附飾　　　　　　　　圖 5.6：
　　韘形珮（E139）　　　　　　左右透雕附飾韘形珮圖

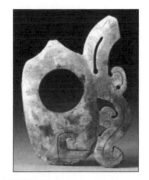

　　　　　　　　　　　　左：左右出廓作上移透雕附飾韘形珮（D85-1）
　　　　　　　　　　　　　　　長 7.2 公分，寬 4 公分，厚 0.4 公分，孔徑 1.6 公分
　　長 11.7 公分，寬 3.4 公分　右：單側出廓透雕附飾韘形珮（D144）
　　　　厚 0.3 公分　　　　　　　　　長 5.5 公分，寬 3.7 公分，厚 0.3 公分，孔徑 1.5 公分

摘自：《南越王墓玉器》，圖版 155。　　摘自：《南越王墓玉器》，圖版 66、64。

2. 左右透雕附飾

　　所見形制有二（圖 5.6），一爲左右出廓作透雕附飾（D85-1），器形修長，附著硃砂，正反面均陰刻流雲紋，兩側鏤空爲大小鳳鳥，右側鳳鳥附飾上移，

　　　爲「韘」。由於姆指的指頭形，有如倒置的雞心狀，所以叫做「雞心佩」。參
　　　閱劉良佑，《古玉精萃》（臺北：尚美出版社，1992 年），頁 197。那志良，《中
　　　國古玉圖釋》（臺北：南天書局，1990 年 2 月），頁 333。
〔註29〕盧兆蔭，〈漢代流行的韘形珮〉，《玉振金聲——玉器金銀器考古學研究》，頁
　　　57～58。

未與左側對應，與墓中他件韘形珮左右相對的形制，略有出入；二為單側出廓（D144），器中較厚實，上下兩側扁薄，正面琢飾隱起雲雷紋，另面光素，僅一側鏤空作變形鳥紋，造型異於墓中所見左右透雕的韘形珮。

3. 形制特異者

如 E43（圖 5.7），全器透雕，上端兩側鑿孔以為掛繫。正面平坦，背面內凹，四角出尖，中央得見一大圓孔，側出鳳鳥為飾，琢一小孔作鳥眼，眼眶與喙部皆以細線勾劃。本器形制特殊，未似前者裝飾華麗的附飾，僅以粗略的輪廓傳達整體構圖，可能係屬玉組珮穿繫零件之一，形制或因人為簡化，其因待考。

圖 5.7：左夫人玉組珮
組件之一的韘形珮（E43）

圖 5.8：
西漢典型的韘形珮圖

長 5.5 公分，寬 3.7 公分
厚 0.3 公分

左：河北滿城 2 號漢墓出土韘形珮
　　長 5.2 公分，寬 4.1 公分，厚 0.3 公分
右：山東巨野紅土山漢墓出土韘形珮
　　長 5.2 公分，寬 4.1 公分，厚 0.3 公分

摘自：《南越王墓玉器》，圖版
　　　145。

摘自：《中國玉器全集‧4 秦漢南北朝》，頁 86，圖版
　　　112、頁 88，圖版 116。

相較於西漢中期以後的韘形珮，如滿城漢墓（與山東巨野紅土山漢墓出土的韘形珮，圖 5.8），可看出西漢中期以後，韘形珮兩側多具有透雕附飾，且維持形制上的平衡與對稱，成為西漢典型的韘形珮。〔註30〕而南越王墓中所見的韘形珮既有西漢典型的對稱形制，亦有不對稱形制，而富有變化的不

〔註30〕 盧兆蔭，〈南越王墓與滿城漢墓玉器比較研究〉，《玉振金聲——玉器金銀器考古學研究》，頁 83。

對稱形制的韘形珮，可能係西漢早期，韘形珮未成定制的表徵，〔註31〕此一現象亦與南越國特殊的歷史文化背景密切相關。

（三）帶鉤

以現今考古挖掘所見，最早的帶鉤可能於春秋晚期到戰國初期，材質多以銅質居多，而自春秋晚期，可能已出現玉質帶鉤，如河南固始侯 1 號墓便爲一例。〔註32〕又如文獻所載：「滿堂之坐，視鉤各異，於環帶一也。」〔註33〕說明帶鉤到漢代已普遍存在，材質多元，其中有銅質 24 件，銀質 7件，金質 1 件，玉質 4 件，其中又以 4 件玉帶鉤形體最大、造型優美，且出自墓主棺墎內，自與墓主密切相關。玉帶鉤形制可分兩類。

1. 一體成型的併體帶鉤（圖 5.9）

係爲整塊玉料雕琢而成的帶鉤，構圖有二，爲雙龍併體與龍虎併體之形制。所見一對帶鉤（D151-1、2），造型紋飾皆相仿，呈長條狀。鉤首、鉤尾均浮雕龍頭，雙龍共體作鉤身，鉤背及側面陰刻勾連雲紋，腹部則光素無紋。另件（D45）鉤部浮雕虎首；鉤尾作龍首銜環狀，虎亦伸爪攫環，造型奇特。龍虎合併之軀體與環均以勾連雲紋爲飾，背面則爲素面，全器拋光俐落光潔。

圖 5.9：一體成型帶鉤三件圖

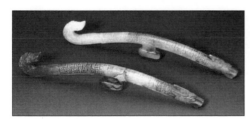 

併體帶鉤一對（D151-1、2）　　　　龍虎合併帶鉤（D45），環徑 2.5 公分
長 15 公分，寬 0.8 公分，厚 0.7 公分　　長 18.8 公分，寬 6.5 公分，厚 0.6 公分

摘自：《南越王墓玉器》，圖版 115、113。

〔註31〕楊建芳，〈玉韘及韘形玉飾──一種玉器演變的考察〉，《中國古玉研究論文集（下）》（臺北：眾志美術出版社，2001 年 9 月），頁 130～131。
〔註32〕河南省文物考古研究所，《固始侯古堆 1 號墓》（鄭州市：大象出版社，2004年 11 月），頁 89。
〔註33〕〔漢〕劉安編，劉文典撰，馮逸、喬華點校，《淮南鴻烈集解》（北京：中華書局，1989 年 5 月），卷 17，〈說林訓〉，頁 575。

2. 金屬穿連併體帶鉤（圖 5.10）

由多塊玉料拼合，中央以金屬條貫穿聯繫。如（D152），器面多處可見鐵沁，鉤首與尾打孔作榫卯以固定鐵芯，中央數節則作通心穿，可爲連結與固定八塊玉料。鉤首作龍頭，頸側飾勾連雲紋，伸後爪與鉤尾所飾一獸相擒，軀身交結且生雲氣繚繞，構圖饒富生趣。類此以金屬玉料複合之作品，於春秋晚期出現，而類此以鐵芯貫穿玉料的帶鉤形，得見於戰國信陽楚墓、曾侯乙墓、魯國故城乙組 3 號墓（圖 5.11），及洛陽金村可見，〔註34〕是爲戰國帶鉤遺風之延續。

圖 5.10：
多塊玉料拼合帶鉤（D152）

圖 5.11：魯國故城乙組
3 號墓出土鐵芯組合帶鉤圖

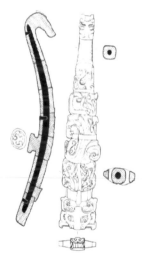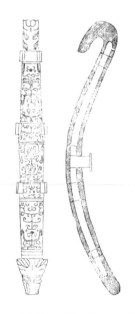

長 19.5 公分，尾寬 4 公分
勾寬 1.6 公分，厚 1.5 公分

摘自：《南越王墓玉器》，圖版 116、頁 263。

摘自：《中國玉器全集·3 春秋戰國》，頁 39，插圖 21。

（四）玉舞人

南越王墓的主棺室、西耳室和東側室共出土玉雕小人 10 件，由器形觀察，大致可分爲男性的翁仲與女性的舞人。其中 4 件翁仲（圖 5.12）爲墓主

〔註34〕 賈峨，〈春秋戰國時代玉器綜探〉，收錄於《中國玉器全集·3》（石家莊：河北美術出版社，1993 年 6 月），頁 28～29。

玉組珮之組件，以陰刻線略微琢飾其五官與衣紋，拱手作揖，狀若老翁。另爲人矚目者，則是型態各異的女性舞人，以形制分類可兩類：

1. 扁平片雕（圖5.13）

墓中共計5件，其中2件爲陪殉夫人玉組珮的組件之一。以形制可約略分爲單人舞人，如E135（圖5.13左）爲陰刻身著開襟長袖的連衣長裙，腰繫玉組珮的舞伶，其右手高舉，左手貼腰，扭身漫舞，線條流暢。另爲連體片雕舞人，出於西耳室C258（圖5.13右），全器因鈣化嚴重剝蝕，但約略可辨識形爲兩舞人並肩而立，背面可見長髮與衣紋。

2. 立體圓雕

僅有1件，出於西耳室C137（圖5.14），器表鈣化剝損，附著絲絹，爲圓雕立姿舞人，頭部右側梳一螺形髻，身著右衽長袖衣裳，袖口與下擺裝飾卷

圖5.12：
墓主組珮組件之一的翁仲

左：（D125）高1.9公分，寬0.7公分
中：（D182-1）高2公分，寬1公分
右：（D123）高1.9公分，寬0.8公分

摘自：《南越王墓玉器》，圖版59。

圖5.13：扁平片雕玉舞人二件　　**圖5.14：立體圓雕舞人（C137）**

左：單人片雕舞人（E135）
　　高4.8公分，寬2.2公分，厚0.5公分
右：連體片雕舞人（C258）
　　高2.6公分，寬1.3公分，厚0.5公分

摘自：《南越王墓玉器》，圖版141、230。

高3.5公分，寬3.5公分
厚1公分

摘自：《南越王墓玉器》，圖版234。

雲紋樣。舞伶曲腰併膝呈跪姿，一手上舉，另一手舒垂，雙袖曳地，口微張似為吟唱，樣貌生動。戰漢之際所見的玉舞人多為扁平片雕，類此圓雕較為罕見。

（五）裝飾器物——玉具劍飾

趙眛墓出土玉具劍飾共 58 件，其分佈之處有二，一為主棺室，即墓主佩劍 10 柄，其中 5 柄為玉具劍，所附的劍飾計有 15 件。另外，在做為倉儲之所的西耳室，內部放置一個漆盒中盛有玉劍首 10 件、劍格 16 件、劍璲 9 件、劍珌 8 件，計有 43 件，以下便以器形加以區別。

1. 劍首

劍首形制多琢做扁平圓形，背面多光素或陰刻裝飾紋，並有穿孔和溝槽，以納劍柄。〔註 35〕形制亦有少數例外，如巨野紅土山漢墓、陝西西安北郊漢墓所出玉具劍，劍首略做長方形，結合浮雕與透雕的技法，雕琢攀繞於雲中的螭虎（圖 5.15）。在趙眛墓中所見眾多圓形劍首中，亦得見特殊形制之劍首，依器形、紋飾約可分四類：

圖 5.15：山東巨野紅土山漢墓出土方形劍首

長 6.5 公分，寬 5 公分，厚 1.6 公分

摘自：《中國玉器全集・4 秦漢南北朝》，頁 89，圖版 119。

（1）浮雕螭虎（動物）紋

如 C147-9（圖 5.16），玉質瑩潤，器表附著大量硃砂，正面週緣凸起如箍，正面圓心周圍以去地高浮雕的技法，雕飾身型修長，猶如行雲流水般的龍與雙螭，中央以 S 形雲氣略微區隔，隱匿三獸蜷曲身軀，尖爪前伸，似為相互搏鬥嬉戲，構圖巧妙別致，於有限空間傳達神獸無限之蓬勃生機。類此形制之劍首，較為罕見。

（2）內區為卷雲紋或柿蒂紋，外區為螭虎紋

墓中出土 D89-1（如圖 5.17）、D90-2，形體厚重，中心處剔地作圓凸鼓起狀，飾有四個卷雲紋或為柿蒂紋；外緣得見高浮雕雙螭，作匍匐爬形狀，上身攀至器面，下身及索紋長尾則貼附於側面，與淺浮雕雲氣相襯。器底中央

〔註 35〕《南越王墓玉器》，頁 284、290。

圖 5.16：剔地浮雕螭虎紋劍首（C147-9）

面徑 5.1 公分，底徑 4.9 公分，邊厚 0.6 公分

摘自：《南越王墓玉器》，圖版 194、頁 287。

| 圖 5.17：內區卷雲紋，外區螭虎紋劍首（D89-1） | 圖 5.18：漏斗狀柿蒂紋與穀紋劍首（C147-25） |

面徑 6 公分，底徑 5.4 公分，邊厚 1.85 公分　面徑 5.5 公分，底徑 5.3 公分，邊厚 0.4 公分

摘自：《南越王墓玉器》，圖版 74。　　　摘自：《南越王墓玉器》，圖版 208。

略起弧凸，呈圓台狀，中央琢一凹槽以爲鑲嵌，外區則刻劃規整的勾連穀紋。相似器件於滿城漢墓等地出土，可能爲斯時普遍之形制。

（3）內區爲柿蒂紋或雲紋，外區爲勾連穀紋

如 C147-25（圖 5.18），器表有絲絹附著痕跡。器面頂心處下鑽不透底的圓孔。內區紋飾爲隱起柿蒂紋，外區飾有勾連穀紋。本器形制特殊，呈漏斗狀，較爲罕見。另爲 D143-2 等內區飾有四個雲紋，墓中共計 9 件，於墓中劍首佔有較大之比例，可推測類此紋飾的劍首於漢代最爲常見，所延續的時間

也較長。〔註36〕

（4）方形劍首

圖 5.19：方形劍首（D70-2）

長 4 公分，寬 2.8 公分，中厚 1 公分

摘自：《南越王墓玉器》，圖版 89。

於主棺室出土之玉具劍 D70 的劍首 D70-2（圖 5.19）最爲特殊，呈長方狀，橫切面成菱形，中央突脊清晰可見，通體光素無紋，底部鑿有圓銎，可納劍柄。此劍首異於漢代常見的圓形樣式，紋飾亦與巨野紅土山漢墓、陝西西安北郊漢墓所出的劍首有顯著的差異，極其特殊。

2. 玉劍璏

劍璏多數呈「山」字形，有突起中脊，兩側斜收偏薄，斷面呈菱形，左右突如耳狀，中間有長方形圓角穿孔，可由劍柄套入，嵌於劍身後端。南越王墓出土劍璏共 20 件，〔註37〕多數均刻有紋飾，題材多元。依器形紋飾可分四類：

（1）扁平獸面紋或幾何紋

共計 14 件，〔註38〕其一爲裝飾獸面紋，如 D147-10，或爲簡化的獸面紋的造型，如 C147-42（圖 5.20）。二爲幾何紋樣，如 C147-35，兩面皆刻劃抽象的雲雷紋，紋樣風格與漆器相似（圖 5.21）。此類器形構圖多以中脊爲軸，兩側剔地作對稱裝飾。

（2）扁平鳥首紋

如 C147-2（圖 5.22）器形碩大，整體構圖以中脊爲軸，中央琢作獸面，兩側以雙面透雕技法，鏤雕一雙對向鳳鳥，鳥喙、羽毛與雲氣彎捲末端有如利勾，於其穿透處，未見損傷，且表裡打磨光潔，顯見斯時琢玉之精深。相

〔註36〕盧兆蔭，〈瑰麗多姿玉劍飾——漢玉漫談〉，《玉振金聲——玉器金銀器考古學研究》，頁 36。

〔註37〕主棺室所出土編號 D89 的玉具劍，僅有劍首、劍璏和劍珌，因此主棺室僅有 4 件劍格，與西耳室所出 16 件，合計爲 20 件。參閱《西漢南越王墓（上）》，頁 122、167～171。

〔註38〕所見如主棺室 D143-1、C147-6、18、22、26、30、35-42。參閱《南越王墓玉器》，頁 253、286～291。

圖 5.20：簡化的獸面紋劍璏
（C147-42）

橫寬 5.5 公分，中高 1.7 公分
中厚 2.2 公分

摘自：《南越王墓玉器》，圖版 290。

圖 5.21：幾何紋樣劍璏
（C147-35）

橫寬 6.7 公分，中高 3.6 公分
中厚 2.6 公分，邊厚 0.7 公分

摘自：《南越王墓玉器》，圖版 291。

圖 5.22：扁平鳥首紋劍璏
（C147-2）

寬 6.2 公分，中高 4.1 公分，邊高 3.7 公分
中厚 2.4 公分，邊厚 0.4 公分

摘自：《南越王墓玉器》，頁 285。

圖 5.23：器面正反紋飾不同的
劍璏（D141-10）

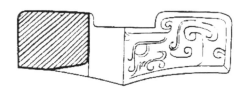

橫寬 6 公分，中高 1.6 公分
中厚 1.95 公分

摘自：《南越王墓玉器》，頁 287。

較於漢代常見以螭爲飾的劍璏，類此以鳳鳥爲飾的風格，目前未有出土，堪
爲孤品。

（3）高浮雕螭紋

　　共計 4 件，依照器形可分爲兩類，一類器身狹長，如 D141-1；另則器身
較爲寬厚，如 C147-14。多以高浮雕的遊雲螭虎、螭獸相戲爲整體構圖。部分
器面正反紋飾不同，另面亦得見獸面紋樣如 D141-10（圖 5.23）。此類造型於
漢代常見。

（4）光素無紋

墓中僅出土一件鑲嵌於鐵劍的素面劍格 D70-1，青玉，受沁呈象牙白色，作細長條狀，中脊突起，形體因鐵鏽侵蝕略有破損。

3. 劍璏

長方形體，兩端向下垂捲，底面側視可見狹長方銎，利於絲帶穿過銎孔固定於劍鞘，以為裝飾。墓中出土共計 9 件，依其形制可分三類：

（1）淺浮雕穀紋及勾連幾何紋

一類為 C147-15，器面琢飾圓凸飽滿的穀紋；另一則如 C147-2，正面飾有以陰線區隔，排列規整的勾連穀紋。類此形制於戰漢之際較為常見。

（2）淺浮雕或高浮雕螭紋

可區分淺浮雕的螭紋，正面飾以爬行螭虎，螭首略微超出框線，拋光未全，細處可見刻痕。以及高浮雕螭紋，其中以 C147-31（圖 5.24），形制最為特殊，此件器形較小，略近於方形，正面鏤雕一曲身回首的螭虎，螭首離地鏤空，長伸璏外，頸下則為淺浮雕。銎孔面隱約可見陰刻勾連雷紋，可能係由殘玦改制而成。〔註39〕

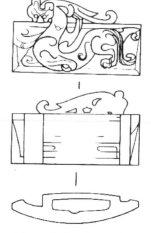

圖 5.24：高浮雕螭紋
劍璏（C147-31）

長 5.4 公分，寬 2.4 公分
厚 0.5 公分，銎口長 2.5 公分
寬 0.5 公分

摘自：《南越王墓玉器》，頁
289。

（3）光素無紋

僅見（D24），長方條狀，下端鑿有圓孔，通體光素無紋。

4. 劍珌

器形正視為上寬下窄的倒立梯形，器體中央厚實，側邊則較薄，側視為狹長菱形，珌面多有圓穿。墓中 11 件劍珌，依序可分四種樣式：

（1）飾淺浮雕勾連雲雷紋、獸面紋

一類如 C147-32，雙面皆為減地隱起的方折勾連雲紋，另類如 C147-24（圖 5.25），正反紋樣相同，以中脊為界，作左右對稱、上下相對的獸面，兩獸張口，貌似騰躍欲撲。

〔註39〕 參閱《南越王墓玉器》，頁 289。

圖 5.25：淺浮雕獸面紋劍珌
（C147-24）

上寬 6.9 公分，下寬 5.3 公分
高 6.9 公分，中厚 1.6 公分

摘自：《南越王墓玉器》，頁 291。

圖 5.26：高浮雕螭紋熊、螭劍珌
（C147-12）

上寬 6.8 公分，下寬 5.5 公分
高 4 公分，中厚 1.2 公分

摘自：《南越王墓玉器》，頁 287。

（2）圓雕或高浮雕螭紋

　　所見一類規整梯形劍珌，以高浮雕琢刻兩獸相鬥的構圖，另一類則為不規則的劍珌，如 C147-12（圖 5.26），以圓雕、高浮雕結合淺浮雕的手法，鏤雕雙螭與熊嬉戲的立體圖樣，修長的螭身跨度正反兩面，長尾為反面浮雕小熊所唧，並反向拉扯，極富動感。輔以繚繞的淺浮雕雲氣，整體構圖繁縟充實，是為墓中玉件難得之作。

（3）中央浮雕穀紋，周緣刻劃反相 T 字紋

　　僅有一件 C147-4（圖 5.27），呈束腰梯形，正反紋飾相同，隨形雕琢紋樣，周緣以狀似「T」形的勾連雷紋圍繞成一方框，形制特殊。

圖 5.27：浮雕穀紋 T 字方框
劍珌（C147-4）

上寬 6.4 公分，下寬 4.9 公分
高 7.1 公分，中厚 1.3 公分

摘自：《南越王墓玉器》，圖版 187。

（4）素面無紋

僅有主棺室所出土的（D70-3），上下寬度不甚明
顯，略呈長方形，中央有中脊，橫切面如橄欖形，通
體光素。底面有一圓孔與鞘相接。

三、日常用玉

（一）博戲

為東耳室所出嵌鎏金銅框鑲金花漆木博局，漆木
已朽，唯見六博子 12 枚，其中 6 枚為白色水晶製，另
6 枚為深綠碧玉所製，同為扁平長方形。〔註40〕另於東
側室亦出土六博局；12 枚棋子均以象牙製成，染作六
紅六黑。〔註41〕

（二）角杯

如 D44（圖 5.28），玉色青白，溫潤質佳。全器以
整塊玉料碾琢而成，上大下小，狀似角形，口橢圓，
腹中空，內壁磋磨光滑。外壁由底部作絞絲狀向上迴
轉分岔大卷雲紋，杯身紋飾以一螭為主體，其長角、
身軀與尾部環繞佈滿杯身，空隙間亦得見勾連雲紋補
白，全器幾為滿工，且融圓雕、
鏤雕、高淺浮雕等技法於一
體，器形特殊，佈局巧妙，紋
樣互有交疊卻層次分明，為漢
玉罕見之佳作。

（三）玉盒

所見 D46（圖 5.29），盒身
如碗狀，圈足，身與蓋作溝槽
可相合。蓋面圓隆，頂立一鈕
內扣活動的索紋環。俯視蓋面

〔註40〕《西漢南越王墓》，頁 67。
〔註41〕《西漢南越王墓》，頁 251。

圖 5.28：
角杯（D44）

高 18.4 公分
口徑 5.8～6.7 公分
口緣厚 0.2 公分

摘自：《南越王墓玉器》
，圖版 103。

圖 5.29：玉盒（D46）

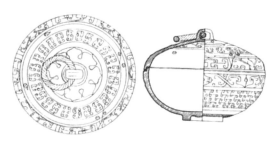

通高 7.7 公分，口徑 9.8 公分，壁厚 0.35～0.45 公分
壁高 3.55 公分，盒高 4.3 公分，圈足徑 3 公分

摘自：《南越王墓玉器》，頁 261。

紋樣可分三區，內區琢飾八片柿蒂紋；中央剔地作突起的勾連穀紋；外區則作八組流雲紋樣。盒身外壁亦有三區紋飾，上圈作飽滿勾連穀紋；中圈陰刻勾連穀紋；下圈近足處可見絢索紋。盒內掏膛，打磨光潔，可見漆皮、珍珠等盛物。本器有修補痕跡，於蓋頂可見鑽孔，可穿繩縫合，顯見斯時治玉之技法。

（四）玉卮

如 F18（圖 5.30），卮體可分蓋與身，蓋為髹漆木胎，身為鎏金銅框架鑲嵌九片玉片而成，卮底亦鑲有一塊打磨光整的圓形玉片，側嵌玉質單耳鋬。玉片均飾有勾連穀紋，內側光素，大小略異。銅框鑄為三蹄足，表面飾以勾連菱形紋樣與雲鳥紋，造型華麗。

（五）銅框玉蓋杯

D47（圖 5.31）出土時除包裹絲絹，另以絲帶捆繫，全器受銅鏽包覆浸蝕，杯體為上侈下收的圓筒形銅框，鑲嵌八片素面玉片而成，底作喇叭形座足。銅框分八格，每格上下緣間作溝槽以納玉片，構成圓口八稜形的座杯，座足鑲嵌五枚花瓣形玉片。杯蓋緣亦為銅質，中央亦嵌合整塊蓋玉，紋樣琢為三層，做螺紋逐內收斂至中心處如乳突狀，器形華麗不失雅致，別具巧思。

<table>
<tr><td>圖 5.30：玉卮（F18）</td><td>圖 5.31：銅框玉蓋杯（D47）</td></tr>
<tr><td></td><td></td></tr>
<tr><td>通高 14.5 公分，卮高 12.6 公分
口徑 8.6 公分，厚 0.3 公分</td><td>通高 16 公分，杯高 14 公分，口徑 7.2 公分
圈足徑 5.5 公分，壁厚 0.2 公分</td></tr>
<tr><td>摘自：《南越王墓玉器》，圖版 161。</td><td>摘自：《南越王墓玉器》，圖版 110。</td></tr>
</table>

（六）承露杯

D102（圖 5.32）全器由銅承盤、托架與高足玉杯三部分所組成。玉杯之杯身與杯足分開雕琢，杯身為長筒狀，平底，紋飾可分三區，上下兩區做線條流暢的雲氣紋，中部則為勾連穀紋。杯足如墩，足中鑿二孔，與杯底圓孔相對，可做插嵌固定。杯足與其下活動式的杯托均飾以柿蒂紋，高足杯可套入杯托中央圓洞，而後為三隻金首銀身的龍口所唧，固定於銅承盤之上。全器以玉、金、銀、銅、木等多樣材質組合而成，造型獨特新穎，極其特殊。

（七）玉印

墓中共出土金、銅、玉、綠松石、水晶、瑪瑙和象牙等七類材質印章共 32 枚。玉印共有 9 枚，其中 6 枚無篆文，另 3 枚（圖 5.33）有文字的玉印皆為墓主的貼身隨葬物。一為 D33，陰刻篆文「趙眛」二字，做覆斗鈕，為墓主名章；二為 D34，陰刻篆文「帝印」，印文溝槽留有朱紅印泥，作螭鈕，與「趙眛」印同有邊欄與縱格；三為 D80，「泰子」玉印，覆斗鈕，印面無欄。

四、其他用玉

（一）透雕鳳紋牌形珮

D158（圖 5.34），全器係以扁平玉片雕琢而成，中央可見方框為界。框頂透雕雲頭紋，牌形飾右側透雕一鳳昂首立於玉璧上，長尾下曳，末端回捲托璧，左側似為纓珞，上有一瑝，頂部變形作一小鳳鳥。框內透雕一變形鳳鳥紋樣，下與一獸相連，唯器已破損斷折，特製一雙金襻接合。器面除可見整

圖 5.32：承露杯（D102）

通高 17 公分，銅承盤高 5 公分
徑 23.6 公分

摘自：《南越王墓玉器》，圖版 127。

圖 5.33：左起「泰子」、「帝印」（D34）、「趙眛」（D33）玉印

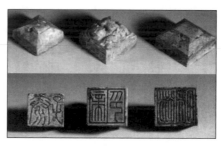

「泰子」印：邊長 2 公分，通高 1.3 公分
「帝」印：　邊長 2.3 公分，印台高 0.8 公分，通高 1.8 公分
「趙眛」印：邊長 2.3 公分，通高 1.7 公分

摘自：《南越王墓玉器》，圖版 62。

體輪廓起稜外，細部更以細密的陰刻線為飾，構圖栩栩如生，佈局疏密有致，且打破對稱的傳統格局，獨樹一格。

（二）金鉤玉龍

D93（圖 5.35），器作 S 形弓身扁平玉龍，龍尾斷折，斷口經細磨後平滑，鑿有三孔以繩聯繫，並套入一虎頭金鉤為飾。龍首下頜豐厚，顧盼唧鰭，軀身飾以圓凸飽滿的榖紋，其爪、長鬚、鰭均剔地，使外緣輪廓形成斜向突稜，富有立體感。金質帶鉤頭尾均作虎首，鉤尾的大虎頭額上鑿有「王」字，虎口為一套銎，顯然係用以銜接龍身斷折部位之配套，卻形成一幅龍虎爭鬥的構圖，極富巧思。

圖 5.34：透雕鳳紋牌形珮（D158）　　**圖 5.35：金鉤玉龍（D93）**

長 14 公分，寬 7.4 公分，厚 0.4～0.5 公分　　長 11.5 公分，寬 1.6 公分，厚 0.4 公分

摘自：《南越王墓玉器》，圖版 36。　　摘自：《南越王墓玉器》，圖版 37。

（三）透雕龍鳳紋重環珮

D62（圖 5.36），內外琢作雙環，雙面透雕紋飾，分內外兩區：內區見一遊龍於環心，前後足與尾部皆延伸至外區；外區則為一鳳立於龍爪之上，回首與龍對視，鳳冠與長尾後揚與雲氣交融。細部線刻交疊的 S 紋，整體線條流暢，工法俐落遒勁，於平面玉料發揮內外跨度的立體效果。

（四）透雕遊龍穀紋璧

D157（圖 5.37）主體爲剔地穀紋玉璧，作雙面雕刻，內外緣均起稜。璧孔透雕螭龍，昂首張口，前足攀舉，後腿佇立，鼓尾奮捲，似欲蓄勢騰躍。璧面起稜與透雕螭龍使層次益加分明。

<table>
<tr><td>

圖 5.36：

透雕龍鳳紋重環珮（D62）

直徑 10.6 公分，內徑 5.2 公分，厚 0.5 公分

摘自：《南越王墓玉器》，圖版 40。

</td><td>

圖 5.37：

透雕遊龍穀紋璧（D157）

直徑 8.8 公分，孔徑 4.3 公分，厚 0.4 公分

摘自：《南越王墓玉器》，圖版 42。

</td></tr>
</table>

（五）龍形珮

E32、33 一對，造型紋飾相同。體大厚重，碾琢爲回首弓身捲尾的虯龍，口、爪、尾皆鑿有圓孔，背上亦鑽一孔以爲繫繩，身軀陰刻圓渦狀穀紋爲飾；頭、爪、尾以單線隨形勾勒，線條粗獷。

從考古挖掘的漢代玉器考察，西漢早期的玉器承繼戰國以來的傳統。如獅子山楚王墓，既有先秦風格的玉器，亦有漢代風格的玉器，二者共存，具有西漢前期玉器的特徵。南越文王趙眛雖葬於漢武帝在位期間，但墓中所出玉器，於造型紋飾上仍具有戰國遺風。西漢中期以後，新的器形與器類陸續出現，在工藝特徵上亦有長足的發展，如圓雕、透雕、高浮雕的玉器數量增加；同時還出現鑲嵌玉飾的器物。在紋飾題材上，漢玉也產生顯著的變化，由以抽象主義轉爲寫實主義。而具有西漢中期玉雕藝術特質，亦反映於文王墓中所見的部分生前用玉，可見其顯著之時代特色。

第二節　生前用玉的區域文化特色

南越王墓出土千餘件文物，依其類別大致可區分為銅、陶、鐵、漆、玉石、金銀、象牙等器類。除器類數量眾多外，形制亦相當多元。墓中所出的銅、陶鼎除可分為楚式、漢式與越式三類；〔註42〕西耳室則可見楚式的虎節與劍，以及被視為古吳越文化代表的青銅勾鑃；〔註43〕東耳室則有銘刻「王四年相邦張儀」銅戈，可能為秦惠王四年由張儀督造，而後隨秦軍南下所傳入的秦時文物，〔註44〕甚至是外來文化的象牙與銀盒等。〔註45〕這些文物皆顯示南越國因時空與地理因素，成為多元文化之匯集地，因此，本節欲由器形風格與紋飾異同，比對生前用玉所反映的區域文化特色。

一、楚　式

南越國位居中國南方，在先秦時期，楚越透過戰爭帶動文化交流，其中又以春秋中期至戰國時期最為興盛，〔註46〕其所含括巴、百濮、苗蠻、戎狄等多種文化，〔註47〕為日後所謂中原與漢文化奠定良好的基礎。楚式玉雕不僅盛行於當地以及附庸國，另散佈於中原地區，形成相互滲透的現象，因此，居處南方的南越王墓亦出土了不少具有楚特色的玉器。

而識別楚玉是相當複雜的過程，〔註48〕所見表徵可從器形與紋飾著手。以紋飾而言，約可分為裝飾性線條、植物與象生動物紋樣；而楚式器形則較為複雜，如邊廓的設計與曲線的設計等。〔註49〕但卻有其特殊的需要性。〔註50〕據學者研究歸納後，可發現楚式玉器的風格與中原地區截然不同，其重要的

〔註42〕　《南越王墓玉器》，頁26、78。
〔註43〕　《南越王墓玉器》，頁87。
〔註44〕　參閱《南越王墓玉器》，頁60、316。吳凌云，〈多元文化匯南越〉，《文物天地》第一四三期（北京：文物天地雜志社，2003年5月），頁70。
〔註45〕　《南越王墓玉器》，頁210。
〔註46〕　參閱曹學群，〈楚文化與中原文化〉，收錄於熊傳新主編，《楚國、楚人、楚文化》（臺北：藝術家出版社，2001年11月），頁16～17。
〔註47〕　曹學群，〈楚文化與「蠻夷」文化〉，頁18～19。
〔註48〕　俞偉超，〈楚文化的研究與文化因素的分析〉，《楚文化研究論集》（湖北：荊楚書社，1987年1月），頁1～15。
〔註49〕　葉惠蘭，〈漢代玉器的楚式遺風──楚式玉器的「紋」、「型」特徵分析〉（臺中：東海大學中國文學系研究所博士論文，2005年）。
〔註50〕　夏鼐，〈楚文化研究中的幾個問題〉，《江漢考古》1982年第一期（武漢：江漢考古編輯部，1982年9月），頁2。

特徵表現於紋飾與器形風格，以下便以楚式特徵將其歸納爲二類：〔註51〕

（一）楚式紋樣

1. 絢索紋

所見如湖北隨縣曾侯乙墓，以及安徽長豐楊公 1 號楚墓（圖 5.38），狀若「▨▨▨」。最常見於動物細部紋飾，南越王墓所出土的 D62 透雕龍鳳紋重環珮尾部（絢索紋）如透雕龍鳳紋重環珮（D62）、透雕遊龍穀紋璧（D157）尾部（紋）、鳳紋牌飾（D158）下端龍尾、金龍玉鉤嘴與頸絢索紋（絢索紋），另有簡化絢索紋爲玉璧分隔裝飾。

2. 串貝紋、網紋、花朵形網紋或花朵紋（桃心紋）

湖北荊門郭店 1 號楚墓帶鉤所見龍頸所見兩圈圈串連的串貝紋（圖 5.39），以及河南信陽楚墓所出土的玉雙夔龍紋珮，龍身飾有大量花朵形網紋，另戰國玉龍珮，龍頸部則見細長的花朵紋。這些紋樣迄今僅見於楚墓，可能爲盛行楚地之紋樣。〔註52〕墓主趙眜玉組珮組件中的透雕龍鳳穀紋璧（D77）出廓鳳鳥頸部亦可見串貝紋，另同件的壺形飾（D121-2）及劍首（143-2、89-1）中央則有花朵形網紋與網紋，另右夫人玉組珮組件（E143-9）中央下方處、墓主足下所踏雙連璧的雙鳳合翼所形成的桃心紋。

圖 5.38：安徽長豐楊公 1 號楚墓雙龍璜下顎所見絢索紋

摘自：殷志強、丁邦鈞編，《東周吳楚玉器》（臺北：藝術圖書公司，1993 年 11 月），頁 147。

圖 5.39：湖北荊門郭店 1 號楚墓帶鉤所見龍頸串貝紋

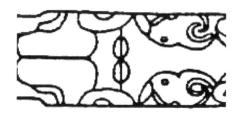

摘自：《中國古玉研究論文集（下）》，頁 13。

〔註51〕 楊建芳，〈楚式玉龍佩──楚式玉雕系列之一〉，《中國古玉研究論文（下）》（臺北：眾志美術出版社，2001 年 9 月），頁 10～29。

〔註52〕 楊建芳，〈楚式玉龍佩──楚式玉雕系列之一〉，《中國古玉研究論文（下）》，頁 22。

3.三連穀紋

以狀似心形的三連穀紋為飾的玉件較為罕見，迄今所知具有此紋飾僅有安徽長豐楊公 1 號楚墓的龍首玉璜等（圖5.40）。〔註53〕而南越王墓中所出土的玉璧（D50-8 細部）、玉盒蓋面的裝飾、玉組珮的雙龍首璜（E134-2）、劍首 D90-2 背面，皆可見形制相同的三連穀紋。

4.大小S形套疊紋樣（圖5.41）

據後人考證，類此紋樣最早出現於湖北襄樊眞武山春秋晚期墓葬中的陶豆豆盤上，直到戰國中期才廣泛的裝飾於

圖 5.40：安徽長豐楊公 1 號楚墓的龍首玉璜上細部的三連穀紋

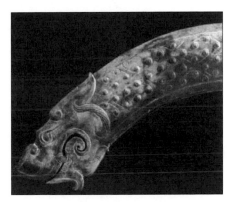

摘自：《東周吳楚玉器》，頁 144～145。

銅器與玉器上，如廣東肇慶北嶺松山戰國墓錯銀銅罍。另徐州獅子山楚王墓所出土的螭龍玉珮中可知傾斜套疊的 S 紋為抽象的鳳鳥紋樣，大 S 為鳳首與身尾，小 S 則為兩翼，反映楚人尊鳳的觀念，為楚式玉特有的紋飾。〔註54〕墓中 D62 透雕龍鳳紋重環珮細部亦得見相同紋樣。

圖 5.41：器皿所見大小 S 形套疊紋樣

湖北襄樊眞武山春秋晚期墓葬陶豆豆盤

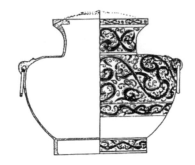

廣東肇慶北嶺松山戰國墓錯銀銅罍

摘自：《中國古玉研究論文集（下）》，頁 25。

〔註53〕 安徽長豐楊公 1 號楚墓中，除雙龍首璜多數飾有三連穀紋外，另有出廓龍形玉珮亦可見相同紋樣。參閱殷志強、丁邦鈞主編，《東周吳楚玉器》（臺北：藝術圖書公司，1993 年 11 月），頁 144～145、146～147、178～179、188～189。

〔註54〕 楊建芳，〈楚式玉龍佩——楚式玉雕系列之一〉，《中國古玉研究論文（下）》，頁 26。

上述南越王墓楚式紋樣玉件整理如表 5.2 所示。

表 5.2：南越王墓玉器楚玉紋樣簡表

絢索紋（絞絲紋）、頸圈紋與簡化索紋	串貝紋、網紋、花朵形網紋或花朵紋（桃心紋）	三連穀紋	飾斜疊雙 S 紋
D62 透雕龍鳳紋重環珮尾部（絢索紋）	透雕龍鳳穀紋璧鳳頸（串貝紋）	玉璧（D50-8）	D62 透雕龍鳳紋重環珮細部
鳳紋牌飾（D158）下端龍尾	墓主組珮壺形飾（D121-2）中央的花朵形網紋	玉盒（D46）蓋面的裝飾	
金龍玉鉤嘴與頸絢索紋（絞絲紋）、頸圈紋	墓主所踏雙連璧（D186）雙鳳合翼形成的桃心紋	玉組珮的雙龍首璜（E134-2）	
玉璧 D7 等簡化索紋	右夫人組珮組件（E143-9）中央下方處的桃心紋	劍首 D90-2 背面	

（二）楚式器形

1. 特殊風字型龍紋珮（圖 5.42）、S 狀龍形珮（圖 5.43）

　　相類玉件於戰國楚墓出土數量眾多，為戰國晚期楚式玉雕之象徵。〔註55〕如曾侯乙墓、安徽壽縣小孤堆集戰國楚墓所出土的龍紋玉珮，彎腰、拱背回首、捲尾，狀似 W 形，且龍的上顎較長，並且向上翻。而南越王墓中一對玉龍珮（E32、E33）造型與其極為相類。

圖 5.42：風字型龍紋珮比較圖　　圖 5.43：S 狀龍形珮比較圖

左：南越王墓玉龍珮之一（E33）　　　　　左：南越墓王中金鉤玉龍（D93）
　　　長 19 公分，高 13.2 公分，厚 0.6 公分　　　　長 11.5 公分，寬 1.6 公分，厚 0.4 公分
右：安徽壽縣小孤堆集戰國楚墓的龍紋玉珮　右：江蘇徐州獅子山楚王墓穀紋龍形珮
　　　長 17.5 公分，寬 7.4 公分　　　　　　　　　長 17.5 公分，寬 10.2 公分

　　摘自：《南越王墓玉器》，圖版 154。　　　摘自：《南越王墓玉器》，圖版 38。
　　　　　《東周吳楚玉器》，頁 35。　　　　　　　　《大漢楚王──徐州西漢楚王陵
　　　　　　　　　　　　　　　　　　　　　　　　　墓文物輯萃，頁 318》，頁 276。

　　另江蘇徐州獅子山楚王墓出土穀紋龍形珮，器作單體 S 蜷曲豎身龍形，可能亦為楚玉風格。〔註56〕而趙眜墓中所出金鉤玉龍（D93），除龍身因斷裂而附加金質虎頭帶鉤，兩者形制如出一轍，應係楚玉特徵之一。

2. 齊頭雕戚齒玉璜（圖 5.44）

　　文獻記載：「半璧為璜」，而考古所見的玉璜亦多呈半圓形的弧面。與南越王墓中出土部分具有狀似棱扉或齒牙的玉璜相異。查獅子山楚王墓出土相

〔註55〕　楊建芳，〈南越王墓玉器研究──南越式玉器的識別及相關問題〉，《中國古玉研究論文（下）》，頁 121。
〔註56〕　王愷，〈淺說徐州獅子山楚王墓出土玉器〉，收錄於鄧聰編，《東亞玉器》（香港：香港中文大學中國考古藝術研究中心，1998 年），頁 140～141。

似的齊頭玉璜比例眾多，其特色在於兩端雕出規整的戚齒，並在璜拱之上部鑿圓孔，用以繫繩亦有個別浮雕龍紋圖案者，圖案製作規整而準確。

圖 5.44：齊頭雕戚齒玉璜比較圖

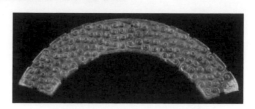

南越王墓玉璜（C150-1）　　　　　　　　　河南省淅川縣徐家嶺楚墓玉璜
長 7.1 公分，中寬 2.1 公分，厚 0.3 公分　　　長 15.8 公分，寬 2.6 公分，厚 0.5 公分

摘自：《南越王墓玉器》，圖版 179。《東周吳楚玉器》，頁 177。

　　如所見安徽省長豐縣楊公 2 號墓、湖北省江陵望山 1 號墓、河南省信陽長台關 1 號墓、河南省葉縣舊縣 1 號墓以及河南省淅川縣徐家嶺楚墓皆有出土，而這些地區在春秋戰國屬楚國領地，其所見玉璜皆具楚國風格。〔註57〕南越王墓中所出玉組之珮組件玉璜與單獨使用的玉璜約 29 件，〔註58〕其中約有 15 件玉璜具有楚式齊頭雕戚齒的特徵。〔註59〕可見南越王墓中楚玉風格比例甚重。

3. 雙龍、龍鳳同體合雕（圖 5.45）

　　由於楚人係以「尊鳳崇龍」為信仰核心，〔註60〕因此楚玉多以鳳鳥、龍做為裝飾，時而單獨存在，時而共身合體。〔註61〕以安徽長豐楊公 2 號楚墓

〔註57〕　王愷，〈淺說徐州獅子山楚王墓出土玉器〉，收錄於《東亞玉器》，頁 141。

〔註58〕　組珮組件玉璜計有：D84、E134-1、2、E143-3、4、5（殘破不全）、E44、E40、E54、E128、E100、E103、E105-1、2、F60-2、3、F91、F80、F82、A4、5、B10 單獨使用 D161、D167、D184、C149-1、C150-1、2、C149-2。

〔註59〕　D161、D167、D184、E134-1、2、E44、E40、E54、E105-1、2、A4、5、C150-1、2、C149-2。

〔註60〕　楚人尊鳳崇龍的原因，主因有二，一是鳳為楚人先祖的圖騰崇拜，是其始居東方之地的固有信仰；而楚人崇龍則是流邊中原與地居南蠻之地，受龍圖騰的民族影響而成的崇尚之俗。再者，即是與楚人期望藉由龍鳳引魂升天。參閱宋公文、張君，《楚國風俗志》（武漢：湖北教育出版社，1995 年 7 月），頁 512～513。

〔註61〕　類此龍鳳合體或是雙龍共身合體的玉件，可見河南信陽長台關 1 號楚墓的玉龍珮、安徽長豐楊公 2 號楚墓的玉龍珮與玉龍鳳珮，以及山東臨淄商王村 1 號墓等地，應為楚玉之代表。參閱楊建芳，〈楚式玉龍佩——楚式玉雕系列之

所出土的玉龍鳳珮爲例（圖 5.45 右），即具有雙龍共身與龍鳳合體的特色。另河南洛陽金村東周王室墓中，亦出土的玉組珮，〔註 62〕組件之一的連體玉龍珮，與趙眜墓中的右夫人組珮中的連體玉龍珮（圖 5.45 左）造型極爲相似，除具有雙龍共身的特點外，另結合鳳鳥紋及楚式桃心紋，推測係可能延續戰國楚式風格的西漢早期玉器。

圖 5.45：雙龍、龍鳳同體合雕比較圖

南越王墓右夫人組珮之一的連體雙龍珮(E143-9)　　　安徽長豐楊公 2 號楚墓的玉龍鳳珮
　長 10.2 公分，寬 6 公分，厚 0.4 公分　　　　　長 15.3 公分，寬 6.4 公分，厚 0.35 公分

摘自：《南越王墓玉器》，圖版 134。《東周吳楚玉器》，頁 44～45。

二、越　式

　　南越王墓出土的玉器當中，有數件能反映出越族文化特點的玉器。墓中出土漢墓罕見的玉組珮，其中位於東側室泰夫人組珮組件之一的方形玦 E51（圖 5.46），外方內圓，四角爲尖齒，與璇璣的牙相似，一側缺口與中央圓孔相連，與漢玉普遍常見的圓形玉玦的形制相異。

　　據後人研究指陳，方形玉石玦不見於五嶺以北的地區，〔註 63〕迄今所知尚見於廣西及台灣地區，〔註 64〕而出土方形玦的廣西平樂銀山嶺戰國墓和武鳴山馬頭鄉戰國墓，其墓主的族屬，分別是西甌和駱越。〔註 65〕如第二章背

　　　　　一（下）〉，《中國古玉研究論文（下）》，頁 45～62。

〔註 62〕　《中國古玉器圖典》，頁 198。

〔註 63〕　楊建芳，〈耳飾玦的起源、演變與分佈・文化傳播及地區化的一個實例〉，《中國古玉研究論文（下）》，頁 147～152。

〔註 64〕　廣西壯族自治區文物工作隊，〈平樂銀山嶺戰國墓〉，頁 245，圖三七：3。廣西壯族自治區文物工作隊等，〈廣西武鳴山馬頭安等秧山戰國墓群發掘簡報〉，頁 21。連照美，〈卑南遺址出土「玦」耳飾之研究〉收錄於國立故宮博物院編輯委員會，《中華民國建國八十年中國藝術文物討論會論文集（器物上）》（臺北：國立故宮博物院，1992 年 6 月），頁 59～71。

〔註 65〕　蔣廷瑜，〈從銀山嶺戰國墓看西甌〉，《考古》1980 年二期（北京：科學出版

景所言，廣東自古以至秦漢時期即爲越人主要的聚居地，因此南越王墓所出組珮組件的方形玦除內圓外方、具有尖齒外，其尖齒與廣西與臺灣所出玉玦（圖 5.47）的尖齒均呈右旋向。比較三者形制，具有多數的共通性，不僅反映越式和中原玉器不同的特點外，亦可看出南越當地的文化特色。

圖 5.46：泰夫人組珮組件之一的　　　　　　　圖 5.47：
方形玦（E51）　　　　　　　　台東縣卑南文化遺址玉玦

 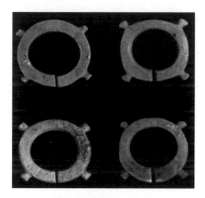

長 7 公分，寬 7 公分　　　　　　　　最小件直徑 3.3 公分
孔徑 1.3 公分，厚 0.2 公分　　　　　　最大件直徑約 10 公分

摘自：《南越王墓玉器》，圖版 147。　　摘自：《中國出土玉器全集‧11》，頁 237。

除此之外，另有一套玉劍具 D24 及 D70-1.2.3（圖 5.48），形制較爲特殊。此套玉劍具包括玉劍首、玉劍格、玉劍璏和玉劍珌四組劍飾，特點爲素面和滑石雕成，而劍首與劍珌呈豎直狹長方形，與同墓出土的其他四套玉具劍，以及其他劍飾的圓形劍首及方形劍珌的形制，與通體刻劃精美紋樣的情況截然不同。

東周時期所流行使用的玉劍飾，多數都有紋飾，此風爲漢玉所承繼。而素面玉劍飾出土數量甚少，且多見於南方，〔註 66〕廣州地區出土除南越王墓以外，其他西漢前期墓葬，〔註 67〕以及江蘇吳縣嚴山出土的春秋晚期吳國玉

社，1980 年 3 月），頁 170～178。馬頭發掘組，〈武鳴山馬頭墓葬與古代駱越〉，《文物》1988 年第十二期（北京：文物出版社，1988 年 12 月），頁 32～36。

〔註66〕　楊建芳，〈南越王墓玉器研究——南越式玉器的識別及相關問題〉，《中國古玉研究論文（下）》（臺北：眾志美術出版社，2001 年 9 月），頁 114。

〔註67〕　所見如三元里馬鵬崗、華僑新村竹園崗、華僑新村玉子崗等地出土共 7 件劍

器窖藏，亦出土相類的素面綠松
石劍珌，〔註68〕推測素面劍飾用
品可能源自南方。另外，湖南地
區亦出土以滑石碾琢而成的素
面劍飾。〔註69〕

湖南地區除了出土素面的
滑石劍飾以外，另出土不少東周
至漢代的越式青銅器與滑石
璧。〔註70〕其中滑石劍飾，多出
於湘水流域。據考古學家推測，
湘江中上游（衡山至南嶺），自
新石器時代至商周時期為古越
族文化之分佈地；下游地區（包
含長沙與益陽）情況則較為複
雜，其土著文化更接近鄂東南、
贛西北和鄱陽湖沿岸古越族文
化。〔註71〕

圖 5.48：素面滑石玉具劍
（D24、D70-1.2.3）

左上：劍首長 4 公分，寬 2.8 公分，中厚 1 公分
左下：劍璏橫寬 5 公分，高 1.1 公分中厚 2.25 公分
右上：劍璲長 6.75 公分，寬 1.7 公分，厚 0.35 公分
右下：劍珌長 4.25 公分，上寬 2.2 公分，下寬 2.1 公
分，中厚 0.7 公分

摘自：《南越王墓玉器》，圖版 89-92。

另研究指陳，湖南地區所出土的素面滑石劍飾，與飾有圈點紋的越式滑
石璧及越式滑石劍璲共存；部分滑石劍珌底部有二淺凹弧相交呈波浪，此種
形制不見於其他地區，唯與廣西武鳴山馬頭鄉戰國駱越族墓葬出土的青銅劍

飾，劍柄多呈扁條形與方柱形，且素面無紋。參閱《廣州漢墓（上）》（北京：
文物出版社，1981 年 12 月），頁 160～161、166～167。

〔註68〕　吳縣文物管理委員會，〈江蘇吳縣春秋吳國玉器窖藏〉，《文物》1988 年第十一
期（北京：文物出版社，1988 年 11 月），頁 2，圖二：13。廣西壯族自治區
文物工作隊等，〈廣西武鳴山馬頭安等秧山戰國墓群發掘簡報〉，《文物》1988
年十二期（北京：文物出版社，1988 年 12 月），頁 16，圖三：3。

〔註69〕　湖南省文物管理委員會，〈湖南長沙西漢墓清理簡報〉，《考古通訊》1957 年第
四期（北京：科學出版社，1957 年 1957 年 7 月），頁 31。湖南省博物館，〈長
沙南郊砂子塘漢墓〉，《考古》1965 年三期（北京：科學出版社，1965 年 3
月），頁 117。

〔註70〕　楊建芳，〈戰國兩漢的越式璧——從臺北故宮博物院展出的一件滑石璧談
起〉，《中國古玉研究論文（下）》（臺北：眾志美術出版社，2001 年 9 月），頁
114。

〔註71〕　何介均，〈湖南商周時期古文化的分區探索〉，收錄於《湖南考古輯刊·2》（長
沙：嶽麓書社，1982 年），頁 123～126。

祕相似。〔註72〕因此，可推測湖南地區出土的素面玉石劍飾，可能係屬於越族之特色，再加上廣東與湖南相鄰，其土著為越人，南越王墓的素面劍飾，可能與湖南素面劍飾一樣具有越式特色。

春秋之世，楚人勢力所及已到湘江下游，其所統治的民戶多為原來的土著，甚至到西漢初年仍有「其半蠻夷」的越族。因此，藉由此一範圍的出土物，如滑石璧、劍飾等，推測湖南的素面劍飾可能是古越族文化的具體表徵。而廣東與湖南相鄰，亦為越族分佈地，故南越王墓罕見的素面玉具劍飾異於中原流行的扁平圓形，可能具有古越文化之遺風。

三、南越式

如前所述，趙眜墓中出土玉器風格，是受到先秦時期楚越的文化的影響，清楚的反映在部分玉器上，屬於特徵明顯的玉器文化表徵。但墓中有為數眾多的玉器，呈現「似是而非」的特色，即具有斯時其他漢墓常見的形制與紋樣，卻又產生細部的變化，為其他漢墓所未見的形制。後人研究，將這些玉件推測為「南越式玉器」。〔註73〕

具體而言，南越式是指玉器具有中原和越族，甚至是楚人的特色，非單獨反映一種民族特點，而是有漢越或是漢越楚結合的特點，為南越國特有的。這些玉器多加入一些獨屬地方特點造型或紋樣，以下將其區分為兩點析論之。

（一）「顯而易見」的地方特點玉雕

1. 玉舞人

如本章第一節所論述，趙眜墓中出土玉舞人的形制，約略有二，其中又以片雕數量較多，與漢代考古挖掘常見的情況相仿。〔註74〕墓中僅玉舞人 C137（圖 5.13），為圓雕而成，與中原地區普遍常見的片雕玉舞人形制迥異。

本件舞人身著交襟上下連身曳地長衣。細察襟口，開襟為從領曲斜至腋下的「曲裾」，為戰國流行，漢代仍沿用漢衣樣式。〔註75〕另下裳服貼，長擺

〔註72〕 楊建芳，〈南越王墓玉器研究——南越式玉器的識別及相關問題〉，頁107。

〔註73〕 楊建芳，〈南越王墓玉器研究——南越式玉器的識別及相關問題〉，頁121。

〔註74〕 石榮傳，〈從兩漢諸侯王墓出土玉器看漢玉藝術風格〉，《文物春秋》2004年一期，頁42。盧兆蔭，〈漢代貴族婦女喜愛的佩玉——玉舞人〉，《玉振金聲——玉器金銀器考古學研究》，頁74～77。

〔註75〕 漢衣的服裝樣式，有兩種基本類型，一為「曲裾」，即開襟是從領曲斜至腋

曳地，亦爲西漢早期婦女服飾特色。〔註76〕另舞人頭側偏髻狀若螺紋錐形，與漢代婦女普遍將髮髻在背後，再將髮髻的挽結的情況不同。

文獻載：「高祖使賈賜佗印爲南越王，賈至尉佗魋結箕踞見賈」服虔曰：「魋音椎，今兵士椎頭髻也。」顏師古云：「結讀曰髻，椎髻者，一撮之髻，其形如椎。」〔註77〕又「南越王趙他（佗），本漢賢人也，化南夷之俗，背畔王制，椎髻箕坐，好之若性」〔註78〕、「趙他（佗）入南越，箕踞椎髻。漢朝稱蘇武而毀趙他（佗）。趙他（陀）之性，習越土氣，畔冠帶之制」〔註79〕，與考古所見的「錐髻」或爲「螺髻」〔註80〕（圖5.49）應爲典型的越族髮型。〔註81〕

因此，本器所描繪構圖應爲頭梳越女，身著漢服，翹袖折腰跳著楚舞。〔註82〕故本器融合楚、越，以及代表中原的漢文化，可能是南越國融合多元文化自製的玉件。

圖 5.49：羅泊灣漢墓漆繪竹節銅筒所見「錐髻」圖

摘自：《南越國史蹟研討會》（北京：文物出版社，2005年4月），頁109。

下：一爲「直裾」，爲開襟從領向下垂直的樣式。曲裾爲戰國時期流行的深衣，直到漢代仍沿用。參閱吳威，〈漢代服飾圖案的裝飾藝術〉，《藝術研究》2008年第二期（黑龍江：哈爾濱師範大學藝術學院，2008年），頁6。

〔註76〕徐蕊，〈漢代女子服飾類型分析〉，《中原文物》2009年第二期（鄭州市：中原文物編輯部，2009年10月），頁89～90。

〔註77〕《漢書》，卷43，〈酈陸朱劉叔孫傳〉，頁2111。

〔註78〕《論衡今註今譯》，卷2，〈率性第八〉，頁215。

〔註79〕《論衡今註今譯》，卷14，〈譴告第四十二〉，頁1606。

〔註80〕吳凌云，〈南越文物研究三題〉，《南越國史遺研討會論文選集》，頁108～109。

〔註81〕部分研究指陳此舞人的髮型樣式爲《後漢書》所載著名的「墮馬髻」，但此髮型的特色在於往下側垂至肩部，並從髮髻中分出一絡頭髮自由散落，與人髮髻散落之感，猶如女子甫從馬上摔落之姿。但本文所論的舞人並無一絡頭髮散落的特徵，且其所徵引之文獻時代較晚，亦無其他佐證，故此說尚待商榷。參閱傅舉有，〈鶯飛天漢，袖舞長虹──漢代長袖舞俑和畫像（下）〉，《故宮文物月刊》第十一卷十一期（臺北：國立故宮博物院，1994年2月），頁87～88。

〔註82〕楚舞種類有六，分別爲巫舞、長袖舞、建鼓舞、七盤舞、獨舞及雙人舞。而長袖舞的特徵在於舞者多具秀頸束腰、長袖翻飛之特徵。參閱陳峰等，〈淺談楚舞蹈藝術〉，《華夏考古》1996年二期（鄭州市：華夏考古編輯部，1996年），頁96～97。

2. 犀形璜

D121（圖 5.50 左），於漢墓中較爲罕見，其形如璜，做低頭弓身狀，四肢蹲踞，尾部捲起一如蓄勢待撲之勢。紋飾動態有如中原式的虎形珮，部分研究指陳此犀形璜，狀似洛陽金村戰國墓，或是河北平山縣三汲鄉中山王墓的虎形珮（圖 5.50 右），應稱做虎形璜。〔註83〕

圖 5.50：犀形、虎形璜比較圖

 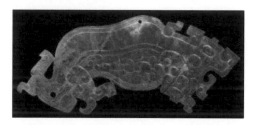

南越王墓犀形璜（D121）	戰國河北省平山縣三汲鄉中山王墓虎形璜
長 8.5 公分，高 4 公分，厚 0.4 公分	長 10.9 公分，寬 4.6 公分，厚 0.1～0.2 公分

摘自：《南越王墓玉器》，圖版 54。《中國出土玉器全集·1》，頁 151。

但細察二者，犀形璜器形，且與私人所藏穀紋犀牛玉飾（圖 5.51）十分相似，故應稱做犀形。一如文獻所載：「南方之美者，有梁山之犀象焉」，〔註84〕「珠璣、犀、象出於桂林」〔註 85〕而秦始皇進軍嶺南亦因「利越之犀角」，日後陸賈出使南越，趙佗亦遣使節回贈「白璧一雙，翠鳥千，犀角十」等方物。考古報告中以爲「犀角十」可能是透過海路輸入而轉贈漢廷，但此說尚未有直接證據證實。

圖 5.51：穀紋犀牛玉飾

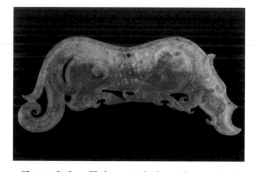

長 9.8 公分，最高 4.74 公分，厚 0.45 公分

摘自：黃建淳，《中華玉器文化特展圖典》（淡水：淡江大學歷史學系，2009 年 6 月），頁 174。

〔註83〕 石榮傳，〈從兩漢諸侯王墓出土玉器看漢玉藝術風格〉，《文物春秋》2004 年一期（河北：文物春秋雜志社，2004 年 2 月），頁 45。

〔註84〕 《淮南子》，卷 4，〈墜形訓〉，頁 336。

〔註85〕 〔漢〕桓寬，王利器校注，《鹽鐵論校注》（北京：中華書局，1992 年 7 月），卷 1，〈力耕〉，頁 28。

但從墓中西耳室出土皮甲 C153，以及另件存完整的鐵鎧甲 C233。由其殘存的皮甲片，發現毛孔與褐黑漆皮，而另件鐵甲內部亦有保護身體不與鐵甲摩擦的皮質材料，後人研究，此不排除爲犀皮革製作。〔註86〕又文獻載：「楚人鮫革犀兕，所以爲甲，堅如金石」〔註87〕「壽春、合肥受南北湖皮、革鮑、木之輸，亦一都會也」顏師古曰：「皮革，犀兕之屬也。鮑，鮑魚也。木，楓柟豫章之屬」〔註88〕可知長江流域出產犀皮，而自然環境更爲濕熱，且人爲因素影響較少的嶺南地區，應當也有犀牛生存。〔註89〕由此可知，墓中所出應係具有地方特色之犀牛之形制，而非虎。

3. 劍珌 C147-10、劍璏 D89-2

漢代玉器裝飾紋樣中，基本上延續戰國以來的傳統，動物紋中以龍、鳳鳥、螭虎、獸面紋最爲常見，少部分其他瑞獸紋。〔註90〕而以螭爲飾的玉件，主要以劍飾用品居多。〔註91〕螭虎的形象可謂龍頭虎身。〔註92〕且多以單螭或雙螭並行、拉扯的方式呈現。

另外，亦有螭虎搭配鳳鳥或是熊等瑞獸，例如徐州北洞山漢墓出土的螭鳳紋劍珌，以及河南永城僖山漢墓出土的透雕紋劍珌（圖5.52），其上部爲獸面，中部爲螭虎，下部則做熊銜螭尾的樣式。可以推測斯時劍飾紋樣多元，雖以螭爲主要裝飾，但亦佐以其它紋樣爲飾。

圖 5.52：河南永城芒山鎮僖山漢墓熊銜螭尾劍珌圖

長 7.7 公分，上寬 5.1 公分
下寬 6.5 公分，厚 1.2 公分

摘自：《中國玉器全集・4》，頁142，圖版195。

〔註86〕王子今，〈西漢南越的犀象──以廣州南越王墓出土資料爲中心〉，《南越國史蹟研討會論文選集》，頁 133～134。

〔註87〕《史記》，卷 23，〈禮書〉，頁 1164。

〔註88〕《漢書》，卷 28 下，〈地理志〉，頁 1668。

〔註89〕王子今，〈戰國秦漢時期中國西南地區犀的分布〉，收錄於《面向新世紀的中國歷史地理學：2000 年國際中國歷史地理學術討論會論文集》（濟南：齊魯書社，2001 年 10 月），頁 133～144。

〔註90〕葉劉天增，《中國裝飾藝術史》，頁 156～157。

〔註91〕洪世偉，〈西漢中山國與南越國玉器造型紋飾之比較〉（臺北：中國文化大學美術研究所碩士論文，1993 年 6 月），頁 135～137。

〔註92〕麥英豪，〈漢玉大觀──象崗南越王墓出土玉器概述〉，頁 39。

而河南永城僖山漢墓的劍珌形制，與南越王墓出土的劍珌 C147-10、C147-12 以及劍璏 D89-2 相似。前者做熊銜螭尾，與 C147-10、C147-12 造型類同。但劍璏 D89-2（圖 5.53 左）則做當猴子拉扯螭虎尾巴的紋飾，與前述形制差異甚大，亦爲爲中原地區罕見的形制。

圖 5.53：玉猴比較圖

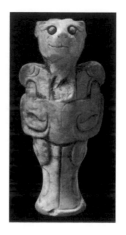

左：南越王墓中劍璏（D89-2）玉猴
　　長 11.1 公分，寬 2.3 公分，壁厚 0.5 公分
右：廣州下二望崗玉立猴
　　高 4.5 公分，中寬 1.9 公分

摘自：《中國出土玉器全集・11》，頁 114。《南越王墓玉器》，圖版 77。

察廣州下二望崗西漢前期墓葬 M1155 曾出土一件玉猴（圖 5.52 右），其圓眼、高鼻、闊口的特徵，與劍璏 D89-2 極爲相似，故可推測猴可能爲南越地方特色的動物之一。與漢劍飾常見的熊銜螭尾的造型做一結合，形成猴子拉扯螭尾的嶄新形制，故本器應爲融合漢之形制、南越地方紋飾的特殊玉件之一。

（二）「同中有異」的器形與紋樣

如前一小項所言，南越王墓玉器具有顯著的當地文化特色，足以作爲地方特色的表徵。但細察墓中部分玉器，乍看之下具有顯著的中原文化特色，亦即戰漢之際盛行的造型與紋飾，卻有細部的差異，而這些差異是中原地區所未見的。可能以中原常見的器形作爲主要載體，並佐以楚、越等特殊風格的器形、紋樣作爲搭配。具體言之，即是混合中原與非中原的特點，可視爲一種「混合型」的玉器，推測是南越地區吸收各地文化，轉變爲自身文化的表徵。以下便將中原常見的玉器與南越王墓玉做一比較，並大致區分爲器形與紋飾簡表論述之。

表 5.3：中原與南越器形比較簡表

<table>
<tr><th></th><th>中　　原</th><th>南　　越</th></tr>
<tr><td>舞人</td><td>
北京豐台區大葆台 2 號漢墓出土的玉舞人，高 5.2 公分，寬 2.6 公分。
摘自：《中國出土玉器全集・1》（北京：科學出版社，2005 年 10 月），頁 19。

陝西西安三橋鎮漢墓出土的玉舞人，高 4.4 公分，寬 2.2 公分，厚 0.2 公分。
摘自：《中國出土玉器全集・14》，頁 146。</td><td>
南越王墓玉舞人 E135，高 4.8 公分，寬 2.2 公分，厚 0.5 公分。
摘自：《南越王墓玉器》，圖版 141。</td></tr>
<tr><td></td><td colspan="2">中原常見之玉舞人，如大葆台 2 號漢墓、西安三橋鎮漢墓等，除形制多為片雕，另軀體歪斜角度較小，姿態較為穩重，頭頂、裙下均無雕飾紋樣，下擺曳地，器體上下分別有水平穿孔。而南越舞人（E135）則作半圓雕，身軀敧側特甚，狀若失去重心而傾倒，頭頂飾有花蕾，下裳略短，鞋畢露，中孔由上而下通體垂直貫穿。目前尚未得見與南越王墓此件玉舞人相類器件，故推測其為南越當地特色玉雕之一。</td></tr>
</table>

珮		
	陝西西安東郊竇氏墓出土鳳形珮，高 4.5 公分，寬 1.8～3.5 公分，厚 0.1～0.2 公分。摘自：《中國出土玉器全集・14》，頁 143。	南越王墓組玉珮組件之一的花蕾玉珮 E41，長 6.2 公分，寬 2.2 公分，厚 0.4 公分。摘自：《南越王墓玉器》，圖版 144。
	漢墓出土的玉珮，多以動物紋樣呈現，如所見西安東郊竇氏墓之鳳形珮，係以鳳鳥為主體，輔以細部狀似雲氣紋樣為飾。相較南越王墓的珮，主體為一花蕾，其形制已罕見於漢墓中，另花蕾上側出鳳鳥為輔助裝飾，構圖亦於中原所見，形制特異。	
玉環	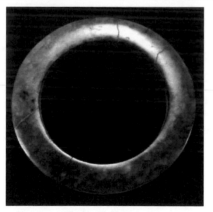	
	北京豐台區大葆台 2 號漢墓出土之玉環，直徑 9 公分。摘自：《中國出土玉器全集・1》，頁 23。	南越王墓出土之玉環 B27，直徑 4 公分，孔徑 1.9 公分，厚 0.2 公分。摘自：《南越王墓玉器》，圖版 168。
	中原常見的環，如大葆台 2 號漢墓內出土玉環，內外弧平整，唯南越王墓中玉環內外緣有缺口，狀似齒輪，極為罕見，是否受到前述楚式齊頭雕戚齒玉璜，或越式玦的影響碾琢而成的玉作，尚待考證。但其特殊形制為中原玉雕作品中極為罕見，應係具有南越特色之器形。	

璧	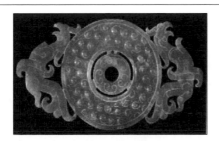	
	河北省定縣40號墓之出廓雙鳳玉璧,長6.7公分,寬3.6公分。 摘自:《中國出土玉器全集・1》,頁200。	南越王墓組玉珮組件之一之雙瓣穀紋璧E97,通寬 12.4 公分,璧徑 7 公分,孔徑 2.8 公分,厚 0.3 公分。 摘自:《南越王墓玉器》,圖版150。

		南越土墓組玉珮組件之一之環B6,直徑4.7公分,孔徑1.9公分,厚0.6～0.6公分。 摘自:《南越王墓玉器》,圖版169。

漢墓出土出廓玉璧,如河北省定縣40號墓之玉璧所見,兩側所出透雕附飾多爲龍或鳳鳥紋樣。唯南越王墓中所出的出廓璧E97,外側爲狀似花瓣或桃狀凸飾;另件玉環B6亦於外側出廓,但卻以五個狀似花瓣凸起物爲飾。類此出廓形制少見於西漢墓葬出土玉件,可能係南越依循出廓形制下搭配地方特點附飾之作。

劍格	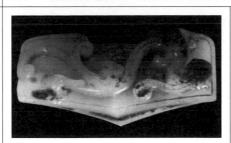	
	河南永城芒山鎮僖山漢墓出土劍飾,長5.7公分,寬1.9公分,厚2.2公分。 摘目:《中國出土玉器全集・5》,頁220。	
		南越王墓出土之劍格 D143-1,橫寬 6 公分,通高 6.6公分,邊高 3 公分,中厚 2.7公分,邊厚 0.4公分。 摘自:《南越王墓玉器》,圖版71。

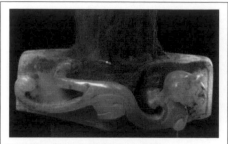

陝西長安縣郭杜鎮鄧店村漢墓。
摘自：《中國出土玉器全集·14》，頁150。

南越王墓出土之劍格 D147-2，寬 6.2 公分，中高 4.1 公分，邊高 3.7 公分，中厚 2.4 公分，邊厚 0.4 公分。
摘自：《南越王墓玉器》，圖版 185。

漢墓劍格如僮山漢墓之劍格所示，器身上下高度較矮，下端中部外凸亦較不明顯。而南越王墓出土兩件劍格 D143-1，以及 C147-2 器形上下高度較高，下端中部外凸特徵十分明顯，向下延伸，狀似鳥嘴。類此上下寬度較寬，下端中部尖凸明顯之劍格，目前僅見南越王墓一處。

劍璏

 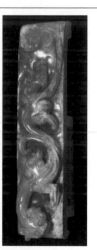

左：山東省濟南市常清區濟北王陵之劍璏，長 7.36 公分，寬 2.2 公分，厚 1.05 公分。
摘自：《中國出土玉器全集·4》，頁 225。
右：河北省滿城縣陵中山靖王劉勝墓之劍璏，長 9.7 公分，寬 2.3 公分。
摘自：《中國出土玉器全集·1》，頁 189。

南越王墓出土之劍璏 D143-3，長 11.1 公分，寬 1.5 公分，壁厚 0.3 公分。
摘自：《南越王墓玉器》，圖版 72。

中原劍璏長度約 7～9 公分左右（如本圖濟北王陵劍璏長度約 7.36 公分，滿城漢墓劍璏長度約 9.7 公分）而南越王墓此一劍璏，長度約為 11.1 公分，比漢墓常見的劍璏長度更加狹長。且如圖所示，漢墓常見的劍璏，於器身側面多係光素無紋，而劍璏 D143-3 側面可見陰刻勾連雲紋。類此情況於劍飾其他部位亦可得見，如劍首 C147-1、5、9、D89-1 等，底部或周圍邊緣或兩者均加飾紋樣。

表 5.4：中原與南越紋飾比較簡表

	中 原	南 越
璧	 戰國穀紋玉璧，美國哈佛大學藝術館藏（Harvard UniversityArt Museums, U.S.A.），直徑 11 公分。 摘自：國立故宮博物院編，《海外遺珍‧玉器二》（臺北國立故宮博物院，1991 年 5 月），頁 147，圖版 145。 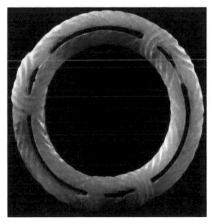 江蘇省阜寧縣新溝合興村出土紐絲紋玉環，直徑 5.5 公分。 摘自《中國出土玉器全集‧7》，頁 96。	 南越王墓透雕三龍紋璧 D50-13，直徑 9.6 公分，孔徑 4.4 公分，厚 0.6 公分。 摘自：《南越王墓玉器》，圖版 97。
	類此內外重疊形制的雙重環或璧，雖可見於戰國或漢墓，其形制亦相當類似，但戰國僅見穀紋為飾，而漢墓所見多如圖做紐絲紋狀。南越王墓中所出透雕三龍紋璧，不僅內外雙環琢飾玉璧常見的穀紋，其內環龍紋，吻部尖細，不似中原所見螭、龍紋，短吻且下頜厚實之樣貌，且均雕出二腳及爪，向上翻轉，疊壓於頸部的形制亦為中原罕見之形制。	

璧		
	河北滿城 2 號墓之玉璧,直徑 20.4 公分,孔徑 3.8 公分,厚 0.45 公分。 摘自:《中國玉器全集·4》,頁 84,圖版 110。	南越王墓玉璧(D190),直徑 30.2 公分,孔徑 4.7 公分,厚 0.5 公分。 摘自:《南越王墓玉器》,圖版 97。
	 山東省曲阜市魯國故城 52 號墓出土玉璧,直徑 31 公分,璧面寬 10.8 公分,厚 0.8 公分。 摘自:《中國出土玉器全集·4》,頁 205。	

西漢諸侯王墓出土的玉璧,紋飾多以索紋分飾為兩區,如圖所示的河北滿城 2 號墓之玉璧,以及山東巨野縣紅土山漢墓等。而南越王墓出土玉璧紋飾則分做三區,為眾多漢墓中罕見的形制,其相類者,僅見於戰國墓葬,如山東省曲阜市魯國故城 52 號墓之玉璧。但細察下,魯國故城的戰國玉璧內外兩區同為簡化的獸面紋,紋飾一致,而南越王墓所見之玉璧,外區雖同樣為簡化獸面紋,但內區卻為簡化的鳳鳥紋。如此內外分飾三區的形制,能係承繼戰國遺風,但內外區紋樣的差異,則可能源自當地玉匠,推測為南越特殊之紋樣。

劍珌		
	河南永城芒山鎮僖山漢墓出土劍珌，長 6.7 公分，寬 6.6 公分，厚 1.6 公分。 摘自：《中國玉器全集‧4》，頁 144，圖版 197。	南越王墓劍珌 C147-4，上寬 6.4 公分，下寬 4.9 公分，高 7.1 公分，中厚 1.3 公分。 摘自：《南越王墓玉器》，圖版 187。

	河南永城芒山鎮僖山漢墓出土劍珌，長 7.7 公分，上寬 5.1 公分，下寬 6.5 公分，厚 1.2 公分。 摘自：《中國玉器全集‧4》，頁 142，圖版 195。	

所見劍珌，多爲琢飾單一勾連雲紋、穀紋，或如圖所示之獸面紋，即使有工法變異者，如左下圖，以透雕技法爲飾，但紋樣依舊以單純的動物紋樣爲主。而墓中所出劍珌，內外分飾兩區，已較爲罕見，另外區飾有 T 字紋，內區則飾爲穀紋。與中原通常見單一紋樣，較爲不同，堪稱孤品。

劍璏	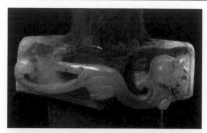 陝西長安縣郭杜鎮鄧店村漢墓出土劍璏，長 5.5 公分，高 1.9 公分，厚 0.9 公分。摘自：《中國出土玉器全集·14》，頁 150。	 南越王墓劍璏（C147-2），寬 6.2 公分，中高 4.1 公分，邊高 3.7 公分，中厚 2.4 公分，邊厚 0.4 公分。摘自：《南越王墓玉器》，圖版 185。
	除同前述，形制有異，狀似鳥嘴，以及上下寬度的大小外。另中原常見的劍璏僅作陰刻、剔地，或是高浮雕螭紋、獸面紋。但文王墓所出劍璏，不僅在中央剔地作獸面紋，另於左右兩側透雕相對鳳鳥紋樣，工精意深，與中原兩側多不增加紋樣造型有顯著差異。		

以上所列舉的玉器，雖然具有顯著的中原玉雕特色，但經細部比對其器形與紋飾後，發現這些玉器確實兼具清晰而易見的非中原文化特色，此現象爲其他諸侯王墓中所未見的，可推論上述玉件，可能不是於中原地區所雕製，而應是在南越國內生產製造的。雖有部分研究指陳，南越王墓玉器兼具戰漢之風格，大部分的玉器應是由中原地區府庫所輸入的戰國玉器，而非南越當地製造。〔註93〕

　　但透過器形與紋飾的比對，可發現南越王墓玉器不僅具有時代跨度的特色，同時亦具有地方文化融合的表徵。換言之，南越玉匠在碾琢玉器時，係以中原玉雕爲藍本，但卻加入迎合當地風尚的部分特點，或與趙佗時期所倡導的「入境隨俗」有所關連。以致這些玉器與時代相近的中原玉器大同中有小異之處，而藉由觀察這些微小的差異，或可說明南越宮廷確有屬於自身的玉作坊。

〔註93〕古方，〈關於南越王墓玉器的幾個問題〉，收錄於漢唐與邊疆考古研究編輯委員會等編，《漢唐與邊疆考古研究·第一輯》（北京：科學出版社，1994 年 8月），頁 94～96。

四、域外樣式

（一）角杯

南越王墓中出土玉質容器，如本章第一小節論述，有玉盒、玉卮、銅框玉蓋杯、承露（高足）杯等，這些玉質容器在漢墓出土數量較少，其中又以承露杯與角杯形制最爲特殊。漢代具有特色的杯有三種，一是耳杯，二是高足杯，三是角杯。墓中僅見後二者，而本器所處時代早於文獻所載武帝所造承露盤。〔註94〕而高足杯在嶺南及江南地區的漢墓出土數量較爲多見，其特殊形制可能亦非中原文化所有，不排除來自與域外交流的產物。〔註95〕但此說尚待更多考古挖掘證實。

墓中另件角杯（圖 5.27），全器以整塊玉料碾琢而成，狀似角形，尾端又有紐絲紋樣，狀似牛角。類此角形器於漢代並不多見，相類的角形玉杯於臺灣國立故宮博物院雖有典藏（圖 5.54），唯其形制略有不同。以獸角作飲器，在古代各民族的遺物中都有發現，其中以中東、西亞的發現最多，歐洲及橫跨歐亞的草原文化亦有發現。如時代較晚的唐代的瑪瑙羊首角杯，即以獸角爲形，明顯受到西域文化的影響。故本器可能亦受到域外文化的影響。

另外，角杯之特殊形制，亦可能源自地方所產的犀角，如同前項所述，南越文王以犀角爲杯，可能與犀角具有解毒等特殊功能有關，如同文獻所記載：「飲食中以犀角攪之，有毒則白沫生，以煮毒藥，則無毒勢也。犀角出暹羅者，內凹外凸；出占城者，四周圓整，注沸酒且香。」〔註96〕但由於文獻時間相距甚遠，且墓中未有其他角杯出土，本文以爲若爲當地犀

圖 5.54：臺灣國立故宮博物院典藏角杯

寬 10.1 公分，高 18.1 公分

摘自：楊美莉，〈從古典到傳統——秦漢文物展〉，《故宮文物月刊》（臺北：國立故宮博物院，2006 年 1 月），頁 26。

〔註94〕　《三輔黃圖校釋》，卷3，頁 180～181。
〔註95〕　楊美莉，〈從古典到傳統——秦漢文物展〉，《故宮文物月刊》（臺北：國立故宮博物院，2006 年 1 月，頁 28。
〔註96〕　《廣東新語》，卷 21，〈獸語〉，頁 532。

角之形制，應於墓中或兩廣地區可能出土相同的角形玉杯，但迄今尚未得見相似器類。因此，未能證實此一角杯是否因特殊功能而琢做犀角形制，僅備此一說。

然墓中亦有來自草原文化的器物，如主棺室墓主足端出土的圓形銀盒（D2），從造型與紋飾觀之，其器身、蓋雖添加蓋鈕與器底銅質圈足，但器面以捶揲法壓出蒜瓣形花紋，與漢及從前的金屬器皿風格迥異。一般以爲捶揲法壓製金銀器起源於波斯文化，推斷爲外地傳入後以中國傳統工藝造而成。〔註97〕此一銀盒可證實墓中文物可能受到域外文化的影響，產生「中西合璧」之特色，故角杯特殊的形制，較可能受到外來文化的影響。

由文獻與傳世品的比對，發現角杯特殊形制來源有二，可能爲當地的犀角，或爲域外文化以角爲杯的形制。由於舶來品的傳入，可能需要較多的資源，僅有統治階層能享有如此特權，此一情況可能是墓中堪稱孤品的角杯產生的原因。前二者可能不是本土器，而是來自與域外交流的產物。如前所述，高足杯與角杯皆可能是外來文化影響下的產物，尤其是以玉製作這些母型來自域外的角杯，可視爲玉匠融會與創新下的新工藝。

據考古報告統計，南越王墓所出土的玉石器約有 256 件，〔註98〕其中以前述器形、紋飾作爲判別標準，〔註99〕比較出墓中所出具有顯著文化特質的玉件如下（表 5.5）。從此表所統計出的數量可發現，南越王墓中具有顯著文化特色的玉件約有 65 件，雖僅占總數的四分之一，但相較於其他 191 件，多數爲戰漢之際普遍存在玉器形制，所見如玉璧、部分劍飾用品，以及玉印等

〔註97〕 與南越王墓銀盒同作蒜瓣形花紋的金銀器皿，在西方多有發現，如伊朗哈馬丹（Hamadan）出土刻有波斯阿塔薛西斯一世（Artaxerxes I，464～425 B.C）的銀酒杯及其他金銀器皿均有此特徵。另在羅多彼山脈和愛琴海的色雷斯（Thrace，約 500 B.C）時代墓中亦有相類的銀杯出土。參閱《南越王墓玉器》，頁 346～347。

〔註98〕 墓中出土絲縷玉衣 1 套，玉璧 56 件，玉璜 10 件，玉環 4 件，玉珮 8 件，韘形珮 6 件，玉觽 2 件，帶鉤 3 件，舞人 4 件，玉質印章 9 件，綠松石印章 3 件，瑪瑙印 1 件，水晶印 1 件角杯 1 件，銅框玉蓋杯 1 件，玉卮 1 件，承露杯 1 件，玉盒 1 件，劍首 10 件，劍璏 16 件，劍璲 9 件，劍珌 7 件，前室玉組珮組件共 8 件，東耳室玉組珮組件共 4 件，主棺室玉組珮組件共 32 件，東側室 7 組玉組珮組件共 52 件，西側室玉組珮組件共 3 件。參閱《南越王墓玉器》，頁 523～525。

〔註99〕 判別標準係以器形對照爲優先考量，如器形未具有明顯的文化特徵，則由紋樣特徵進行比對，從玉件本身所具顯著的形、紋，初步歸納，並予以統計。

日常用玉，於諸多侯王墓中皆可得見，其形、紋所傳達的文化特徵可能已經過「涵化」的過程，〔註100〕產生接受與重組的情況，不僅增添辨識難度，文化特徵趨於平淡。

表5.5：墓中玉器文化特質數量表

文化	具　有　特　徵　之　玉　件	數量
楚	玉觿 D148-1、玉璧 D50-8、金鉤玉龍 D93、雙連璧 D186、透雕龍鳳紋重環珮 D62、透雕龍鳳穀紋璧 D77、透雕遊龍穀紋璧 D157、雙鳳蒲紋璜 D57、壺形飾 D58、劍首 D90-2、玉璜 D161、玉璜 D167、連體雙龍珮 E143-9、透雕三龍紋環 E133-1、雙龍紋玉璜 E134-2、穀紋玉璜 E134-1、透雕龍螭紋環 E133-2、玉璜 E39、玉璜 E40、玉璜 E54、龍形珮一對 E32、E33、玉卮 F18、穀紋玉璜 C149-2、雲雷紋玉璜 C150-1	25
越	素面劍飾一組 4 件 D70-2、D24、D70-1、D70-3、玉玦 E52	5
南越	玉衣 D50、鋪首 D156、透雕鳳紋牌形珮 D158、犀形璜 D12、韘形珮 D144、D181、D85-1、2、3、E139、透雕三龍紋璧 D50-13、劍璏 D143-1、劍璲 D143-3、劍璲 D89-2、玉璧 D180、透雕三龍紋璧 D50-13、玉璧 D190、玉盒 D46、銅框玉蓋杯 D47、龍虎合併帶鉤 D45、承露杯 D127、玉舞人 E135、花蕾形珮 E141、雙瓣穀紋璧 E97、玉環 B27、劍首 C147-9、劍璏 C147-2、C147-6、C147-35、C147-36、C147-39、C147-40、圓雕玉舞人 C137、劍珌 C147-4、劍璲 D143-3	34
外來	角杯 D44	1

　　在統計出的 65 件具有顯著文化特色的玉件中，以象徵南越文化式數量較多，其次為楚、越、外來文化樣式。說明南越國在歷史地理、政策與商貿的背景之下，在沿用中原地區流行的玉器風格之餘，亦保當地文化，此外，更透過吸收融合的方式，創造獨屬的文化載體——南越式玉器。

　　另從南越式玉器的數量，與象徵當地文化的越式玉器，以及較晚傳入的楚式玉器，其數量有明顯的差異。可由嶺南歷史背景來做推測，先秦嶺南地區的越文化，因為楚所征服，而逐漸衰退；相同的情況也出現在秦漢之際，楚式玉器數量的減少，也說明越、楚、南越的主從關係變化。

　　但無庸置疑的是，南越式的玉器皆是於楚、越的文化特徵下所孕育出來的玉器形制。由其數量之多，推測可能有增加的趨勢，說明南越式的玉器可能已逐步發展為獨立的特殊玉器文化，唯其確切的發展模式，尚待更多

〔註100〕「涵化」可界說為文化變遷的過程。在此過程中，有兩種或兩種以上的文化，或多或少持續地相接觸，因此導致一種文化接受其他文化的元素。《雲五社會科學大辭典》第十冊，人類學，頁 214～216。

相關資料出土考證。另外，墓中所出的孤品——角杯，於當地未發現類同器件，或爲外地傳入，或爲當地製造，無論如何，顯示角杯應係南越地區吸收域外文化的表徵，其數量稀少，更顯其珍貴，間接證實南越存在域外文化之事實。

迄今研究漢代玉器文化特色，可藉由南越王墓玉器的形紋比對，發現較爲單一明顯的玉器文化特徵，有助於提供漢代玉器文化比對的證據。

第三節　生前用玉的人文意義

一、玉組珮

兩周時期玉被人格化並賦予許多美德，〔註101〕「君子無故，玉不去身，君子於玉比德焉」且「天子佩白玉，而玄組綬；公侯佩山玄玉，而朱組綬；大夫佩水蒼玉，而純組綬；世子佩瑜玉，而綦組綬；士佩瓀玟，而縕組綬」以玉自況，成爲貴族社會的風尚，於是將遠古社會中，簡單的裝飾佩玉予以制度化，並予以地位高低之象徵，似如文獻所載：「故行步有佩玉之度」而注云：「佩玉上有蔥衡，下有雙璜、衝牙、蠙珠以納其間」，〔註102〕佩玉之度成爲兩周貴族身分地位的象徵，此外，另可知兩周時期，尤以西周而言，玉組珮之形制多以璜、珩、衝牙、珠等物所組成（圖5.55），〔註103〕與迄今考古挖掘的組珮形制一致，尚未出現使用大量系璧的情況。

〔註101〕先秦典籍中可見玉爲人道德化的進程，如《禮記·聘義》，孔子提及貴玉乃因玉有仁、知、義、禮、忠等十一種美德；而《管子·水地》又言玉有九德；《荀子·法行》則言玉有七德。參閱盧兆蔭，〈玉德學說初探〉，《玉振金聲——玉器金銀器考古學研究》，頁128～130。（原載於《中國玉文化玉學論叢續編》（北京：紫禁城出版社，2004年）。

〔註102〕《漢書》，卷27上，〈五行志〉，頁1318～1319。

〔註103〕有關組珮配件之組成，諸多學者皆有論述，但大致可分爲璜、珩、衝牙、珠等物。參閱郭寶鈞，〈古玉新詮〉，頁19～23。孫華，〈試論周人的玉佩〉，收錄於費孝通主編，《玉魂國魄——中國古代玉器與傳統文化學術討論會文集》（北京：燕山出版社，2002年12月），頁80～93。孫機，〈周代的組玉佩〉，收錄於氏著，《孫機談文物》（臺北：東大圖書股份有限公司，2005年7月），頁305～316。（原載於《文物》1998年第四期）。羅伯健，〈兩周玉組珮考〉，《文博》第十九期（陝西：陝西人民出版社，1987年7月），頁32～35。孫慶偉，《周代用玉制度研究》（上海：上海古籍出版社，2008年8月），頁164～177。李躍，〈由組玉佩淺談西周的用玉風格〉，《南方文物》2002年第二期（南昌市：江西省文物考古研究所，2002年），頁55～59。

但在東周時期，其中以戰國爲甚，王室衰微、禮崩樂壞，玉組珮本質亦隨之變動，部分地位低下的士庶及婢妾樂伎等，亦佩戴玉組珮，而玉組珮的外型也較爲多元，除了形制上的變化外，此時玉組珮亦加添不同材質金屬混合使用，或是鑲嵌美石，具體而言，戰國佩飾風格獨特、形制多元，雖仍可見前述上有蔥衡、下有雙璜，以及衝牙、珠納其間的形制。然而卻未因循周制，較爲呆板而形式化。〔註104〕其中亦可見系璧及其他材質配件，如河南省洛陽中州路所出玉組珮（圖5.56），係由玉髓環2件、夔龍珮、綠松石、紫晶珠等物構成。

圖5.55：陝西扶風縣強家村　　　圖5.56：河南洛陽中州路
　1 號墓出土西周組珮　　　　　1316 號墓戰國玉組珮

摘自：《中國出土玉器全集・14》，頁72。　　摘自：《中國玉器全集・3》，頁85，圖版137。

兩漢之際，已知的西漢諸侯王墓，如徐州獅子山楚王墓、北洞山楚王墓、龜山 2 號楚王家族墓，以及巨野紅土山漢墓皆未見玉組珮，唯中山王劉勝妻竇綰墓中出土，但同前所述，其形制與功能相去甚遠，如此情況，說明漢代組珮可能已不復見，部分研究指陳，可能是組珮趨於簡單化。〔註105〕另筆者

〔註104〕俞美霞，《戰國玉器研究》（臺北：南天書局，1995 年 8 月），頁 83。
〔註105〕夏鼐，〈漢代玉器──漢代玉器中傳統的延續與變化〉，收錄於國家文物鑑定

以爲，玉組珮的出土數量較少，除因盜墓影響外，另可能如同司馬彪所言：「五霸迭興，戰兵不息，佩非戰器，韍非兵旗，於是解去韍佩，留其係璲，以爲章表。……韍佩既廢，秦乃以采組連結於璲，光明章表，轉相結受故謂之綬。漢承秦制，用而弗改。」〔註106〕即社會型態的轉變，導致文化核心的衰退，亦影響象徵禮制的組珮，組珮因此逐漸衰退。

觀察南越王墓中所出土大量的玉組珮，既保留兩周常見的單串式與雙串式二類，亦有玉璜置入其中，同時也具有戰國玉組珮的特點，以材質而言，趙眜身上的玉組珮即非單一的玉所組成，另有玻璃珠、煤精珠、金珠等材質所構成；另以形制而言，所見組珮構件除傳統的璜以外，另有有玦、壺形飾、舞人等物，其形制多元，紋樣華美。

在眾多組珮中，出現比例甚多具有透雕附飾的玉璧，其功能雖與前述「系璧」相似，但從外形觀之，南越王墓中組珮所見之璧，形制紋樣卻更加精美，已非僅作功能性使用的配件，儼然成爲組珮之主角。其因如後人研究，東周時期，禮制衰微，傳統規範已逐漸褪色，不僅是青銅器，玉器亦成爲貴族與商賈間爭豔競富之工具。〔註107〕

因此，戰漢之際所見之璧，多以鏤空、透雕等多樣技法呈現，此風亦延續於文王墓中。而原本爲禮玉六器之一的玉璧，不僅被大量使用在喪葬用途，亦作爲裝飾玉件之一，說明玉璧爲世俗權力服務的實用性爲時人所強化而益加重視。因此，玉璧於此成爲漢玉風格之主要代表器類之一。〔註108〕

另外，南越王墓中出土十一套組珮中，以身份地位最高的墓主趙眜之組珮，材質多元、樣式最爲華美，而右夫人及其它夫人次之，殉人所用組珮形制除未見透雕，其玉料也較爲粗糙。其因如同《後漢書·輿服志》所載：「古者君臣佩玉，尊卑有度，上有韍，貴賤有殊。佩所以章德，服之衷也；韍所以執事，禮之共也。故禮有其度，威儀之制，三代同之」〔註109〕南越王可能

委員會主編，《文物鑑賞叢錄·玉器（二）》（北京：文物出版社，1998 年 4 月），頁 85。

〔註106〕《後漢書志》，卷 30，〈輿服下〉，頁 3671。

〔註107〕黃翠梅，〈從寺墩 3 號墓到南越王墓——論史前到漢代玉器角色的轉換〉，收錄於《東方文明之光——良渚文化發現六十週年紀念文集》（海口：海南國際新聞出版中心，1996 年 9 月），頁 360。

〔註108〕盧兆蔭，〈玉德、玉符·漢玉風格〉，《玉振金聲——玉器金銀器考古學研究》，頁 65～67。

〔註109〕《後漢書志》，卷 40，〈輿服下〉，頁 3671。

效法先秦之貴族，隨身佩帶組珮，另以組珮區別身份地位。

　　相較於其他西漢諸侯王墓之隨葬物，南越王墓中不僅出土斯時盛行的葬璧，以及多數漢墓所罕見的玉組珮，係因後人推測其地處邊陲而呈現文化滯留之現象？〔註110〕或爲南越文王意欲自創禮制？本文以爲前述兩種可能性皆有之，而如此目的係在於延續墓主死後升仙思想之餘，亦可凸顯墓主生前身份之尊貴。

二、劍　飾

　　中國的劍最早出現於商末周初，大盛於東周至西漢時期，早期係以青銅劍爲主，西漢則以鐵劍爲大宗。〔註111〕而劍上鑲嵌裝飾，以考古挖掘觀之，西周晚期的河南三門峽虢國 2001 號墓地出土以綠松石爲飾的一柄鐵劍，爲目前所見時代較早以美石爲飾的鐵劍。

　　東周時期，佩劍之風盛行，劍除爲兵器以外，亦爲一種佩飾，且不僅限於糾糾武夫，士人也佩劍，如戰國孟嘗君門客馮驩經常彈著佩劍，唱「長鋏歸來乎，食無魚。」〔註112〕又因劍身刃口易傷人，因此，佩劍需有劍鞘。此時，玉之美德，及其珍貴性，自然使玉質劍飾成爲彰顯貴族氣息的裝飾品。

　　在貴族佩劍風氣影響下，使玉飾劍的工藝有了進一步的發展，先後出現玉劍首、玉劍璏、玉劍璲、玉劍珌等玉質劍飾用品。但東周時期的劍飾僅零星出現，尚未出現裝飾四種配件的「玉具劍」。〔註113〕

　　四種玉飾齊備的玉具劍於西漢時期出現。如《漢書》載：「單于正月朝天子於甘泉宮，漢寵以殊禮，位在諸侯王。上贊謁稱臣而不名，賜以冠帶衣裳黃金璽盭綬、玉具劍」顏師古注「玉具劍」引孟康曰：「摽、首、鐔、衛，盡用玉爲之也。」〔註114〕可知玉具劍係爲玉質劍飾所組成。關於各部位之劍飾之名稱，

〔註110〕盧兆蔭，〈南越王墓玉器與滿城漢墓玉器之比較研究〉，《玉振金聲——玉器金銀器考古學研究》，頁 86～87。（原載於《考古與文物》1998 年第一期）

〔註111〕周南宗，〈玉具劍飾物考釋〉，《考古與文物》1982 年二期（西安：考古與文物編輯部，1982 年），頁 73。

〔註112〕張清常、王延棟，《戰國策箋注》（天津：南開大學出版社，1993 年 3 月），卷 11，〈齊四〉，頁 263～264。

〔註113〕盧兆蔭，〈瑰麗多姿玉劍飾——漢玉漫談〉，《玉振金聲——玉器金銀器考古學研究》，頁 34。

〔註114〕《漢書》，卷 94 下，〈匈奴傳〉，頁 3798。

說法不一。〔註115〕其中以臺灣學
人那志良以諸多古籍記載，考證
劍飾各部位之名稱（圖5.57），內
容詳盡，本文故沿用此說，〔註
116〕即劍柄端飾稱「劍首」；柄與
劍身分界處稱「劍琫」；劍鞘中部
用以穿劍帶之鈕稱「劍璲」；劍鞘
末端的端飾稱「劍珌」。

南越文王趙眜身佩5柄玉具
劍，其中四種劍飾俱備的只有2
柄，其他鐵劍所鑲嵌多為一、二
樣。此外，在墓中為庫藏之所的
西耳室，則出土43件劍飾，考
古團隊依其玉質、紋樣、器形大
小之特點，約略可分為8組，其
餘另有劍首2件、劍璲1件、劍
琫8件，此11件不成套，應係
替換或搭配使用。這批劍飾僅少
數部分可見使用痕跡，但多數嶄
新，且西耳室內出有「帝印」和

圖5.57：劍飾部位名稱示意圖

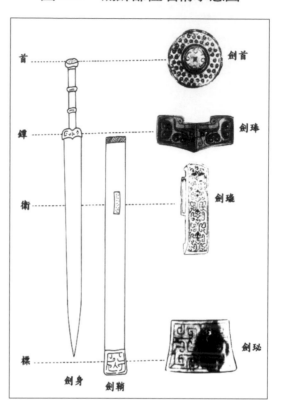

摘自：那志良，《中國古玉圖釋》（臺北：南天書局
　　　1990年2月），頁399。

「眜」字封泥，可推測西耳室之隨葬物，多係墓主生前親自緘封入庫，死後
才瘞藏的，可推測這些劍飾無疑是墓主生前心愛的收藏物。

迄今所知，無論是兩周之際，以及漢代諸侯王墓多出土玉質劍飾，以西
漢墓葬為例，如巨野紅土山西漢劉髆墓、滿城中山靖王劉勝墓等皆有之。其
因除前述佩劍之風盛行，另可推測戰漢之際，由於「世人之主，皆以珠玉戈
劍為寶」的風氣渲染，使貴族不僅以佩劍為風尚，更以佩戴玉具劍為貴，所

〔註115〕有關玉具劍各部位之名稱，據中外學者考證與論述，約有十二種。參閱孫
　　　　機，〈玉具劍與璲式佩劍法〉，收錄於氏著，《孫機談文物》（臺北：東大圖書
　　　　股份有限公司，2005年7月），頁274。
〔註116〕參閱那志良，〈玉劍飾命名之探討〉，收錄於氏著，《古玉論文集》（臺北：國
　　　　立故宮博物院1983年7月），頁111～125。那志良，《中國古玉圖釋》（臺北：
　　　　南天書局，1990年2月），頁398～406。

見文王墓中劍飾用品，除數量之盛，另器形之優美、紋飾之華麗，無一不透露墓主對劍飾的喜愛之情。

另外，引人注目者，粗略估計已知兩漢諸侯王墓，成套之玉具劍僅有 5 套，滿城漢墓、巨野紅土山漢墓，以及獅子山楚王墓均僅出土 1 套，但本文所論文王墓中卻有 2 套。另外，其他出土未見成套之劍飾除前述四墓外，另有河北定縣 40 號漢墓、徐州北洞山漢墓、山東長清雙乳山漢墓、山東臨淄金嶺鎮漢墓、江蘇銅山小龜山漢墓，以及長沙咸家湖曹女巽墓等，其中以又以本文所論南越文王墓 58 件之數量，佔有出土劍飾之絕大比例。〔註117〕

此一現象，如同《晉書·輿服志》所言：「漢制自天子至于百官無不佩劍，其後惟朝帶劍。晉世始代之以木，貴者猶用玉首，賤者亦用蚌、金銀、玳瑁為雕飾」〔註118〕說明劍飾之盛行可鑑於漢制，而後人不分貴賤，亦欲仿效其制，說明劍飾之風，廣為流傳。因此，西漢諸侯王墓出土眾多之劍飾，可能與是時制度相關。

同前所述，佩劍為漢制，但趙眜墓中何以出土數量眾多的隨身的鐵劍與劍飾？除個人喜好外，是否具有其他特殊意義？或可由文獻記載推論，暴勝之遣吏招雋不疑，雋不疑戴冠佩劍與環玦，盛服入見，但謁見時，門下官員令他解劍，而雋不疑以「劍者，君子武備，所以衛身不可解。」〔註119〕拒絕。由上述情況，得知劍與劍飾不僅是時人象徵身份地位的表徵，另有「君子武備」和「衛身」之意，所以片刻不離身的情況，可能不在少數。

另一可能，則是於漢廷平定閩越侵擾南越，事後漢廷遣使莊助，意欲趙眜入朝稱謝，但大臣諫趙眜：「漢興兵誅郢，亦行以驚動南越。且先王昔言，事天子期無失禮，要之不可以說好語入見。入見則不得復歸，亡國之勢也。」〔註120〕說明漢越雙方彼此仍存在戒心，漢廷的出兵隨時引發南越滅國之危機意識。由趙眜墓中出土為數眾多的鐵劍與劍飾，可能係與墓主意欲強調主權、軍權之象徵有關。

〔註117〕劉鳳君，〈漢代諸侯王墓出土玉器研究〉（山東：山東大學考古及博物館學碩士論文，2002 年），頁 19～20。

〔註118〕〔唐〕房玄齡等撰，《晉書》（北京：中華書局，1974 年 11 月），卷 25，〈輿服志〉，頁 771。

〔註119〕《漢書》，卷 71，〈雋疏于薛平彭傳〉，頁 3035。

〔註120〕《史記》，卷 113，〈南越列傳〉，頁 2971。

三、玉質容器

西漢前期的諸侯王墓中，較常出土玉質容器，所見玉卮如湖南長沙馬王堆 2 號墓 1 件、江蘇徐州獅子山楚王墓 1 件、安徽省巢湖市北山頭西漢墓 3 件；而玉杯則爲廣西貴縣羅泊灣 1 號墓出土 1 件、江蘇徐州獅子山楚王墓 1 件、安徽省渦陽縣石鄉山崖墓 1 件，用料考究，製作極其精美。〔註 121〕相較於西漢中期以後的諸侯王墓如，巨野紅土山劉髆墓、滿城中山靖王劉勝與竇綰墓，三墓皆未見玉質容器出土。〔註 122〕由於玉質容器出土數量較爲稀少，亦能凸顯其珍貴性。

而南越王墓不僅出土西漢前期墓葬常見的玉卮，另更出土形制新穎的角形玉杯、玉盒、銅框鑲玉蓋杯和銅承盤高足玉杯。首先要談論的是玉卮，其爲古代之飲酒器，《戰國策‧齊策》：「楚有祠者，賜其舍人卮酒」而《韓非子‧外儲》：「白玉之卮美」可證，而同書又云：「千金之玉卮」，由文獻記載可推測，玉卮因具有千金之價，甚而成爲賜予的一種象徵。

而後，漢高祖劉邦建立漢朝時，曾舉辦盛會，未央宮建成，「高祖大朝諸侯群臣，置酒未央前殿。高祖奉玉卮，起爲太上皇壽」〔註 123〕足見玉卮爲漢廷在隆重的慶典儀式中使用的酒具，應係地位顯赫的王公貴族使用的珍貴的酒器之一。察趙眜墓中所出玉卮 F18（圖 5.29）與玉蓋杯（圖 5.30）皆非一體成形，而係由銅框鑲嵌玉片而成，與湖南長沙馬王堆 2 號墓所出玉卮相類（圖 5.58），卻異於徐州獅子山楚王墓一體成形之玉卮（圖 5.59），由此可推測，趙眜墓中所出之玉卮與玉蓋杯可謂融合鑄銅、鎏金、至玉與鑲嵌工藝之藝術品，藝術性質遠超過實用之功能，推斷應係寓意墓主個人喜好或象徵身份之尊貴的玩賞器。〔註 124〕

趙眜棺槨頭部中央所放置的銅承盤高足杯（圖 5.31），與文獻所載：「武帝造祭仙人處，上有承露盤，有銅仙人舒掌捧銅盤玉杯，以承雲表之露」〔註 125〕

〔註 121〕 古方主編，《中國古玉器圖典》（北京：文物出版社，2007 年 3 月），頁 275 ～280。

〔註 122〕 參閱麥英豪，〈漢玉大觀——象崗南越王墓出土玉器概述〉，表一，頁 54。

〔註 123〕 《史記》，卷 8，〈高祖本紀〉，頁 386。

〔註 124〕 如同所謂「玉器鑒玩」之概念，此一觀念起自玉器文化發展與沈澱下的必然結果。參閱楊伯達，《古玉史論》（北京：紫禁城出版社，2004 年 3 月），頁 211～213。

〔註 125〕 《三輔黃圖校釋》，卷 3，頁 181。

的情況極為相似，且墓中銅承盤高足杯，不僅與墓主相伴，另周圍放置、象牙、算籌與龜卜甲，非與其他飲食器、炊具等同放置於後藏室，說明它應具有特殊的用途。

圖 5.58：湖南長沙馬王堆　　　　圖 5.59：徐州獅子山楚王墓
　　 2 號墓中玉卮圖　　　　　　　一體成形玉卮圖

高 18 公分，口徑 9.7 公分　　　通高 11.6 公分，口徑 6.7 公分，底徑 6.1 公分

摘自：《中國出土玉器全集‧10》，頁 198。　摘自：《中國出土玉器全集‧7》，頁 144。

另外，觀察此杯之形制，由高足青玉杯、金首銀身游龍銜花瓣形玉托架、以及銅承盤三部分組成，玉杯下亦有一圓臺形木座，惜已腐朽，整體呈現三龍拱杯之勢，其工藝精巧，造型奇偉。而材質又具金、銀、銅、玉、木五種材料，極其特殊。似如同墓中所出銀合所盛裝的五色藥石具有陰陽五行之意義。〔註 126〕

何以於以青玉製高足杯，而又輔以銅承盤？除與文獻載「銅仙人舒掌捧銅盤玉杯」造型相似，其因可能又與《史記》所言：「飲是以上池之水」，按〈索隱〉解釋，「上池水」是指「水未至地，承取露水及竹木上水，取之以和藥」〔註 127〕而其目的，是與武帝造承露盤的情況相同，希冀「以露和玉屑服之，以求仙道求長生」〔註 128〕由於趙眛曾基於亡國之虞，稱病不入朝，但後

〔註 126〕 王芳、陳莉，〈淺析南越王趙眛「巫」、「術」並行的醫治觀念〉，《南越國史蹟研討會論文選集》，頁 74～75。
〔註 127〕 《史記》，卷 150，〈扁鵲倉公列傳〉，頁 2785～2786。
〔註 128〕 《三輔黃圖校釋》，卷 3，頁 181。

十餘年，趙眜確實體衰多病。〔註129〕因此，亦不難理解趙眜對於方術熱衷追求之因。

　　漢武帝的承露盤於今已不可尋，但南越王墓所出土的銅承盤高足杯。則提供神仙思想與五行配屬的實物佐證。亦可說明，秦漢時期的黃老神仙思想，影響趙眜的養生觀念。其體弱多病的特質加深其追求升仙的欲念，從趙眜不惜耗費鉅資與心力投入死後陵寢的設計、隨葬物的安排，甚至葬玉的挑選與排列。從所用銅承盤高足杯，也透露趙眜於生前希望透過種種的努力來達成延壽之目的，傳遞時人強烈的求仙欲望。

四、玉　印

　　南越王墓中出土各類璽印共計 23 件，出於主棺室共有 9 件，其中鐫刻與墓主身份有關之印文計有 5 件，分別為「文帝行璽」（圖 5.60）與「泰子」金印，另有「趙眜」、「帝印」及「泰子」玉印。〔註130〕由印文「文帝行璽」、「泰子」及「趙眜」，不僅可確認墓主之身分，另可推斷其生前僭用帝號之事實。先秦官印、私印皆稱「璽」，而秦皇統一天下後，為達中央集權之目的，作為權力象徵的官印，亦有嚴格的制度，唯皇帝用印方能稱「璽」，各級官吏用印僅能稱「印」。

圖 5.60：「文帝行璽」龍鈕金印（D79）圖

印台長 3.1 公分，寬 3.0 公分，高 0.6 公分，通鈕高 1.8 公分

摘自：光復書局等主編，《嶺南西漢文物寶庫・9》（臺北：光復書局，1994 年 3 月），頁 147。

〔註129〕《史記》，卷 113，〈南越列傳〉，頁 2971。
〔註130〕墓中所見 23 件璽印，材質多元，金屬材質為金、銅、銅鎏金，而石質則有瑪瑙、水晶、綠松石以及玉。參閱《西漢南越王墓（上）》，頁 301。

依文獻所載，帝王所用之璽，「皆白玉螭虎紐，文曰：『皇帝行璽』、『皇帝之璽』、『皇帝信璽』、『天子行璽』、『天子之璽』、『天子信璽』，凡六璽。」〔註131〕另又言：「皇后玉璽文與帝同」〔註132〕與咸陽漢高祖長陵附近所出土的「皇后之璽」所具白玉與螭鈕特徵相符，說明此為漢制之實。而南越文王印文除仿帝制稱「行璽」，又自稱「文帝」，與中原地區所見帝王追贈廟號之實不符，情況與其父趙佗自稱「南越武帝」的情況相同，推測應係效法其祖父僭帝稱號之舉。

而再以史籍記載稱文王嬰齊嗣位，為表達自身歸順於漢的誠意，而有「即臧其先武帝文帝璽」的舉動觀之，趙眜對內稱帝之實不言而喻，因此，導致墓中除黃金行璽印外，另出土多枚鐫刻「帝印」之玉印的情況出現。

另外，此枚金印，以材質而言，異於漢帝採用白玉之情況，但卻與漢廷對外頒賜外藩首領印材是一致的，如揚州甘泉山 2 號墓出土的「廣陵王璽」，〔註133〕以及陝西陽平關出土的「朔寧王太后璽」，〔註134〕皆是龜鈕金印。但所見金印卻非做龜鈕，而係做龍鈕，且形制大小長為 3.1 公分，寬 3 公分，高 1.8 公分，比漢制「方寸」的長寬 2.8 公分略大。如此仿效漢制，卻又刻意的區別材質與形制，可看出南越王在慕效漢制之餘，亦因對內僭越稱帝，而亟欲創建南越國制之矛盾心態。

而墓中僅見天子六璽之一的「行璽」，而未見其他五方印璽，何以文王後人獨以玉質「帝印」與「行璽」金印等生前用器做為隨葬品？或可從文獻所載的功能來做推測：

> 以皇帝行璽為凡雜，以皇帝之璽賜諸侯王書；以皇帝信璽發兵；其徵大臣，以天子行璽；策拜外國事，以天子之璽；事天地鬼神，以天子信璽。〔註135〕

由此觀之，無論是「皇帝行璽」或「天子行璽」，皆以「行璽」功能最為繁雜，而印璽為天子身份象徵，無論是發兵、號令大臣、外交事務，甚至祭祀天地鬼神等，皆須用璽，可知其重要之功能在於象徵身份地位、宣令以及祭祀之

〔註131〕 《漢舊儀》，卷下，收錄於《漢官六種》，頁 62。
〔註132〕 《漢官舊儀》，卷下，收錄於《漢官六種》，頁 44。
〔註133〕 南京博物院，〈江蘇邗江甘泉 2 號漢墓〉，《文物》1981 年十一期（北京：文物出版社，1981 年），頁 1～11。
〔註134〕 西南博物院籌備處，〈寶成鐵路修築工程中發現的文物簡介〉，《文物》1954 年三期（北京：文物出版社，1954 年），頁 10～34。
〔註135〕 《漢舊儀》，卷上，收錄於《漢官六種》，頁 62。

功能。因此，以「帝印」及「行璽」隨葬之目的，亦可能係爲墓主死後世界提供身分及世俗權力之象徵，並延續享有生前生活之資源。

南越王墓中出土 200 餘件玉器，其中以玉器隨葬便是中原地區乃至江南地區的禮儀與葬俗之一。〔註136〕墓中所出數量眾多的玉器，種類一應俱全，包含禮儀用玉、裝飾用玉、葬玉及生前用玉。此情形清楚的反映墓主趙眜受斯時社會風尚的影響，不僅可從死後葬玉探析其心中理想的升仙進程，而「事死如生」的精神，亦可從墓主或其後人挑選的隨葬生前用玉所具的特殊意義中獲得解答。

上述所論數件生前用玉，大致可歸納爲崇尚與迷信之行爲，如趙眜墓中所出漢代諸侯王墓罕見的玉組珮，形制係以兩周組珮爲基準，並大量添加透雕玉璧，使「系璧」成爲組珮不可或缺的角色。此現象如同後人研究所言，「禮玉」在戰國墓中已不佔有重要的地位，而具有藝術價值的佩玉卻在貴族的生活與墓葬受到了重視。〔註137〕亦反映墓主對中原禮儀之崇尚。另所見佩玉，不僅具有崇禮之意涵，亦是財富及地位尊貴之象徵。因而，墓中亦發現寓意墓主個人喜好或象徵身份之尊貴的玩賞器。

此外，墓中所出象徵「君子武備」與「衛身」的多組鐵劍與劍飾用品，其顯著的數量，爲其他諸侯王墓中所未見的特殊現象，除可推斷爲墓主喜好之物外，可能亦與斯時漢越雙方產生的矛盾做一推測，即由「君子武備」與「衛身」推及至先祖遺留「衛國」之意念。且加上墓中出土「文帝行璽」與「泰子」金印，另有「帝印」及「泰子」玉印，而由「帝印」與「行璽」之文字，可推斷文王仍具有與漢廷分庭抗禮之意味，可謂僭越心態之投射。

最後，則是墓主受到神仙方術思潮之影響，清晰的反映於墓中所出的銅承盤高足杯。一如史載，趙眜死前十餘年，處於體弱多病的狀態，因此投入大量心力與資源於所用之物，希冀能達延壽之目的，但自知未能如願，是故轉爲寄託於死後世界生命之延續，因而，今日方能得見此一宏偉墓葬。概括而言，墓主生前用玉不僅反映生前之精神特質，亦成爲死後死後世界的重心，包含了財富、僭越與升仙三種特質。

〔註136〕張榮芳，〈從西漢南越王墓出土的玉器看秦漢時期嶺南文化與中原文化的融合〉，收錄於饒宗頤主編，《華學》第二輯（廣州：中山大學出版社，1996年12月），頁 137。

〔註137〕賈峨，〈關於河南出土東周玉器的幾個問題〉，《文物》第三二三期（北京：文物出版社，1983年4月），頁 77。

第六章　結　論

　　趙佗所建立的南越國，北以五嶺爲界，位居中國南方。而五嶺以南的廣東、廣西、越南地區，自古以來即爲越人的居地，秦平嶺南以前，聚居於此的越人，尚處於原始部落社會。春秋之世，越族所建立的越國與吳國互爭雄長，反映出越族日益強大，已初步形成國家社會之雛形。戰國時期，越、楚關係密切，楚國與越國互動之時，另外對越國以外的越族發動戰爭，直至楚威王滅越，楚國勢力發展之盛，亦使楚文化成爲南方的主流文化。

　　秦始皇一統天下後，即開始對嶺南的營略，其間所包含的經營政策，如移民、通婚、設郡縣，皆爲日後南越立國奠定良好的基礎。雖然如此，但中原叛亂，戰事紛起。趙佗先後控關絕道，斷絕與中原來往，並誅殺秦將，施行武裝割據，使嶺南政局歸一。

　　漢初，南越國在政治制度上，一方面沿襲秦制採郡縣制，另方面則是仿效西漢爲穩定漢初形勢所制定「郡國並行」制；經貿基礎上則維持內部的經營，以及開發外部的貿易爲主要面向，因而奠定南越國商貿薈萃的經濟基礎。

　　由於南越國具有秦漢兩朝跨度的時間性，同時也具有強烈獨立性的地理背景，其存在對於漢的長治久安而言，無疑是一大阻礙，在漢廷尚無餘力鎮服南越國時，基本上仍是採取利益取向的互惠關係，而南越國的獨立性質，也因與漢廷關係的好壞與否而有不同變化，大致尚可分做臣服、稱帝、再次臣服的情況。本文所論的南越文王時期，也因漢越矛盾關係逐日顯著，亦使文王趙眛呈現表面稱臣於漢，私下又僭越稱帝，如同其祖趙佗對漢廷陽奉陰違的態度。

　　因此，本文的研究發現南越文王墓葬及其隨葬物，也顯然的反映出此一矛盾的特點。除墓葬的規模與多元的隨葬物，顯示墓主爲嶺南的最高統治者的特殊身份外。觀察墓中細部特點，可發現前室安置馬車，並以「景巷令」爲殉，和秦皇乘車登天思想極爲相似，前室又可見雲氣壁畫，說明南越文王對於死後世界的憧憬與嚮往，應是受到升仙思想的影響所深。

　　其他又如人殉、黃腸題湊以及隨葬物的分佈位置，可謂將陵寢模擬爲生前宅第，其墓葬空間功能區別顯而易見。充分展露時人所認定「死後有知」，並從中延伸「事死如事生」之喪葬觀。另外，也體現南越文王對於死後世界的期盼，不僅要如同生前一般之享受，更有進一步深層的特殊考量，其最終目的，當爲斯時神仙思想盛行下所產生飛升於天的嚮往。如此以死後世界作爲取向的現象，亦反映於本文所論的玉器特色之中。

　　南越王墓中出土數量眾多的隨葬玉器，以其形制與社會功能可區別爲「葬玉」以及「生前用玉」。戰漢之際，諸子百家大興，葬玉因儒家倡孝道、敬生死的意念所產生的厚葬之風而大爲興盛。甚而出現「金玉珠璣比乎身」及「含珠鱗施」等以大量玉器隨葬的情況，說明玉殮葬風氣之興盛，足見此時葬玉，除延續兩周以來護屍與禮制之需求外，更增添了「競富」的意念，至此，葬玉的功能性也益加多元完備。

　　漢代葬玉發展之盛，從葬玉品類的多樣化，便可略知端倪。漢代葬玉不僅承襲歷代的護屍、禮制、競富、倡孝等社會需求，同時更因時人深信「金玉在九竅，則死人爲不朽」與當時社會瀰漫著一股「升仙」思想相互結合，使葬玉成爲漢代玉器最爲發達種類之一。

　　經本文研究，可知葬玉強烈反映時人所賦予的社會功能，如所見玉琀、玉握、覆面，除顯示社會對於死亡及喪葬形式的重視，另可從中看出以玉殉葬，係出於生者對歿者的情感投射。

　　隨時代的進步，人類訴求益加多元，因此，葬玉的功能，從史前至漢代，已由「飽食」、「護身」的原始功能轉變爲「禮法」、「競富」的進階社會功能，甚而轉變爲象徵無窮生命的「升仙」之境界。此一嬗變過程，爲中國古代玉器人文精神覺醒之過程，玉器可謂從「事神」轉爲「事人」的角度。

　　因此，墓中所有隨葬的玉器，雖皆係以墓主爲中心而存在的器件，僅可統稱爲「隨葬玉器」，而不能獨稱做「葬玉」，隨葬玉器包含死者生前喜愛或使用的玉件，本身未被賦予顯著喪葬功能之訴求，所謂的「隨葬玉器」，其性

質等同墓中出土的其他隨葬物。

　　葬玉屬於「隨葬玉器」中的一類，係爲專門保存屍體所製造的葬玉。因此，由於葬玉的形制受到殮屍功能的限制，反映出幾項特質：即玉料色澤深、工法較爲粗糙，其形制、花紋，不以巧美爲重點。另外，在日常生活中無法使用，如玉衣體積龐大、沈重，並無設計關節活動處，難以行走，非活人所用，僅用於喪葬之途。

　　此外，需值得特別注意的是，於兩周之際，曾出現以生前用玉的玉觽置入殁者手中做爲玉握的情況也出現於文王墓中。如所見的鋪首、雙連璧、玉觿等，玉質佳、工法細膩，但卻以葬玉的方式排列，打破舊有葬玉粗糙的慣例，因此本文以時人賦予之情感投射與社會功能之期望，賦予特殊喪葬意義的玉器，故稱做特殊的葬玉。

　　文王墓中所見的葬玉類型，如玉璧、玉握、玉衣等物，爲同時期諸多侯王墓普遍出現的葬玉。相較兩者顯著差異，爲數量及形制之別，此一現象說明葬玉於中原地區雖未成定制，但其所普及的情況，顯示葬玉在中原地區蔚爲風尚之餘，亦擴及中原以外之地。

　　本研究經細部比對後，另發現特殊之處，如講求緊密包裹，以求護屍不朽的玉衣，於頭頂刻意用璧爲之，並在「百會」穴位留有璧孔，而璧孔相對之處又得見象徵門戶的玉質獸面鋪首，再者，文王足下所踏形制極其罕見的雙連璧，三者皆係中原地區罕見之制，其寓意爲何？

　　經由文獻與考古概況探析，可知時人深信璧能疏通天地，玉能斂屍不朽，與斯時盛行的升仙意念相互呼應，此是歷來對於漢代葬玉研究的主要論點。但從文王冀求不朽而以玉衣斂屍，卻又於頭頂保留璧孔的特殊情況，看似矛盾，但經本文研究發現，此況主要源自魂魄二元觀的影響，換言之，即係殁者死後「靈魂歸天，形魄入地」的一種表現方式。

　　據其他漢墓出土的石棺、銅璧等器物，均鐫刻漢隸「天門」二字，爲時人所認定爲「升龍護璧門」的象徵，確定「天門」、「璧門」係爲通天的管道，而玉衣頂部的璧孔即具此意。

　　另罕見的雙連璧，源自楚墓的裝飾用玉，文王後人未使用文獻所載之璜，作爲足部葬玉，卻代之以具裝飾功能的雙連璧，不僅說明以生前用玉作爲葬玉的情況，由雙連璧細部琢飾雙鳳拱璧的圖樣，更可見到墓主無論在生前或死後對於升仙之強烈企圖。其希望能足踏鳳鳥合拱之璧，便是希冀達成

楚人御鳳鳥飛升之目的。

如前所述的數件葬玉，皆係利於墓主靈魂飛升之器。至此，其強烈期盼升仙意圖已臻完善，又何以在腦門壁的相對位置，擺放紋樣精美的鑲嵌用玉——獸面鋪首？經本文論證，類同雕工精美的鋪首，雖於部分漢代王侯墓中可見出土，但其擺放的位置，卻與南越文王的玉鋪首大相逕庭。

從鋪首所處的方位、本身所具的原始功能，及其琢飾似熊又似虎的形象，發現此鋪首可謂銜接魂魄的重要載體。其紋樣為時下儺禮中，為生人逐疫的神祇，亦為亡靈軀體的守護者——「方相」，置於歿者頭部唯一的出入口，不僅為升天途徑之助益，亦為地下形魄免除精怪侵擾的守護者。

歷來有關漢代玉器研究，指陳漢代葬玉具有濃厚的神仙色彩，多著重於璧、玉衣等器形，或是其上所裝飾的神獸紋樣的探討，從中說明漢承楚緒之「不朽」、「升仙」的個別意念。本文藉由南越王的葬玉研究發現，因其歷史背景之關係，南越國所沿襲的葬制，雖與中原地區大致相同，但卻比漢廷保留更為顯著的楚俗。

由南越王的葬玉反映出一套自成邏輯的死後世界進程，簡而言之，漢代葬玉涵蓋的神仙思想，不僅只有「不朽」、「升仙」個別重點，而是如同南越王墓出土葬玉所表達的情況，應包含屍身不朽、趨吉避凶，最後方能達成最終的升仙目的。而如此冀求升仙的強烈思想，不僅是生前致力的目標，亦是死後美好生活的寄託。總結本節探討南越王相關葬玉習俗與思想，其要點示以簡圖如下頁。

同前論述，隨葬玉器係以墓主為重心，因此，自與其之生活息息相關。葬玉所傳達的是墓主對於死後世界的美好願望，而隨葬玉器中的生前用玉，自是反映墓主於現世生活的種種，亦為投射墓主死後世界所需之表徵。生前用玉的功能，大致可區分為祭祀禮儀、裝飾、日常所需。本文透過生前用玉的形制分析，發現禮儀用玉不僅數量稀少，其類別亦傾向單一化，顯示禮儀用玉之衰退。另有裝飾用玉與日常用玉，則可發現部分玉器兼具戰漢之風格，反映南越國顯著之時代特色。

本文在比對戰漢工藝風格特徵的同時，另從玉件的器形與紋飾中發現強烈文化特徵。南越國居處中國南方地帶，在先秦時期，楚越透過戰爭帶動文化交流，楚式玉雕不僅盛行於當地及其附庸國，另散佈於中原地區，形成相互滲透的現象，因此，南越王墓亦出土了具有楚、越特色的玉器。

圖6.1：南越王周身葬玉升仙思想示意圖

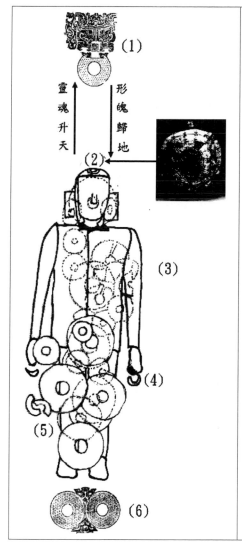

（1）鋪首：
　　鋪首安置之處，為陰宅門戶之表徵。而其與玉衣頂部玉璧相對，即靈魂出入口的「璧門」或「天門」警示與護衛之象徵。上部琢飾似虎似熊，又似漢磚畫所見的「方相」，寓意等同鎮墓獸，不僅為墓主靈魂升天之開道祇，亦為地下形魄守護者。

（2）頭頂小璧：
　　以使靈魂脫離肉體後，經由「象天」的圓璧，為靈魂所歸之出入口，為通天不可或缺的途徑之一。

（3）玉衣：
　　冀期斂屍不朽之表徵，不僅係出於愛護死者之情感，亦是源於死後復生的意識。強調以原有軀體，及生前享有的社會地位，做為強調死而更生意念的基礎，可視為生命之延續，亦是先秦儒家喪葬習俗與道家信仰融合與傳承的表徵。

（4）玉握：
　　置於死者手中，為不忍其空手而去之意，亦具有象徵「財富」之意涵。

（5）玉璧：
　　以大量玉璧殮屍，源於璧能通天。南越文王使用大量玉璧層層包裹之目的，主要為借助其功能，使靈魂能順利升天，為斯時普遍存在的信仰。

（6）雙連璧：
　　由形制與圖像推論，可知雙連璧保留了漢儒所認定「璧」通天的功能，並結合漢代普遍出現的雲氣紋，與楚人對於鳳鳥引魂升天的信仰，以此為踏，便是希冀如同楚人御鳳鳥而飛升，為增加靈魂昇天動力的葬璧。

資料來源：筆者據第四章第三節研究資料總結手繪。

　　透過戰國時期楚墓，與兩廣墓葬所出玉件，以及部分文物的紋飾與器形比對後，確切得知文王墓中部分玉器，異於普遍存在的漢玉形制，係因保留先秦的楚、越文化特徵。另於比對玉器文化特徵的過程之中，更發現部分玉器，呈現「似是而非」的特點，即具有斯時其他漢墓常見的形制與紋樣，卻又產生細部的變異，成為其他漢墓所未見的形制。後人將這些玉件稱為「南越式玉器」，但所謂南越式玉器之定義及其象徵的意義卻尚未有完整的

論述。

　　經研究後得知，南越式玉器係指具有中原和越族，甚至是楚人的特色，非單獨反映一種民族特點，而是有漢越或是漢越楚結合的特點，為南越國特有的，本文藉由玉器形制、紋飾之比對，以墓中兩件舞人為例，圓雕舞人（C137）頭梳越地螺髻，身著漢服，長袖楚舞，雜揉三種文化特徵；另件舞人（E135）雖為中原常見的舞人形制，卻罕見的以半圓雕的方式呈現，且舞人曲身，狀似傾倒的情況，皆異於中原片雕舞人於中軸微幅做「S」狀之形制。

　　相類的情況，亦出現在部分的犀形璜、劍飾，以及玉璧紋樣上。因此，可歸納南越式玉器的具體要點有二，一為「顯而易見」，二為「同中有異」。此二要點，有助於提供玉器文化特徵之準則。而南越王墓中的玉石器約有 256 件，透過前述比對準則發現，墓中具有顯著文化特色之玉器約有 65 件，雖僅占總數的四分之一，但相較於其他 191 件，多數為戰漢之際普遍存在玉器形制，所見如玉璧、部分劍飾用品，以及玉印等日常用玉，於諸多侯王墓中皆可得見，其形、紋所傳達的文化特徵已經過「涵化」的過程，產生接受與重組的情況，不僅增添辨識難度，其文化特徵亦趨於平淡。

　　其所統計出的 65 件玉器，不僅尚未見於其他王侯墓，在具有顯著文化特色的玉件中，以象徵南越文化式數量較多，其次為楚、越、外來文化樣式。說明南越國在歷史地理、政策與商貿的背景之下，在沿用中原地區流行的玉器風格之餘，亦保留當地文化，此外，更透過吸收融合的方式，創造獨屬的文化載體——南越式玉器。如同華人重視飲食，稱「民以食為天」，如此精神亦出現在臺灣社會，其多元的飲食文化便以此一精神作為前提，雜揉多種民族飲食特色而成，造就臺灣「美食之都」之美譽。

　　而以往對南越式玉器的研究重心，多半側重探討南越宮廷有無專屬之玉作坊。而本文以此為基礎，由數量顯著的差異角度切入，並由嶺南歷史背景推測出，先秦嶺南地區的越文化，因為楚所征服，而逐漸衰退；相同的情況於秦漢之際重現，楚式玉器數量的減少，也說明越、楚、南越的主從關係變化。但不置可否的是，南越式的玉器皆是於楚、越的文化特徵下所孕育出來的玉器形制。其數量之豐，具有增加的趨勢，說明南越式的玉器已逐步發展為獨立的特殊玉器文化，唯其確切的發展模式，尚待更多相關資料出土考證。

　　另外，墓中所出的孤品——角杯，於兩廣地帶尚未發現類同器件的情況，可知其為外地傳入，或為當地製造。但角杯數量極為稀少，不僅凸顯其珍貴性，更間接證實南越存在域外文化之事實，為南越吸收域外文化之表徵。

　　透過上述玉器文化特徵之整述，說明南越玉器不僅在內部進行吸收融合，並透過地利之便，向內輸入域外文化。此現象為同時間其他侯王墓所罕見的情況。不僅證實南越國倡導內部民族與海外經略之效，另從南越玉匠於碾琢玉器時，係以中原玉雕為藍本，但卻加入迎合地方風尚特點的情況觀之，主政者對於玉器文化的傾慕與重視，絕不亞於其他漢廷諸侯，方能造就專屬文化的玉器。

　　趙氏王族係為當地最高的統治者，亦為一漢人政權。對於玉器的重視，除源於帝王「斂寶」與「崇奢」的心態，另其欲透過器物的珍貴性傳達特殊需求，亦為玉器研究所應涵蓋重要的人文意義。查文王墓中所出生前用玉，出土其他漢墓罕見玉組珮、玉質容器、為數眾多的劍飾，以及象徵特殊身份的璽印。

　　墓中所出之玉組珮，係以兩周組珮形制為基準，並大量添加透雕玉璧，使「系璧」成為組珮不可或缺的角色，並成為具有藝術價值的佩玉，不僅反映墓主對中原禮儀之崇尚，及其財富及地位尊貴之象徵。另由象徵「君子武備」與「衛身」的鐵劍與劍飾，顯著的數量觀之，除為其他漢墓中罕見的特殊現象，推斷為墓主喜好之物之餘，亦與斯時漢越矛盾的情況有關，即由「君子武備」與「衛身」推及至先祖遺留「衛國」之意念。且加上墓中出土「文帝行璽」與「泰子」金印，另有「帝印」及「泰子」玉印，而由「帝印」與「行璽」之文字，推斷文王仍具有與漢廷分庭抗禮之意味，可謂僭越心態之投射。

　　另引人矚目者，便是主棺室所出的銅承盤高足杯。一如史載，趙眛死前十餘年，體弱多病，因此，投入大量心力於求仙活動上，希冀能達延壽之目的，但生前未能如願，是故轉為寄託於死後世界生命之延續。因而，後人於今日方能得見此一宏偉墓葬及豐富的隨葬品。本文從隨葬的生前用玉，發現其時人生活之概況，並結合文獻，歸納出文王重視玉器之因，包含了財富、僭越與升仙三種精神意義。

　　玉器為中國歷史特有、重要的物質文化表徵，蘊含中國歷史廣博、精深及含蓄的物質與精神文化。漢代是華夏傳統文化確立的時期，而漢玉不僅是

眾多文物之佼佼者，亦是民族傳統風格建立與精粹的代表。其融合先秦以來的文化特徵，並結合斯時盛行的神仙方術思想，及其衍生的神異動物等圖像，皆成為玉器紋樣嶄新的題材，而帝王貴族的厚葬之風，促使玉器數量、品類與質量上有長足顯著之發展。

而社會的動盪與歷史的更迭，往往是藝術變異與發展之開端。南越國為秦漢之際的過渡性政權，既非奉「前朝」正朔，亦非係與漢廷逐鹿中原的龐大勢力，但他們的存在對自詡天朝的西漢政權，無疑是一大隱憂。在考古挖掘以前，有關南越國之歷史文化，僅能從史、漢二書中獲取部分材料。由於史、漢所載，不免帶有「天朝」、「正朔」之姿，對於居處邊陲之地的南越國，不免帶有偏頗的政治觀感。因此，若欲從文獻記載探析南越國的歷史文化，或因其蘊含的政治觀感產生既定的侷限性，形塑出野蠻落後的樣貌。

透過南越王墓玉器的研究，理解其雖為秦末將領趙佗一手建立，但亦係漢人政權。趙氏一族雖脫離中原異地而處，在權衡漢越民族之融合之時，亦不忘中原漢俗，並顯著呈現本文所論以玉隨葬的現象。但也因政治立場的差異，與中原文化數度產生隔絕，所見玉器皆異於同時代的其他諸侯王墓。

歷來相關南越王墓玉器的研究，多以漢武帝做分界點，指出武帝後，才出現脫離戰國玉器遺風的典型漢代玉器，並據此與南越王墓玉器進行比對，指出相異之處，但較少著墨於南越國之風尚思想，透過本文研究，從葬玉理解斯時死後觀，跨越國界成為共通的信仰；在生前用玉，南越國則發展出具有獨立屬性的玉件，不僅說明南越國文化的包容性與吸收力，更可謂中國玉器文化演變的縮影。

現今社會雖未出現以大量玉器隨葬的情況，但從華人葬俗觀之，仍保留「孝」與「厚葬」的觀念，對與死者密切相關的器物與儀式，無不講究。以臺灣社會而言，人死後需有「堅魂帛」的儀式，而又依歿者臨終前的狀態，而有不同的儀式，如因病過逝，或非壽終正寢者，則有「拜藥王」或「開枉死城」之儀式等。〔註1〕其為種種皆為提供死者舒適的死後生活而存在，其開路通天的意念與南越王墓中所見的葬玉具有異曲同工之妙。另外，較為特別

〔註 1〕 「堅魂帛」係於歿者身上鋪蓋「水被」，並以銀紙或石頭為枕，並於其腳邊供「腳尾飯」，燒銀紙、點香燭，意在充其食用及路費，並照明行路，另以厚紙或白布，上寫死者姓名，死亡年月日，作「魂帛」暫代牌位，供於正廳一角。參閱吳瀛濤，《臺灣民俗》（臺北：眾文圖書公司，1984 年 1 月），頁 145、160～161。

的是，臺灣存在多元文化，其宗教信仰益加多樣化，但無論是佛教的「淨土」
與基督教的「天國」，皆是講求安寧的死後歸所，表達人類共同的訴求，可謂
恆古不變之定律。

南越國祚長達九十三年，於中國五千年的悠遠文化中，看似微不足道，
有關其文獻記載，更是付之闕如。但隨南越二代文王趙眜墓的問世，不僅得
以彌補文獻上的不足，另從墓葬形制、隨葬物得以建構完整的時空背景。其
中，本文所論的主體——玉器，更是顯著的文化載體，不僅能從中得以探析
時人的政治、文化、社會思想，更可理解斯時宗教信仰。若無南越文王墓的
出土，南越的歷史文化，可能就此淹沒於浩瀚的歷史進程中，而南越國將只
是意味西漢初期佔地為王的野蠻政權。由此可知，本文藉南越王墓玉器的研
究，之與相關文獻相互參證，從而勾稽出文獻記載之不足，亦為本研究的重
要心得之一。

徵引書目

一、文　獻

1. 〔春秋〕左丘明，徐元誥集解，王樹民、沈長雲點校，《國語集解》，北京：中華書局，2002 年 6 月。

2. 〔戰國〕莊周，〔清〕郭慶藩集釋，王孝魚點校，《莊子集釋》，北京：中華書局，1961 年 7 月。

3. 〔戰國〕荀況，〔清〕王先謙集解，《荀子集解》，臺北：世界書局，1962 年 4 月。

4. 〔戰國〕墨翟，張純一編著，《墨子集解》，四川：新華書局，1988 年 9 月。

5. 〔戰國〕韓非，邵增華註譯《韓非子今註今譯》，臺北：商務印書館，1982 年 9 月。

6. 〔戰國〕呂不韋，林品石註譯，《呂氏春秋今註今譯》，臺北：台灣商務印書館，1985 年 2 月。

7. 楊伯峻編著，《春秋左傳注》，北京：中華書局，1990 年 5 月。

8. 〔漢〕司馬遷撰，《史記》，北京：中華書局，1959 年 9 月。

9. 〔漢〕劉安編，何寧撰，《淮南子集釋》，北京：中華書局，1998 年 10 月。

10. 〔漢〕劉向編，張清常，王延棟箋注，《戰國策箋注》，天津：南開大學出版社，1993 年 3 月。

11. 〔漢〕桓寬，王利器校注，《鹽鐵論校注》，北京：中華書局，1992 年 7 月。

12. 〔漢〕王充撰，韓復智註譯，《論衡今註今譯》，臺北：國立編譯館，2005

年 4 月。

13. 〔漢〕袁康撰，吳平編，吳慶峰點校，《越絕書》，濟南：齊魯書社，2000 年 5 月。

14. 〔漢〕班固撰，《漢書》，北京：中華書局，1962 年 6 月。

15. 〔漢〕班固撰，〔清〕陳立疏證，吳則虞點校，《白虎通疏證》，北京：中華書局，1994 年 8 月。

16. 〔漢〕應劭撰，王利器校注，《風俗通義校注》，北京：中華書局，1981 年 1 月。

17. 〔漢〕許慎撰，〔清〕段玉裁注，《說文解字注》，臺北：藝文印書館，1955 年 10 月，據經韵樓藏版影印。

18. 〔晉〕葛洪，王明校譯，《抱朴子校譯》，北京：中華書局，1985 年 3 月二版。

19. 何清谷撰，《三輔黃圖校釋》，北京：中華書局，2005 年 6 月。

20. 〔晉〕陳壽撰，《三國志》，北京：中華書局，1982 年 7 月。

21. 〔晉〕葛洪編，《西京雜記》，《四部叢刊初編》，臺北市：臺灣商務印書館，1979 年，據上海涵芬樓借印江安傅氏雙鑑樓藏明嘉靖孔天胤刊本影印。

22. 〔劉宋〕范曄撰，《後漢書》，北京：中華書局，1965 年 5 月。

23. 〔唐〕李吉甫撰，《元和郡縣圖志》，北京：中華書局，1983 年 6 月。

24. 〔唐〕房玄齡等撰，《晉書》，北京：中華書局，1974 年 11 月。

25. 〔清〕顧祖禹撰，賀次君、施和金點校，《讀史方輿紀要》，北京：中華書局，2005 年 3 月。

26. 〔清〕莫友芝，《貞定先生遺集》，臺北：中央研究院歷史語言研究所傅斯年圖書館藏清同治十二年（1873）獨山莫氏刊本。

27. 〔清〕鄭珍，《巢經巢文集》，臺北：中央研究院歷史語言研究所傅斯年圖書館藏民國三年（1914）花近樓刊本。

28. 〔清〕王先謙，《漢書補注》，北京：中華書局，1983 年 9 月，據清光緒二十六年虛受堂刊本影印。

29. 〔清〕屈大均撰，《廣東新語》，北京：中華書局，1985 年 4 月。

30. 〔清〕梁廷楠《南越五主傳》，廣東：人民出版社，1982 年 7 月。

31. 〔清〕瞿中溶，《奕載堂古玉圖錄》，收錄於宋惕冰、李娜華點校，《古玉鑑定指南》，北京：北京燕山出版社，1998 年 10 月。

32. 〔日〕瀧川龜太郎，《史記會注考證》，臺北：藝文印書館，1972 年 2 月。

二、考古資料

（一）專著

1. 山東省文物考古研究所等，《曲阜魯國故城》，山東：齊魯書社，1982 年 9 月。

2. 中國社會科學院考古研究所等，《滿城漢墓發掘報告》，北京：文物出版社，1980 年 10 月。

3. 河南文物考古研究所，《永城西漢梁國王陵與寢園》，鄭州市：中州古籍出版社，1996 年 8 月。

4. 河南省文物考古研究所，《固始侯古堆 1 號墓》，鄭州：大象出版社，2004 年 11 月。

5. 河南省文物研究所、三門峽市文物工作隊，《三門峽虢國墓》，北京：文物出版社，1999 年 12 月。

6. 河南省文物研究所編，《信陽楚墓》，北京：文物出版社，1986 年 3 月。

7. 河南省商丘市文物管理委員會等編著，《芒碭山西漢梁王墓地》，北京：文物出版社，2001 年 8 月。

8. 梁思永、高去尋，《侯家莊第 1500 號大墓：河南安陽侯家莊殷代墓地》，臺北：中央研究院歷史語言研究所，1976 年 10 月。

9. 湖北省宜昌地區博物館、北京大學考古學系，《當陽趙家湖楚墓》，北京：文物出版社，1992 年。

10. 湖北省博物館編，《曾侯乙墓》，北京：文物出版社，1989 年 7 月。

11. 湖南省博物館等編，《長沙楚墓》，北京：文物出版社，2000 年 1 月。

12. 廣州市文物管理委員會等編輯，《西漢南越王墓》，北京：文物出版社，1991 年 10 月。

13. 廣州市文物管理委員會等編輯，《廣州漢墓》，北京：文物出版社，1981 年 12 月。

14. 廣西壯族自治區博物館編，《廣西貴縣羅泊灣漢墓》，北京：文物出版社，1988 年 8 月。

15. 盧連成、胡智生，《寶雞強國墓地》，北京：文物出版社，1988 年 10 月。

（二）簡報

1. 山東省博物館、臨沂文物組，〈臨沂銀雀山四座西漢墓〉，《考古》1975 年第六期（北京：科學出版社，1975 年 11 月），頁 363～379。

2. 中國社會科學院考古研究所內蒙古工作隊，〈內蒙古敖漢旗興隆窪聚落遺址 1992 年發掘簡報〉，《考古》1997 年第一期（北京：科學出版社，1997 年 1 月），頁 1～26。

3. 中國科學院考古研究所,〈1962 年安陽大司空村發掘簡報〉,《考古》1997年第八期（北京：科學出版社 1964 年 8 月），頁 380～384。

4. 中國科學院考古研究所滿城發掘隊,〈滿城漢墓發掘紀要〉,《考古》1972年第一期（北京：科學出版社,1972 年），頁 8～18。

5. 北京大學考古學系、山西考古研究所,〈天馬——曲村北趙晉侯墓地第二次發掘〉,《文物》1994 年一期（北京：文物出版社,1994 年 1 月），頁 4～28。

6. 安徽省文物工作隊,〈安徽長豐楊公發掘九座戰國墓〉,收錄於考古編輯部編,《考古學集刊（二）》（北京：科學出版社,1982 年 12 月），頁 47～58。

7. 西南博物院籌備處,〈寶成鐵路修築工程中發現的文物簡介〉,《文物》1954 年三期（北京：文物出版社,1954 年），頁 10～34。

8. 吳縣文物管理委員會,〈江蘇吳縣春秋吳國玉器窖藏〉,《文物》1988 年第十一期（北京：文物出版社,1988 年 11 月），頁 1～13。

9. 河北省文物文物研究所等,〈河北高莊漢墓發掘簡報〉,收錄於河北省文物文物研究所編,《河北省考古文集（二）》（北京：北京燕山出版社,2001 年 12 月），頁 141～182。

10. 河南文物考古研究所等,〈河南永城芒山西漢梁國王陵的調查〉,《華夏考古》1992 年第三期（鄭州市：華夏考古編輯部,1992 年），頁 131～139。

11. 河南省文物考古研究所,〈河南淅川徐家嶺 1 號楚墓發掘簡報〉,《文物》2004 年第三期（北京：科學出版社,2004 年），頁 21～30。

12. 南京博物院,〈江蘇邗江甘泉 2 號漢墓〉,《文物》1981 年十一期（北京：文物出版社,1981 年），頁 1～11。

13. 紀南城鳳凰山 168 號漢墓發掘整理組,〈湖北江陵鳳凰山 168 號漢墓發掘簡報〉,《文物》1975 年第九期（北京：文物出版社 1975 年 9 月），頁 1～8。

14. 徐州博物館,〈江蘇徐州九里山漢墓發掘簡報〉,《考古》1994 年十二期（北京：科學出版社,1994 年），頁 1063～1068。

15. 徐州博物館,〈江蘇徐州子房山西漢墓清理簡報〉,《文物資料叢刊》第四輯（北京：文物出版社,1981 年 3 月），頁 59～69。

16. 徐州博物館,〈江蘇徐州奎山西漢墓〉,《考古》1974 年二期（北京：科學出版社,1974 年），頁 121～122。

17. 徐州博物館,〈徐州後樓山西漢墓發掘報告〉,《文物》1993 年四期（北京：文物出版社,1993 年 4 月），頁 29～45。

18. 徐州博物館,〈徐州韓山西漢墓〉,《文物》1997 年二期（北京：文物出

版社，1997 年 2 月），頁 26～43。

19. 徐州博物館等，〈徐州北洞山西漢墓發掘簡報〉，《文物》1988 年二期（北京：文物出版社，1988 年 2 月），頁 2～18。

20. 陝西文管會、博物館等，〈咸陽楊家灣漢墓發掘簡報〉，《文物》1977 年十期（北京：文物出版社，1977 年 10 月），頁 10～21。

21. 馬頭發掘組，〈武鳴山馬頭墓葬與古代駱越〉，《文物》1988 年第十二期（北京：文物出版社，1988 年 12 月），頁 32～36。

22. 彭浩等，〈關於鳳凰山 168 號漢墓座談紀要〉，《文物》1975 年第九期（北京：文物出版社 1975 年 9 月），頁 9～19。

23. 湖南省文物管理委員會，〈湖南長沙西漢墓清理簡報〉，《考古通訊》1957 年第四期（北京：科學出版社，1957 年 1957 年 7 月），頁 30～32。

24. 湖南省博物館，〈長沙南郊砂子塘漢墓〉，《考古》1965 年三期（北京：科學出版社，1965 年 3 月），頁 116～118。

25. 獅子山楚王陵考古發掘隊，〈徐州獅子山西漢楚王陵發掘簡報〉，《文物》1998 年八期（北京：文物出版社，1998 年 8 月），頁 4～33。

26. 廣州文物管理處，〈廣州淘金坑的西漢墓〉，《考古學報》1974 年第一期（北京：科學出版社，1974 年 5 月），頁 145～173。

27. 廣州象崗漢墓發掘隊，〈西漢南越王墓發掘初步報告〉，《考古》1984 年第三期（北京：科學出版社，1984 年 3 月），頁 222～230。

28. 廣西文物工作隊，〈平樂銀山嶺戰國墓〉，《考古學報》1978 年第二期（北京：科學出版社，1978 年 4 月），頁 211～258。

29. 廣西壯族自治文物工作隊，〈廣西西林縣普馱銅鼓墓葬〉，《文物》1978 年第九期（北京：文物出版社，1978 年 9 月），頁 43～51。

30. 廣西壯族自治區文物工作隊，〈廣西貴縣羅泊灣 2 號漢墓〉，《考古》1982 年第四期（北京：科學出版社，1982 年 7 月），頁 355～364。

31. 廣西壯族自治區文物工作隊等，〈廣西武鳴山馬頭安等秧山戰國墓群發掘簡報〉，《文物》1988 年十二期（北京：文物出版社，1988 年 12 月），頁 14～22。

32. 廣西壯族自治區文物工作隊等，〈廣西賀縣金鐘 1 號漢墓〉，《考古》1986 年第三期（北京：科學出版社，1986 年 3 月），頁 221～229。

33. 臨沂地區文物組，〈山東臨沂西漢劉疵墓〉，《考古》1980 年六期（北京：科學出版社，1980 年 11 月），頁 493～495。

三、專書、論文集

1. 〔日〕林巳奈夫著，楊美莉譯，《中國古玉研究》，臺北：藝術圖書公司，1997 年 7 月。

2. 〔越南〕陶維英著，劉統文、子銊譯，《越南古代史（上）》，北京：商務印書館，1976 年 11 月。

3. 〔韓國〕具聖姬，《漢代人的死亡觀》，北京：民族出版社，2003 年 3 月。

4. 尤仁德，《玉趣：中國古玉謎題破釋》，臺北：眾文圖書公司，1995 年 2 月。

5. 王雲五，《雲五社會科學大辭典》第十冊，人類學，臺北：台灣商務印書館，1986 年 5 月。

6. 王德育，《上古中國之生死觀與藝術》，臺北：國立歷史博物館編譯小組，2000 年 5 月。

7. 古方主編，《中國出土玉器全集》，北京：科學出版社，2005 年 10 月。

8. 古方主編，《中國古玉器圖典》，北京：文物出版社，2007 年 3 月。

9. 何光岳，《南蠻源流史》，南昌：江西教育出版社，1988 年 11 月。

10. 余天熾等，《古南越國史》，廣西：廣西人民出版社，1988 年 1 月。

11. 余英時，《東漢生死觀》，上海：上海古籍出版社，2005 年 9 月。

12. 吳棠海，《認識古玉》，中華民國自然文化學會，1994 年 10 月。

13. 呂烈丹，《南越王墓與南越王國》，廣州：廣州文化出版社，1990 年 1 月。

14. 宋公文、張君，《楚國風俗志》，武漢：湖北教育出版社，1995 年 7 月。

15. 李權時主編，《嶺南文化》，廣東：廣東人民出版社，1993 年。

16. 那志良，《中國古玉圖釋》，臺北：南天書局，1990 年 2 月。

17. 那志良編，《古玉圖籍彙刊》，臺北：正言出版社，1991 年 10 月。

18. 林業強編，《南越王墓玉器》，香港：兩木出版社，1991 年 12 月。

19. 俞美霞，《戰國玉器研究》，臺北：南天書局，1995 年 8 月。

20. 姚士奇，《中國玉文化》，南京：鳳凰出版社，2004 年 4 月。

21. 孫慶偉，《周代用玉制度研究》，上海：上海古籍出版社，2008 年 8 月。

22. 張光直，《考古學專題六講》，臺北：稻鄉出版社，1998 年 9 月。

23. 張榮芳，《秦漢史論集（外三篇）》，廣州市：中山大學出版社，1995 年 11 月。

24. 張榮芳、黃淼章，《南越國史》，廣東：廣東人民出版社，1995 年 12 月。

25. 費孝通主編，《玉魂國魄——中國古代玉器與傳統文化學術討論會文集》，北京：燕山出版社，2002 年 12 月。

26. 黃建淳，《中華玉器文化特展圖典》，臺北：淡江大學歷史學系，2009 年 6 月。

27. 楊伯達，《古玉史論》，北京：紫禁城出版社，2004 年 3 月。

28. 楊伯達，《古玉考》，香港：徐氏藝術基金出版，1992 年。

29. 葉劉天增，《中國裝飾藝術史》，臺北：南天書局，2002 年 8 月。

30. 熊傳薪主編，《楚國、楚人、楚文化》，臺北：藝術家出版社，2001 年 11 月。

31. 蒙文通，《越史叢考》，北京：人民出版社，1983 年 3 月。

32. 蒲慕州，《墓葬與生死：中國古代宗教之省思》，北京：中華書局，2008 年 1 月。

33. 趙永魁、張家勉，《中國玉石雕刻工藝技術》，北京：北京工藝美術出版社，2006 年 3 月。

34. 劉和惠，《楚文化的東漸》，湖北：湖北教育出版社，1995 年 7 月。

35. 鄧淑蘋，《藍田山房藏玉百選》，臺北：年喜文教基金會，1996 年 10 月。

36. 錢穆，《秦漢史》，北京：三聯書店，2004 年 4 月。

37. 羅香林，《中夏系統中之百越》，重慶：獨立出版社，1943 年 8 月。

38. 饒宗頤，《選堂集林史林》，香港：中華書局，1982 年 1 月。

四、期刊論文

1. 方國瑜，〈漢牂牁郡地理考釋〉，載貴州省社會科學院歷史研究所編，《夜郎考討論文集之三》，貴陽：貴州人民出版社，1983 年 2 月，頁 70～85。

2. 王芳、陳莉，〈淺析南越王趙眛「巫」、「術」並行的醫治觀念〉，收錄於中國秦漢史研究會等編，《南越國史蹟研討會論文選集》，北京：文物出版社，2005 年 4 月，頁 71～76。

3. 古方，〈從南越王墓出土玉璧談漢代玄璧〉，收錄於中國秦漢史研究會等編，《南越國史蹟研討會論文選集》，北京：文物出版社，2005 年 4 月，頁 117～124。

4. 古方，〈漢代玉器的分期及有關問題的探討〉，收錄於古方、徐良富、唐際根編，《一劍集——北京大學考古專業八六畢業十周年紀念文集》，北京：中國婦女出版社，1996 年 10 月，頁 123～152。

5. 古方，〈論西漢中期玉器風格的變化及其社會背景〉，《中原文物》2003 年第五期，鄭州市：中原文物編輯部，2003 年，頁 55～61。

6. 古方，〈關於南越王墓玉器的幾個問題〉，收錄於漢唐與邊疆考古研究編輯委員會等編，《漢唐與邊疆考古研究》第一輯，北京：科學出版社，1994 年 8 月，頁 92～96。

7. 史為，〈關於「金縷玉衣」的資料簡介〉，《考古》1972 年第二期，北京：中國社會科學院，1998 年 5 月，頁 48～50。

8. 石榮傳，〈從兩漢諸侯王墓出土玉器看漢玉藝術風格〉，《文物春秋》2004年一期，河北：文物春秋雜志社，2004年2月，頁38～51。

9. 呂品，〈「蓋天說」與漢畫中的懸璧圖〉，《中原文物》1993年第二期，鄭州市：中原文物編輯部，1993年，頁1～9。

10. 岑仲勉，〈評「秦代初平南越考」〉，《中外史地考證》，北京：中華書局，2004年4月。

11. 巫鴻，〈玉衣或玉人——滿城漢墓與漢代墓葬藝術中的質料象徵意義〉，收錄於鄭岩、王睿編，《禮儀中的美術——巫鴻中國古代美術史文編》，北京：三聯書局，2005年7月，頁123～142。

12. 李林娜，〈南越國百年史的精神文化尋蹤〉，收錄於中國秦漢史研究會等編，《南越國史蹟研討會論文選集》，北京：文物出版社，2005年4月，頁47～52。

13. 李銀德，〈徐州發現西漢早期銀縷玉衣〉，《東南文化》，南京：南京博物院，2000年，頁104～105。

14. 李銀德，〈漢代的玉棺與鑲玉漆棺〉，收錄於錢憲和主編，《海峽兩岸古玉學會議II》，臺北：國立台灣大學出版委員會，2001年9月，頁875～884。

15. 李錦山，〈漢畫像石反映的巫術習俗〉，《故宮文物月刊》第十七卷第五期，臺北：國立故宮博物院，1999年8月，頁120～133。

16. 李躍，〈由組玉佩淺談西周的用玉風格〉，《南方文物》2002年第二期，南昌市：江西省文物考古研究所，2002年，頁55～59。

17. 杜金鵬，〈紅山文化「勾雲形」類玉器探討〉，《考古》1998年第五期，北京：中國社會科學院，1998年5月，頁50～64。

18. 汪遵國，〈良渚文化「玉斂葬」述略〉，《文物》1984年二期，北京：文物出版社，1984年，頁23～36。

19. 那志良，〈古代的葬玉〉，《大陸雜誌》五卷十期，臺北：大陸雜誌編輯委員會，1952年11月，頁10～15。

20. 那志良，〈玉劍飾命名之探討〉，收錄於氏著，《古玉論文集》，臺北：國立故宮博物院1983年7月，頁111～125。

21. 那志良，〈珠襦玉匣與金縷玉衣〉，《故宮學術季刊》第二卷第二期，臺北：國立故宮博物院，1984年，頁67～79。

22. 周南泉，〈論中國古代的玉璧——古玉研究之二〉，《故宮博物院院刊》第五十一期，北京：紫禁城出版社，1991年3月，頁77～80。

23. 侯紹莊，〈夜郎方位考略〉，載貴州省社會科學院歷史研究所編，《夜郎考討論文集之一》，貴陽：貴州人民出版社，1979年2月，頁108～114。

24. 俞美霞，〈玉匣珠襦啓便房，薤歌無異葬同昌——玉衣的意義與源流〉，

收錄於俞美霞，《玉文化探秘》，臺北：藝術家出版社，2005 年 8 月，頁 63～74。

25. 洪世偉，〈西漢中山國與南越國玉器造型紋飾之比較〉，臺北：中國文化 大學美術研究所碩士論文，1993 年 6 月。

26. 苗霞，〈中國古代鋪首銜環淺析〉，《殷都學刊》2006 年第三期，安陽市： 安陽師專殷都學刊編輯部，2006 年 12 月，頁 30～34。

27. 倪潤安，〈秦漢之際仙人思想的整合與定位〉，《中原文物》2003 年第六 期，鄭州市：中原文物編輯部出版，2003 年，頁 49～63。

28. 夏鼐，〈楚文化研究中的幾個問題〉，《江漢考古》1982 年第一期，武漢： 江漢考古編輯部，1982 年 9 月，頁 1～2。

29. 夏鼐，〈漢代玉器——漢代玉器中傳統的延續與變化〉，收錄於國家文物 鑑定委員會主編，《文物鑑賞叢錄·玉器（二）》，北京：文物出版社， 1998 年 4 月，頁 65～101。（原載於《考古學報》1983 年第二期）

30. 孫華，〈試論周人的玉佩〉，收錄於費孝通主編，《玉魂國魄——中國古代 玉器與傳統文化學術討論會文集》，北京：燕山出版社，2002 年 12 月， 頁 73～108。

31. 孫機，〈玉具劍與璏式佩劍法〉，收錄於氏著，《孫機談文物》，臺北：東 大圖書股份有限公司，2005 年 7 月，頁 268～283。

32. 孫機，〈周代的組玉佩〉，收錄於氏著，《孫機談文物》，臺北：東大圖書 股份有限公司，2005 年 7 月，頁 305～316。（原載於《文物》1998 年第 四期）

33. 徐琳，〈漢玉所見兩漢辟邪厭勝思想研究〉，收錄於于明主編，《如玉人生 ——慶祝楊伯達先生八十華誕文集》，北京：科學出版社，2006 年 12 月，頁 192～203。

34. 徐龍國，〈「含珠」、「鱗施」考略〉，《故宮文物月刊》第十六卷第十期， 臺北：國立故宮博物院，1999 年 1 月，頁 62～75。

35. 殷志強，〈關於古代玉璧若干問題的認識〉，收錄於《如玉人生——慶祝 楊伯達先生八十華誕文集》，北京：科學出版社，2006 年 12 月，頁 317 ～326。

36. 馬沙，〈我國古代「覆面」研究〉，《江漢考古》1999 年一期，武漢：湖 北省文物考古研究所，1999 年，頁 66～74。

37. 張玉、李國安，〈中國古代玉殮葬現象研究〉，《彭城職業大學學報》第十 七卷第六期，徐州：彭城職業大學，2002 年 12 月，頁 35～37。

38. 張明華，〈良渚文化玉掩面試探〉，《考古》1997 年三期，北京：科學出 版社，1997 年 3 月，頁 68～69。

39. 張長壽，〈西周的葬玉——1983～1986 年灃西發掘資料之八〉，《文物》

1993 年九期，北京：文物出版社，1993 年，頁 55～59。

40. 張琦，〈古代葬禮中的開路神、顯道神探源〉，《四川大學學報（哲學社會科學版）》第一五八期，四川：四川大學學報編輯部，2008 年，頁 134～139。

41. 張榮芳，〈從西漢南越王墓出土的玉器看秦漢時期嶺南文化與中原文化的融合〉，收錄於《華學》，廣州：中山大學出版社，1996 年 12 月，頁 135～140。

42. 許海星，〈從虢國墓地出土玉器談西周葬玉的使用特徵〉，《中原文物》2005 年第三期，鄭州市：中原文物編輯部出版，2005 年 6 月，頁 63～67。

43. 連照美，〈卑南遺址出土「玦」耳飾之研究〉收錄於國立故宮博物院編輯委員會，《中華民國建國八十年中國藝術文物討論會論文集（器物上）》，臺北：國立故宮博物院，1992 年 6 月，頁 59～71。

44. 郭寶鈞，〈古玉新詮〉，收錄於中國科學院，《歷史語言研究所集刊》二十冊下，北京：中華書局出版，1987 年 5 月，頁 1～46。

45. 陳峰等，〈淺談楚舞蹈藝術〉，《華夏考古》1996 年二期，鄭州市：華夏考古編輯部，1996 年，頁 95～101。

46. 陳澤泓，〈南越國番禺城析論〉，《中國古都研究（第二十三輯）——南越國遺跡與廣州歷史文化名城學術研討會暨中國古都學會 2007 年年會論文集》6 月 11～14 日，頁 319～332。

47. 麥英豪，〈漢玉大觀——象崗南越王墓出土玉器概述〉，收錄於《南越王墓玉器》，香港：兩木出版社，1991 年 12 月，頁 39～60。

48. 黃建淳，〈中華玉器與傳統文化〉，收錄於氏著，《中華玉器文化特展圖典》，臺北：淡江大學歷史學系，2009 年 6 月，頁 13～26。

49. 黃建淳，〈玉韘的演變〉，刊《淡江史學》第十八期，臺北：淡江大學歷史學系，2007 年 9 月，頁 1～19。

50. 黃建淳，〈略論漢代葬玉觀念〉，刊《淡江史學》第十九期，臺北：淡江大學歷史學系，2008 年 9 月，頁 1～18。

51. 黃展岳，〈絲縷玉衣與組玉佩〉，收錄於《南越王墓玉器》，香港：兩木出版社，1991 年 12 月，頁 61～67。

52. 黃展岳，〈論南越王墓出土的玉璧〉，收錄於韓偉編，《遠望集——陝西考古研究所華誕四十週年紀念文集》，西安：陝西人民出版社，1998 年，頁 625～631。

53. 黃淼章，〈南越國的喪葬習俗〉，《嶺南文史》2000 年第三期，廣州：嶺南文史雜志社，2000 年 9 月，頁 40～44。

54. 黃淼章，〈廣州瑤台柳園崗西漢墓群發掘紀要〉，收錄於《穗港漢墓出土

文物》，香港：香港中文大學，1983 年 11 月，頁 248～251。

55. 黃翠梅，〈從寺墩 3 號墓到南越王墓——論史前到漢代玉器角色的轉換〉，收錄於《東方文明之光——良渚文化發現六十週年紀念文集》，海口：海南國際新聞出版中心，1996 年 9 月，頁 353～365。

56. 黃鳳春，〈試論包山 2 號楚墓飾棺連璧制度〉，《考古》2001 年第十一期，北京：考古雜志社，2001 年 11 月，頁 60～65。

57. 楊伯達，〈巫、神、玉泛論〉，收錄於楊伯達主編，《玉文化與玉學論叢三編（上)》，北京：紫禁城出版社，2005 年 9 月，頁 219～251。

58. 楊伯達，〈漢代玉器藝術〉，《香港中文大學中國文化研究所學報》，香港，1984 年，頁 217～239。

59. 楊伯達〈中國古玉研究雜議五題〉，《文物》1986 年第九期，北京：文物出版社，1986 年 9 月，頁 64～68。

60. 楊伯達主編，《中國玉器全集》，石家莊：河北美術出版社，1993 年 8 月。

61. 楊伯達主編，《玉文化與玉學論叢三編（上)》，北京：紫禁城出版社，2005 年 9 月。

62. 楊怡，〈楚式鎮墓獸的式微和漢俑的興起——解析秦漢靈魂觀的轉變〉，《考古與文物》2004 年第一期，西安市：考古與文物編輯部，2004 年，頁 54～60。

63. 楊建芳，〈南越王墓玉器研究——南越式玉器的識別及相關問題〉，收錄於《中國古玉研究論文集（下)》，臺北：眾志美術出版社，2001 年 9 月，頁 113～127。（原載於《故宮文物月刊》1992 年第九期）

64. 楊建芳，〈楚式玉器的特點〉，《玉文化論叢·1》，北京：文物出版社，2006 年 7 月，頁 102～165。

65. 賈峨，〈春秋戰國時代玉器綜探〉，收錄於《中國玉器全集·3》，石家莊：河北美術出版社，1993 年 6 月，頁 1～41。

66. 賈峨，〈關於河南出土東周玉器的幾個問題〉，《文物》第三二三期，北京：文物出版社，1983 年 4 月，頁 75～88。

67. 鄔芙都，〈楚器「鎮墓獸」形制內涵探源〉，《湖南大學學報（社會科學版)》第十七卷第一期，長沙：湖南大學期刊社編輯部，2003 年 1 月，頁 24～26。

68. 廖泱修，〈從雙鳳紋至柿蒂紋〉，《故宮文物月刊》，臺北：國立故宮博物院，2004 年 12 月，頁 74～103。

69. 漢寶德，〈揭開古玉的神秘面紗〉，收錄於吳棠海，《認識古玉》，臺北：中華民國自然文化學會，1994 年 10 月，頁 7～18。

70. 聞廣，〈西漢南越王墓玉器的考古地質學研究〉，收錄於《西漢南越王

墓》，北京：文物出版社，1991 年 10 月，頁 372～379。

71. 趙殿增、袁曙光，〈「天門」考──兼論四川漢畫像磚（石）的組合與主題〉，《四川文物》1990 年第六期，成都：四川文物編輯部，1990 年，頁 3～11。

72. 劉素珠，〈僭越與臣服──由西漢南越王墓與中山王墓出土文物及考古情境看南越國的文化認同〉，臺南：臺南藝術學院藝術史與藝術評論研究所碩士論文，2004 年。

73. 劉雲輝，〈紅山古玉中「傳世品」的鑑定〉，收錄於楊伯達編，《傳世古玉辨偽與鑒考》，北京：紫禁城出版社，1998 年 4 月，頁 200～208。

74. 劉銘恕，〈中國古代葬玉研究──注重珠衣玉匣方面〉，《歷史與考古》，濟南：濟南歷史學會，1937 年 2 月，頁 2～9。

75. 蔣廷瑜、彭書琳，〈廣西先秦兩漢玉器略說〉，收錄於鄧聰編，《東亞玉器（II）》，香港：香港考古學藝術研究中心，1998 年，頁 111～118。

76. 蔡慶良，〈古器物學研究──漢代玉器概論〉，收錄於震旦文教基金會編輯委員會主編，《漢代玉器》，臺北：震旦文教基金會，2005 年 12 月，頁 11～35。

77. 鄭紹宗，〈漢代玉匣葬服的使用及其演變〉，《河北學刊》1985 年第六期，河北：河北學刊雜志社，1985 年 11 月，頁 67～71。

78. 鄧淑蘋，〈中國新石器時代玉器上的神秘符號〉，《故宮學術季刊》第十卷第三期，臺北：國立故宮博物院，1993 年，頁 1～45。

79. 鄧淑蘋，〈百年來的古玉研究的回顧與展望〉，收錄於宋文薰主編，《考古與歷史文化：慶祝高去尋先生八十大壽論文集（上）》，臺北：正中書局，1981 年 6 月，頁 233～276。

80. 盧兆蔭，〈再論兩漢的玉衣〉，收錄於氏著，《玉振金聲──玉器金銀器考古學研究》，北京：科學出版社，2007 年 7 月，頁 14～23。

81. 盧兆蔭，〈南越王墓玉器與滿城漢墓玉器比較研究〉，收錄於氏著，《玉振金聲──玉器金銀器考古學研究》，頁 80～87。（原載於《考古與文物》1998 年第一期）

82. 盧兆蔭，〈徐州獅子山楚王墓玉器與廣州南越王墓玉器比較研究〉，收錄於氏著，《玉振金聲──玉器金銀器考古學研究》，頁 182～187。

83. 盧兆蔭，〈試論兩漢的玉衣〉，收錄於氏著，《玉振金聲──玉器金銀器考古學研究》，頁 3～13。（原載於《考古》1981 年第一期）

84. 盧兆蔭，〈漢代貴族婦女喜愛的佩玉──玉舞人〉，收錄於氏著，《玉振金聲──玉器金銀器考古學研究》，頁 73～79。（原載於《收藏家》1996 年三期）

85. 盧兆蔭，〈瑰麗多姿玉劍飾──漢玉漫談〉，收錄於氏著，《玉振金聲──

玉器金銀器考古學研究》，頁 34～38。（原載於《文物天地》1993 年第五期）。

86. 盧兆陰，〈翹袖折腰玉舞人──漢玉漫談〉，收錄於氏著，《玉振金聲──玉器金銀器考古學研究》，頁 24～28。（原載於《文物天地》1992 年第五期）

87. 錢伊平，〈漢代玉器〉，收錄於吳哲夫等編，《中華五千年文物集刊・玉器篇（漢代)》，臺北：中華五千年文物集刊編輯委員會，1991 年 7 月，頁 80～119。

88. 錢茀，〈方相四目圖説〉，《民族藝術》第三十九期，南寧市：民族藝術編輯部，1995 年，頁 57～76。

89. 龍瑞如，〈南越王墓玉器之研究〉，臺北：國立臺灣師範大學美術研究所碩士論文，2003 年。

90. 羅伯健，〈兩周玉組珮考〉，《文博》第十九期，陝西：陝西人民出版社，1987 年 7 月，頁 32～35。

91. 譚其驤，〈馬王堆漢墓出土地圖所説明的幾個問題〉，《文物》1975 年第六期，北京：文物出版社，1975 年，頁 20～28。

92. 譚淑琴，〈試論漢畫中鋪首的淵源〉，《中原文物》1998 年第四期，鄭州市：中原文物編輯部，1998 年，頁 58～65。